档案文献·甲

重庆大轰炸档案文献

财产损失
（同业工会部分）（下）

编委会名单

主 任 委 员：李华强　陆大钺

副主任委员：郑永明　潘　樱

委　　　员：李华强　陆大钺　陈治平　李玳明
　　　　　　郑永明　潘　樱　唐润明　胡　懿

主　　　审：李华强　郑永明

主　　　编：唐润明

副　主　编：罗永华

编　　　辑：唐润明　胡　懿　罗永华　高　阳
　　　　　　温长松

重庆出版集团 重庆出版社

三、重庆市纱商业同业公会及所属抗战财产损失

1. 重庆市纱商业同业公会为8月20日会所被炸觅定陕西街余家巷23号为临时会所请备查事给重庆市商会的公函(1940年8月)

迳启者。窃查本会原住本市白象街同庆公所内,自敌机轰炸渝市以来,本会公私器物均置会内防空洞内,以防万一。殊八月二十日敌机来袭,第一批将会内炸倒,第二批又中硫黄弹燃烧,所有本会图记、文卷、账据及一切公私器物,救护不及,全部化为灰烬。现觅定陕西街余家巷23号为临时会所,除分别呈报备查外,相应备文报请大会祈予备查。此致:

重庆市商会

主席 何文瀚

中华民国二十九年八月

2. 重庆市纱商业同业公会为8月19日、20日该会所属被炸损失情形给重庆市商会的公函(1940年9月1日)

迳启者。查八月十九、二十两日,敌机袭渝,灾情之重,实属空前未有。本会会员商号之受灾者,为数约达三分之二(各会员商号多集住棉花街小梁子一带),损失之重,殊难臆度。现在各号在被灾之后,正忙于向南北两岸疏散,住址不定,召集艰难,除已由会通告各号迅将所移新址具报,并嘱将损失情形填表送会以便汇报外,相应将各会员损失严重情形函报大会查照备查,

仍希赐复为感。此致：
重庆市商会

主席 何文瀚

中华民国二十九年九月一日

3. 重庆市纱商业同业公会为余家巷23号不适办公改于望龙门街23号办公给重庆市商会的公函（1940年9月1日）

迳启者。本会白象街原有会址，于本月二十日被焚后，随于仓卒间觅得陕西街余家巷23号为临时办事地点，曾经函达大会查照备查在案。兹因余家巷地址不适办公之用，现经另借得望门街23号为临时会所，并准于九月一日迁往办公。除呈报外，相应函达，请烦查照备查为感。此致：
重庆市商会

主席 何文瀚

中华民国二十九年九月一日

4. 重庆市纱商业同业公会为报送该会及所属8月19日、20日被炸损失呈重庆市社会局文（1940年10月1日）

窃查八月十九、二十两日，敌机狂袭，本市遭受空前巨灾，本会原址及会员商号集住之区，亦同罹于难。因其时本会及各号均忙于善后措施及疏散迁徙，且住地未定，仓促间殊难将损失情形作具体统计，各由，前曾函请查照备查在案。现经加紧催促，所有各被灾损失会员商号已经填报来会者，理合汇册随文赍请钧局鉴核备查，仍候指令只遵！谨呈：
重庆市社会局
附会员商号空袭损失报告表1份

重庆市纱商业同业公会主席 何文瀚

中华民国二十九年十月一日

重庆市纱商业同业公会会员商号空袭损失报告表

1940年9月造报　（单位：国币元）

商号名称	经理人姓名	地址	资本额	被灾前月营业额	损失货物总值	损失生财器具总值	员工有无伤亡 受伤	员工有无伤亡 死亡	被灾日期	曾否保有兵险	备考
安济	张汝明	民族路153号	100000.00	数月未营业		13000.00	无	无	8月20日	未	
利群	曾广墀	中正路593号	100000.00	100000.00		2000.00	无	无	8月19日	未	单据全焚
利群	曾广墀	小较场同仁里6号	100000.00	100000.00		5000.00	无	无	6月26日	未	第一次受灾
荣大	张子良	棉花街63号	30000.00		12608.64	2800.00	无	无	8月20日	未	
德义成	王瑞麟	棉花街44号	30000.00	678000.46	20414.91	800.00	无	无	8月20日	未	
德和祥	石恕臣	棉花街64号	20000.00		5926.30	300.00	无	无	8月20日	未	
义和荣	程在兹	棉花街74号	30000.00			8438.33	无	无	8月20日	未	
福济	杨汉卿	棉花街47号	4000.00			3292.44	无	无	8月20日	未	
德源	徐浩然	棉花街22号	20000.00		792.00	1800.00	无	无	8月20日	未	

续表

商号名称	经理人姓名	地址	资本额	被灾前月营业额	损失货物总值	损失生财器具总值	员工有无伤亡 受伤	员工有无伤亡 死亡	被灾日期	曾否保有兵险	备考
义康	李植埒	县庙街	10000.00	17263.25	3600.00	2200.00	厨工1人	无	6月12日、8月20日	未	
明成	成慎余	民族路176号附13号	100000.00	24294.53（棉纱折本）	13250.00（现钞）	12300.00	无	无	8月17日	未	账簿烧毁约计数
协康	林儒轩	棉花街14号	10000.00		4836.25	1200.00	无	无	8月20日	未	
源泰	王松友	棉花街50号	20000.00		2500.00	1500.00	无	无	8月20日	未	账据图章全毁
同和义记	赵樵生	棉花街84号	50000.00		大发42□	2954.90	无	无	8月20日	未	
协成	谭如沧	棉花街81号	1000.00	72625.97	3685.12	500.00	无	无	8月20日	未	
瑞和贸易行	胡孔富	厘金局巷5号	30000.00	账据焚毁无考	11000.00	10000.00	茶役2人	无	8月20日	未	
盛德	邓锡桐	棉花街7号	30000.00		3500.00	5700.00	无	无	8月20日	未	

续表

商号名称	经理人姓名	地址	资本额	被灾前月营业额	损失货物总值	损失生财器具总值	员工有无伤亡 受伤	员工有无伤亡 死亡	被灾日期	曾否保有兵险	备考
成昌	尹靖成	林森路中和巷3号	50000.00			3500.00	无	无	8月20日	未	
公信	熊永卿	棉花街	4000.00		3180.00	400.00	无	无	8月20日	未	
协兴	杨少云	筷子街30号	100000.00			2887.67	无	无	8月20日	未	账据焚毁
裕发荣	李国衡	棉花街	20000.00	102000.00	6917.00	2748.00	无	无	8月20日	未	
永胜	杨树荣	棉花街	8000.00	37443.70	1664.00	684.00	无	无	8月20日	未	
天泰	罗泽晋	棉花街	100000.00	2000.00	720.00	6000.00	无	无	8月20日	未	
福星魁	胡守吾	行街10号	40000.00	100000.00	3000.00	4000.00	无	无	8月20日	未	
敬业	胡仲舒	行街10号	10000.00	70000.00	300.00	2000.00	无	无	8月20日	未	
和德	陈子征	药王庙10号	200000.00	账据焚毁	34720.50	62000.00	无	无	8月20日	未	
隆和	张栋臣	药王庙10号	80000.00		5000.00	3000.00	无	无	8月20日	未	
福臻	李少卿、郭永柱	药王庙10号	12000.00	10000.00	11000.00	4000.00	无	无	8月20日	未	账册章全毁

续表

商号名称	经理人姓名	地址	资本额	被灾前月营业额	损失货物总值	损失生财器具总值	员工有无伤亡 受伤	员工有无伤亡 死亡	被灾日期	曾否保有兵险	备考
义生昌	刘尧撰	棉花街	20000.00	300000.00	6000.00	1700.00	无	无	8月20日	未	
同康	刘静山	民族路100号	300000.00			6991.40	无	无	6月12日	未	
同义长	李梓梁	棉花街	7000.00			1000.00	无	无	8月20日	未	
诚丰文明	何荣尊	棉花街	18000.00		2318.00	2000.00	无	无	8月20日	未	
德顺生	陈维翰	棉花街83号	70000.00		6000.00	2000.00	无	无	8月20日	未	
聚隆	张天衢	棉花街51号	15000.00		3500.00	1400.00	无	无	8月20日	未	
同佑	李叔勋	棉花街54号	20000.00		3798.75	4000.00	无	无	8月20日	未	
云龙	赵倬云	棉花街83号	20000.00			6400.00	无	无	6月12日、8月20日	未	
进荣	唐杰彬	棉花街	20000.00	46416.74	3261.50	1200.00	无	无	8月20日	未	

续表

商号名称	经理人姓名	地址	资本额	被灾前月营业额	损失货物总值	损失生财器具总值	员工有无伤亡受伤	员工有无伤亡死亡	被灾日期	曾否保有兵险	备考
和丰	王成章	中正路181号	600000.00		26300.00	25500.00	无	会计1人	8月9日	未	
雪丰	曹仲达	棉花街48号	80000.00		5400.00	3800.00	无	无	8月20日	未	
协丰	刘汝舟	民族路176号附8号	150000.00	80558.50		1985.21	无	无	8月19日	未	
同福	张炳藩	棉花街	20000.00			4352.00	无	无	8月20日	未	
利顺成	傅成昭	棉花街35号	20000.00			6342.50	无	无	8月20日	未	
德裕	萧泽生	棉花街78号	55000.00		3482.00	2600.00	无	无	8月20日	未	
天裕	姚禹铭	棉花街78号	80000.00		4356.00	250.00	无	无	8月20日	未	
元胜福记	唐希之	棉花街	30000.00		13407.50	5659.00	无	无	8月20日	未	
义记	周维新	棉花街	12000.00	540025.00	3500.00	1500.00	无	无	8月20日	未	

续表

商号名称	经理人姓名	地址	资本额	被灾前月营业额	损失货物总值	损失生财器具总值	员工有无伤亡 受伤	员工有无伤亡 死亡	被灾日期	曾否保有兵险	备考
吉记渝	黄梦松	棉花街59号	60000.00	300000.00		3471.00	无	无	8月20日	未	
成兆	黄精一	棉花街59号	200000.00	60000.00	1032.00	1443.00	无	无	8月20日、8月22日	未	
福丰	胡映相	棉花街85号	100000.00		15655.00	2700.00	无	无	8月20日	未	
福盛长	张义常	棉花街	10000.00	33233.00	11283.30	1000.00	无	无	8月20日	未	
福盛隆	陈福松	棉花街	10000.00	93143.65	172.00	1000.00	无	无	8月20日	未	
和源	王海箴	棉花街39号	50000.00	100000.00	18000.00	2000.00	无	无	8月20日	未	
华丰	李培元	棉花街	20000.00		8024.50	2634.50	无	无	8月20日	未	
诚丰	刘定型	模范场44号	40000.00	30000.00		9500.00	无	无	8月20日	未	账据焚毁
庆丰	萧诚之	棉花街	50000.00		290.00	970.00	无	无	8月20日	未	

续表

商号名称	经理人姓名	地址	资本额	被灾前月营业额	损失货物总值	损失生财器具总值	员工有无伤亡 受伤	员工有无伤亡 死亡	被灾日期	曾否保有兵险	备考
久记	徐尚廉	道门口场福里1号	30000.00	345780.00	4378.00	2755.00	无	无	8月9日	未	
德府	闵陶笙	民族路153号	100000.00	100000.00	14379.00	3700.00	无	无	8月20日	未	
云蒸	戴青云	棉花街26号	50000.00	500000.00	11000.00	1000.00	无	无	8月20日	未	
义源	詹厚基	大华楼10号	150000.00	130000.00	8798.00		无	无	8月20日	未	
大德昌	彭泽民	棉花街18号	20000.00		20187.50	1300.00	无	无	8月20日	未	
大有荣	彭泽民	棉花街18号	20000.00		21756.25	3300.00	无	无	8月20日	未	账据焚毁
德和成	陈蜀坡	棉花街	7000.00			600.00	无	无	8月20日	未	
建元	徐悦安	中正路274号	100000.00			3400.00	无	无	8月20日	未	
福丰	胡映相	中正路178号	300000.00	284070.63	7810.00	6000.00	无	无	8月20日	未	1939年度账据焚毁

续表

商号名称	经理人姓名	地址	资本额	被灾前月营业额	损失货物总值	损失生财器具总值	员工有无伤亡受伤	员工有无伤亡死亡	被灾日期	曾否保有兵险	备考
和祥	陈远雄	机房街1号	50000.00	51606.93		3500.00	无	无	6月26日	未	
泰昌裕	王溥澄	中正路181号	100000.00	8000.00		2000.00	无	无	8月9日	未	
洪裕	陈静澜	棉花街	24000.00	196200.00	1200.00	3000.00	无	无	8月20日	未	
进化公司	陈化平	绣壁街109号	30000.00			3839.37	无	无	6月16日	未	
华泰	邓孟良	棉花街	40000.00			400.00	无	无	8月20日	未	
谦和长	陈敬之	棉花街83号	20000.00			2500.00	无	无	8月20日	未	
同昌	韩绍农	棉花街	30000.00			9000.00	无	无	8月20日	未	
同德	姚剑秋	棉花街	36000.00			4200.00	无	无	8月20日	未	
惠生钰	陈炳炎	棉花街	35000.00	500000.00	11500.00	3000.00	无	无	8月20日	未	
福兴益	冯彦清	棉花街83号	200000.00			5020.00	无	无	8月20日	未	

四、重庆市干菜商业同业公会及所属抗战财产损失

1. 重庆永泰号为8月20日被炸受损请存转事给重庆市干菜商业同业公会的报告(1940年8月22日)

八月二十日,大批敌机挟其重量炸弹及烧夷弹狂炸本市,会员铺号及大阳沟作房同时中弹燃烧,除部分货物早经疏散下乡及本年进货银流总账等簿据由店员带入防空洞得免于难外,其余本年售货账及历年一切簿据随同两地货物暨全部家具悉遭焚毁,各项损失现经清厘完竣,用将损失情形连同损失清单报呈大会,即祈鉴核备查,并分转营业、所得两税处存案备查,实沾德便! 此上:

重庆市干菜商业同业工会

附呈损失清单1纸

具报告人　会员重庆永泰号

(五四路15号)

经理　周习之

中华民国二十九年八月二十二日

重庆永泰号8月20日被炸损失清单

大号果子露	12瓶	3.00元/瓶	36.00元
小号果子露	24瓶	2.00元/瓶	48.00元
大金牛奶	12听	6.00元/听	72.00元
碗牌牛奶	6听	5.00元/听	30.00元

续表

小鹦鹉牛奶	26听	1.00元/听	26.00元
玉兰片	50斤	3.00元/斤	150.00元
木耳	60斤	2.40元/斤	144.00元
黄花	20斤	1.20元/斤	24.00元
木鱼	10斤	5.00元/斤	50.00元
半磅奶粉	6听	12.00元/听	72.00元
1磅奶粉	4听	22.00元/听	88.00元
鸡毛牌黄油	4听	24.00元/听	96.00元
飞鹰奶	12听	6.50元/听	78.00元
小金牛奶	24听	3.00元/听	72.00元
鲜味精	12听(2.50两)	5.00元/听	60.00元
鲜味精	12听(1.60两)	3.50元/听	42.00元
味宗	6瓶(4号)	1.00元/瓶	6.00元
洁糖	30盒	2.50元/盒	75.00元
上金钩	5斤	16.00元/斤	80.00元
中金钩	5斤	10.00元/斤	50.00元
常肚	1斤	22.00元/斤	22.00元
莲子	4斤	1.20元/斤	4.80元
桂圆	25斤	2.00元	50.00元
美鱿鱼	5斤	16.00元/斤	80.00元
草口茉	5斤	10.00元/斤	50.00元
陕椒	3斤	4.00元/斤	12.00元
盐瓜子	21斤	2.00元/斤	42.00元
黑椒	10斤	8.00元/斤	80.00元
小西米	7斤	4.00元/斤	28.00元
南腿	112斤	2.60元/斤	291.20元
都腿	108斤	2.00元/斤	216.00元
帽牌香精	12瓶	3.00元	36.00元
白糖	1180斤	1.08元/斤	2066.40元
灰面	60袋	25.00元/袋	1500.00元
猪油	265斤	1.60元/斤	424.00元
麻油	285斤	1.70元/斤	484.50元
鸡蛋	1200个	1.20元/10个	144.00元

续表

蜜枣	2420斤	2.00元/斤	4840.00元
樱桃	800斤	2.00元/斤	1600.00元
底糖	350斤	0.70元/斤	245.00元
玫瑰	82斤	1.20元/斤	98.40元
鲜花	10斤	2.00元/斤	20.00元
桂花	40斤	2.20元/斤	88.00元
芝麻	6斗	24.00元/斗	144.00元
红绿丝	35斤	2.40元/斤	84.00元
瓜片	800斤	1.42元/斤	1136.00元
瓜元	500斤	1.42元/斤	710.00元
水糖	720斤	1.55元/斤	1116.00元
茶瓜子	320斤	1.70元/斤	544.00元
米粉子	80斤	0.60元/斤	48.00元
花生米	630斤	1.00元/斤	630.00元
核桃米	220斤	1.20元/斤	264.00元
杏脯	30斤	2.40元/斤	72.00元
桃脯	30斤	2.40元/斤	72.00元
李脯	20斤	2.50元/斤	50.00元

以上合计国币16380.30元整

2. 重庆市干菜商业同业公会为该会会所8月20日被炸暂假和丰行栈办公给重庆市商会的公函（1940年8月25日）

八月二十日，敌机大批轰炸本市，本会周围遍中燃烧弹及爆炸弹多枚，四处起火，连屋倒塌，着火燃烧，霎时殃及本会。风猛火烈，所有本会图记、卷宗无法抢救，连同全部房屋、用具顿成灰烬。本会信崇最高领袖指示方针，本"愈炸愈强"宗旨、"再接再厉"精神，以争取最后胜利，仍督率员役力谋善后，现暂假和丰行栈地址（白象街74号）照常办公。理合将被毁情形函请大会，即希鉴核存案备查，至纫公谊。此致

重庆市商会

主席 谭绍彬

常务　杨灿文　贺荣升

中华民国二十九年八月二十五日

3. 重庆集森祥号为8月20日中弹受损报请存转事给重庆市干菜商业同业公会的报告（1940年8月25日）

八月二十日，敌机狂炸本市，商铺先中炸弹，后被燃烧弹波及，无法抢救，房屋、货品、家具以及历年账簿，悉化灰烬。山广杂货糖食各种货品约值法币6100.00余元，全部家具约值法币3500.00余元。上年肃委会封存之海带166斤亦遭焚如。商有皮箱1口，内装账簿5本，单据多种，图章全套，法币1100.00余元，由伙夫罗顺知提出，同店员唐吉祥偕进第六保蔡家湾防空洞内躲避。解除警报后，顺知仍将皮箱提出，行至新城门硐，城内起火，不能通行，转至新街口，又不能通过，遂将皮箱交与唐吉祥提去。迄今数日，吉祥不知去向。外，店员卢锡卿、郑志和各有衣服包1个，亦被吉祥拿去。想系见财起意，卷款潜逃。用将被炸受损及唐吉祥提去皮箱失踪原由，具文报请大会鉴核存查，并恳分转税收机关及肃委会备案，实深感荷！此上：

重庆市干菜商业同业公会

具报告人　集森祥

（住民族路6号）

经理　陈佩森

中华民国二十九年八月二十五日

4. 重庆义和永号为8月20日中弹受损报请存转事给重庆市干菜商业同业公会的报告（1940年8月31日）

八月二十日，敌机狂炸本市。闻警报时，店员等即将当日售货之法币与账簿、图章收储于平日所用之布袋，提往附近蓝家巷内申新纱厂私人防空洞躲避，不幸敌机投下燃烧弹，四处起火，洞之周围火焰逼人。当时洞内秩序大乱，各自争相顾命，而店员手提之布袋，是以挤落。至解除警报后，复往洞内，找寻无着。出洞看视，营业地点一变而为大火场。

计商被烧全部家具，约值法币4600.00余元；干菜、杂货、罐头、饼干、点心、酒、火腿等，约值法币7500.00余元，共计12100.00余元。用将被炸受损原由，报请大会存查，并恳转报营业、所得两税处备案，实深感荷！此上：
重庆市干菜商业同业公会

具报告人　义和永

（住民族路99号）

中华民国二十九年八月

5. 重庆顺成祥号、茂盛荣号为8月19日被炸损失请存转事给重庆市干菜商业同业公会的报告（1940年8月）

八月十九日，敌机狂炸本市，不幸本街中燃烧弹，火势凶猛，商等营业地点房屋、干菜、杂货、家具以及历年账簿，悉化灰烬。商顺成祥损失全部家具，约值法币2100.00余元，干菜、杂货约值法币2500.00余元。焕文提出皮箱1口，内装：账簿4本、图章全套、法币539.00元，躲于观音岩公共防空洞内。不幸洞外中弹，人多拥挤，故将皮箱遗失。

商茂盛荣损失全部家具，约值法币1300.00余元，干菜、杂货约值法币1800.00余元。文明提出皮箱1口，内装：账簿5本、图章全套、法币100.00余元，躲于大梁子山主庙公共防空洞内，不幸中弹，人多逃命，皮箱是以遗失。

商等已登商报申明。

至解除警报后，商等出洞往看，火势扩大，繁华市场一变而为火场。用将中弹燃烧受损原由，具文报请大会鉴核存查，并请分转税收机关备案，实深感荷！此上：
重庆市干菜商业同业公会

具报告人　顺成祥（住民权路184号）

经理　彭焕文

具报告人　茂盛荣（住民权路111号）

经理　彭文明

中华民国二十九年八月

6. 重庆德成祥记为8月19日中弹受损请存转事给重庆市干菜商业同业公会的报告(1940年8月)

八月十九日，敌机狂炸本市，本街中弹燃烧。当时火势凶猛，无法抢救，繁华城市，顿成瓦砾。商总支店两家损失家具，约值法币1400.00余元，干菜杂货等，约值法币8200.00余元，花色繁多，无从详列，有账可查，共计损失法币9600.00余元。

此种惨状，于今始见。用将中弹受损原由，报请大会存查，并请分转税收机关备案，实深感荷！此上：

重庆市干菜商业同业公会

具报告人　德成祥
（住民权路总号115号，支店154号）
经理　曾贯之
中华民国二十九年八月

7. 重庆同义生号为8月19日中弹受损请存转事给重庆市干菜商业同业公会的报告(1940年8月)

八月十九日，敌机狂炸本市，本街中弹燃烧。当即雇人将货及账簿、图章抢救至较场坝十八梯上口存放，不幸该地起火，存放各物悉化灰烬。商损失全部家具，约值法币1200.00余元，干菜、杂货、土产，约值法币4600.00余元（八月五日深夜，商被贼窃去法币1600.00余元，已报请警察局及保甲长跟究有案），共计损失5800.00余元。用将中弹燃烧受损原由，报请大会存查，并恳分转税收机关备案，实深感荷！此上：

重庆市干菜商业同业公会

具报告人　同义生
（住民权路181号）
经理　郑钦齐
中华民国二十九年八月

8. 重庆仁和记为8月9日被炸受损请存转事给重庆市干菜商业同业公会的报告(1940年8月)

八月九日,敌机狂炸渝市。记有木耳1包存同春和行,值成本500.00元;莲子2箱存裕昌行,值成本700.00余元,均于是日被燃烧。

至十九日,敌机袭渝,街邻中炸弹,记遭破片波及,损失糖食、饼干类,约值法币1500.00余元;干菜类、罐头、酒,约值法币2000.00余元;全堂应用家具、玻片、玻砖、大小缸子全损,约值法币3100.00余元,共计损失七八千元。用将受损原由,报请大会存查,并请分转税收机关备案,实深感荷!此上:
重庆市干菜商业同业公会

具报告人　仁和

(住林森路338号)

经理　张雁秋

中华民国二十九年八月

9. 重庆聚义丰记为8月19日中弹受损请存转事给重庆市干菜商业同业公会的报告(1940年8月)

八月十九日,敌机挟其烧夷弹及燃烧弹狂炸本市。店员等闻警报时即将当日售货之法币与账簿收储于小皮箱内,提往观音岩公共防空洞躲避。讵料人多挤,又因大火燃烧,火气逼于洞内,当时秩序大乱。店员等迫于顾命,遂将手提皮箱挤落。至警报解除后出而看视,繁华城市一变而为大火场,转防空洞找寻皮箱无着。

计燃烧商家具,约值法币1500.00余元;干菜、杂货,约值法币4600.00余元,统计6100.00余元。用将中弹燃烧皮箱原由,报请大会存查,并请分转所得、营业两税处备案,实深感荷!此上:
重庆市干菜商业同业公会

具报告人　聚义丰

(民权路119号)

经理　费翰卿

中华民国二十九年八月

10. 重庆德康号为报送8月20日中弹损失请存转事给重庆市干菜商业同业公会的报告（1940年8月）

八月二十日,大批敌机狂炸本市。会员行栈中弹燃烧,一时火势凶猛,无法抢救,除大部分货物早经疏散下乡得免于难外,其余少数存行待售物品及德新长寄存鱼翅80斤,并全部家具同行栈房屋悉被焚毁。用将损失情形,连同损失清单报请大会,即祈鉴核备查,并恳分转营业、所得两税处备查,实沾德便。瑾呈：

重庆市干菜商业同业公会

附呈损失清单1纸<原缺>

具报告人　德康

（住白象街24号）

经理　赵华封

中华民国二十九年八月

11. 上海新义源号为8月20日中弹受损借本复业事给重庆市干菜商业同业公会的报告（1940年8月）

八月二十日,敌机狂炸本市。商闻警报后,全号店员、学徒、工友等,分赴防空洞躲避。至解除警报时,商出洞看视,营业地点一变而为大火场矣,全部货物、家具,悉葬火窟。计商被烧家具约值法币2100.00余元；糖食、罐头、饼干、点心、酒、火腿等,约值法币12300.00余元。因有酢房,花色繁多,无法开列。共计14400.00余元。

商为社会局指定之合法商店,此次遭受重大损失,仍本"愈炸愈强"之宗旨,借本建筑简单房屋,完工时即恢复营业。用将中弹受损速谋复业原因,报请大会存查,并恳分转营业、所得两税处备案,实深感荷！此上：

重庆市干菜商业同业公会

具报告人　新义源

(新生路80号)

经理　刘文宣

中华民国二十九年八月

12. 重庆蜀新贸易行为8月20日被炸损失请存转事给重庆市干菜商业同业公会的报告（1940年9月8日）

会员蜀新贸易行经营罐头经理，开设民族路201号。因本年度连遭二次灾害，损失甚巨。第一次：六月二十六日，敌机袭渝，狂炸市区，不幸前后中弹，房屋被炸，及半货物损坏尤多，在康宁路11号办理善后，于7月25日计算清楚，损失货物合法币5780.00元正，损失生财合法币1200.00元正，继后仍在原址修复营业。第二次：于八月二十日遭全部焚毁，历年账簿、单据亦完全被焚，只存留本年总账簿、流水账簿各1本，近在中华路150号清理善后，于9月6日计算货物损失合法币3500.00元，生财损失合法币800.00元，两次总共损失合法币11280.00元。会员本着"愈炸愈坚"之精神，现谋在原址另建房屋复业外，理应呈报贵会，并请转有关机关备案，不胜沾感之至。谨呈：

重庆市干菜商业同业公会钧鉴

会员　蜀新贸易行

经理　沈旨言

住址　民族路201号

中华民国二十九年九月八日

13. 重庆荣升长号为8月19日中弹损失请存转事给重庆市干菜商业同业公会的报告（1940年9月）

八月十九日，敌机狂炸本市。商闻警报时，将簿据、图章提往较场石灰市公共防空洞躲避，讵料敌机是日遍投燃烧弹，四处起火，而火焰逼入洞内，秩序大乱。商年五十有三，气息奄奄，跌倒于地，被人足踏，不省人事。至解除警报后，幸防护团进洞视察，将商扶出，多方施救，得庆更生。簿据、图章是以失踪。商营业地点已化灰烬。上年肃委会封存之海带同葬火窟。计商被焚家具约值法币300.00余元,干菜、杂货、罐头、糖食等货,约值法币5700.00余元,共计6000.00元。用将被焚原由,报请大会鉴核存查,并恳转报肃委会暨银业、所得两税处备案为感!此上:
重庆市干菜商业同业公会

具报告人　荣升长

（民生路2号）

经理　张汉卿

中华民国二十九年九月

14. 泰记老稻香村为8月19日被炸损失请存转事给重庆市干菜商业同业公会的报告（1940年9月17日）

具报告人,泰记老稻香村王子照,年49岁,江苏,住民权路29号,海味糖食。

商以海味、糖食生理,殊于八月十九日因敌机袭渝,盲目轰炸,正在商店门前投1炸弹,致将铺房震毁,家具、货物等项悉遭损失。兹特分别详抄呈核,理合具文呈报钧会俯予鉴核备案,并希转呈营业税、所得税,以资证明商被炸受损不虚荷沐所请深沾。谨呈:

重庆市干菜商业同业公会

附呈损失详单1纸＜原缺＞

具报告人　王子照

中华民国二十九年九月十七日

15. 德福源号、荣德祥号为8月19日中弹受损请存转事给重庆市干菜商业同业公会的报告（1940年9月）

八月十九日,敌机狂炸本市,商等营业地点在未解除警报以前即中弹燃烧。计商德福源损失家具,约值法币800.00余元,干菜、杂货、牛胶、耳子、芋片、白蜡等货,约值法币7400.00余元,共计8200.00余元。商荣德祥损失家具,约值法币900.00余元,干菜、杂货约值法币2500.00余元,共计3400.00余

元。用将被炸受损原由,报请大会存查,并恳分转营业、所得两税处备案,实深感荷!此上:

重庆市干菜商业同业公会

具报告人　德福源

（住民权路164号）

经理　况志清

具报告人　荣德祥

（住民权路153号）

经理　况德余

中华民国二十九年九月

德福源号8月19日被燃烧弹烧毁各货表

牛胶	780斤	玉片	750斤
笋子	240斤	吴莱	220斤
白椒	34斤	黑椒	95斤
花椒	75斤	青椒	60斤
白蜡	60斤	黄蜡	46斤
鱿鱼	46斤	云母	35斤
石花	10斤	法莱	10斤
金钩	30斤	桃米	300斤
西米	35斤	白矾	250斤

共计法币7679.40元整

16. 重庆诚源商号为其民权路分店6月1日被炸损失请存查分转有关单位事给重庆市干菜商业同业公会的报告（1941年6月13日）

会员诚源商号所设分店一所,住本市民权路144号,突于本月一日敌机袭渝时中弹被炸,除账簿幸得保全外,货物、器具损失约计4000.00余元。用特具报大会,请予鉴核存查,并分转直接税局及营业税处备查,实为公便。谨报告：

重庆市干菜商业同业公会

附损失清单1份

                会员 诚源

                经理 谭湘澄

             中华民国三十年六月十三日

重庆诚源商号6月1日被炸损失货物、家具清单[①]

木耳	260斤	5.15元/斤	1339.00元
黄花	150斤	2.00元/斤	300.00元
白椒	60斤	15.00元/斤	900.00元
黑椒	30斤	10.50元/斤	315.00元
石花	20斤	4.00元/斤	80.00元
湘莲	40斤	5.60元/斤	224.00元
鱿鱼	20斤	15.00元/斤	300.00元
檀木	12斤	20.00元/斤	240.00元
西米	16斤	8.50元/斤	136.00元
青椒	60斤	2.50元/斤	150.00元
白合	40斤	1.40元/斤	56.00元
笋子	52斤	1.70元/斤	88.40元
家具			约300.00元
以上13笔共合国币4428.40元整			

17. 重庆泰记号为6月15日行栈被炸请核转备查事给重庆市干菜商业同业公会的报告（1941年6月25日）

  窃会员集资12000.00元正伙贸泰记干菜行栈有年，去岁八月二十日，大批敌机滥炸渝市，本行中弹燃烧，一切悉成灰烬，曾报请大会存转有案。当时商请房主建屋，未得允许。会员以营业不便，中辍邀集股东议决添资自建房屋，并置家具等项，继续营业。修造房屋计用去法币洋7107.20元整，家具用

[①] 标题及表格系编者根据原文实际内容所制，后同。

去法币2587.90元整,二共用去法币9695.10元整,加入资本额计算,其房屋、家具即作本行资产部分登记在簿。不意本年6月15日敌机袭渝,本行又被炸毁,四围火墙倒下,幸货物疏散,未被波及,所有房屋、家具压成粉碎。除一面鸠工掘土搭盖简单房屋暂维营业以谋善后外,合将被炸损失情形报请大会,即祈鉴核分转税收机关存案备查,实感德便!此上:
重庆市干菜商业同业公会

具报告会员　泰记号
经理　周习之
中华民国三十年六月二十五日

18. 蜀新贸易行为呈报6月7日被炸损失请核转备查事给重庆市干菜商业同业公会的报告(1941年7月31日)

会员蜀新贸易行开设民族路201号,经营罐头生理〔意〕。因本年六月七日敌机来袭,市区投弹,会员不幸门面、橱窗、屋顶均被炸毁,随即将所有货物整理后,计损失值2000.00余元。理应呈报贵会,尚祈转呈有关机关为感。谨呈:
重庆市干菜商业同业公会钧鉴
附空袭损害表1张、货物数量计算表1张

会员　蜀新贸易行
经理　沈旨言
(住址　民族路201号)
民国三十年七月三十一日呈报

1) 蜀新贸易行被炸货物计算表

大利比牛奶	2听	8.00元/听	16.00元
白兰地	3瓶	10.00元/瓶	30.00元
波斗温酒	2瓶	5.00元/瓶	10.00元
中听英奶	2听	8.00元/听	16.00元

续表

小桔精酒	8瓶	3.00元/瓶	24.00元
西红柿	18瓶	3.00元/瓶	54.00元
胡椒粉	8瓶	1.50元/瓶	12.00元
芥末粉	8瓶	1.50元/瓶	12.00元
加力粉	7瓶	1.50元/瓶	10.50元
加力酱	7瓶	1.50元/瓶	10.50元
金英饼干	2听	15.00元/听	30.00元
洁糖	9盒	3.00元/盒	27.00元
青梅酒	4瓶	4.00元/瓶	16.00元
瓜子	12斤半	4.00元/斤	50.00元
果露酒	2瓶	1.50元/瓶	3.00元
肉松	4听	2.00元/听	8.00元
蛋卷	3听	3.00元/听	9.00元
头曲	4瓶	3.00元/瓶	12.00元
大曲	18瓶	2.00元/瓶	36.00元
红茶	1盒(8两)	5.00元/盒	5.00元
绿茶	2盒(4两)	3.00元/盒	6.00元
蜂蜜	3瓶	6.00元/瓶	18.00元
葱烤鱼	3听	4.00元/听	12.00元
味精	3瓶(4两)	25.00元/瓶	75.00元
味精	5瓶(2两)	16.00元/瓶	80.00元
小瓶味精	24瓶	1.00元/瓶	24.00元
酒醉猪鸡	4听	3.50元/听	14.00元
正牌火肘	2听	8.00元/听	16.00元
真芳台酒	7瓶	14.00元/瓶	98.00元
红烧牛肉	2听	5.00元/听	10.00元
金驼饼干	3听(3磅)	8.00元/听	24.00元
味生	4听(2.50两)	16.00元/听	64.00元
味宗	3瓶	6.00元/瓶	18.00元
万金油	70包	0.70元/包	49.00元
酸果	1瓶	25.00元/瓶	25.00元
素菜	1听	11.00元/听	11.00元
邦芥菜	1听	23.00元/听	23.00元
邦胡椒	3听	14.00元/听	42.00元

2)重庆市工商各业空袭损害调查表

(单位:国币元)

商号名称	主体人姓名	住址	损失情形 人 伤	损失情形 人 亡	损失情形 物 种类	损失情形 物 名称	损失情形 物 价值总额	被炸月日	营业状况 未炸前	营业状况 被炸后	备考
蜀新贸易行	沈旨言	民族路201号				货品	1000.00	6月7日			
						房屋	1000.00	6月7日			
						用具	500.00	6月7日			
						合计	2500.00				

说明：

1. 损失情形一栏,对于"人"一项,应分别轻伤、重伤;"物"一项包括房屋、现金、货品、用具等项,均以估计之数字填入,但估计之数字必须与实际情形相合;

2. "营业状况"应填明未炸前之荣枯及被炸后能否继续,以简短之文字记载;

3. 如各商号能自行详细填报,则由各该商号自填,交由公会转报,否则,由公会代为查填,均由公会及填报人加具印章。

19. 重庆市干菜商业同业公会为转报义和行6月15日被炸损失请鉴核备查事致直接税重庆分局文(1941年9月4日)

案据本会会员义和行经理张凤书具报称:"为中弹受损报请存转事情。会员义和行住白象街74号,突于六月十五日敌机袭渝时会员不幸中弹,被炸货物、房屋、用具损失约值法币9500.00余元整,理合报请大会存查,并分转各税收机关备查,曷胜企祷!"等情,据此。除答复准予照转外,用特转请贵局即祈鉴核存案备查,实为公便。此致:

直接税重庆分局

附清单1份

主席　谭绍彬

常务　贺荣升
　　　杨灿文

中华民国三十年九月四日

义和行6月15日被炸损失清单

项目	金额	备考
补建费	法币3500.00元	
家具	法币1500.00元	
食用品	法币700.00元	煤炭、米、猪油、盐巴
货物	法币3880.00元	白椒、味精
合计	法币9580.00元	

20. 重庆市干菜商业同业公会为会员宝山号迭次被炸受损请鉴核备查事致直接税重庆分局函（1941年9月28日）

案据本会会员宝山号经理何龙光具报称："呈为房舍被炸，迭遭损失，报请查核以便转呈事情。会员营业铺房自去岁被炸后，所存地皮仅余3公尺，无权建筑。始建平房半厦，作为临时营业之处。但以食宿无地，乃佃住文华街徐家祠内房屋数间暂为栖止，并将铺中零星货品堆置其内。殊本年六月，该处附近中弹，房屋震塌，以致货品、食物损失大部。当以迁居不便，仍将原地淘出，略为修葺，共计用去工缴杂费1000.00余元。惟时未久，突于八月五日傍晚，又被后面高竖石坎崩圮（即新新宾馆废墟），竟将连接房舍10余间完全压没。会员亦受其害，斯时欲向该业管理人追赔损失，不意该业负责人系绥署参谋，恃势不闻。延至10余日，因阴雨连绵，会员以货品、什物淹没其中，恐遭腐化，损失更重，不得已乃雇石泥工人，将货物掘出，需工1周，始告竣事，惟货物中无一完好，计算损失至深且巨，对于营业几无继续之力。会员第恐各方不明真伪，谨将迭次受损实情列具清单呈报大会俯赐鉴核，并祈转报各税务机关备查，免资后累，无任感祷！"等情。据此，除答复准予照转外，

用特转请贵局即祈鉴核存案备查,实为公便。此致:

直接税重庆分局

附清单1份

           主席 谭绍彬

           常务 贺荣升

              杨灿文

       中华民国三十年九月二十八日

1)宝山号八月五日石坎崩溃货物房屋损失清单

货名	数量	单价(国币元)	合计金额(国币元)	备考
白椒	10斤	24.00	240.00	
米糖	30斤	3.50	105.00	
橘饼	5斤	3.00	15.00	
元肉	10斤	8.00	80.00	
黑椒	8斤	18.00	144.00	
百合	20斤	2.00	40.00	
木耳	40斤	9.00	360.00	
黄花	180斤	4.30	774.00	
牛胶	30斤	3.00	90.00	
银鱼	3斤	20.00	60.00	
木柴	1670斤	0.15	250.00	
石泥包工			1000.00	
篾席篾条			52.50	
洋钉小工			19.00	
合计			3229.50	

2)宝山号六月二十九日被炸货物房屋损失清单

货名	数量	单价(国币元)	合计金额(国币元)	备考
牛胶	20斤	3.00	60.00	
百合	30斤	2.00	60.00	
芋片	15斤	3.00	45.00	
桂圆	12斤	4.00	48.00	
青椒	8斤	3.00	24.00	
西椒	10斤	5.00	50.00	
挑渣滓包工			120.00	
洋钉			118.40	
青瓦			372.90	
石灰跳板			18.50	
泥水包工			64.00	
木匠包工			160.00	
放墙挑渣			60.00	
簾席半板			43.50	
合计			1244.30	

21. 重庆合记同昌商号为迭次被炸受损请存转事给重庆市干菜商业同业公会的报告(1940年9月)

八月九日,敌机狂炸本市。商营业地点被炸后,即鸠工在原地挖出各货,遂移存本街永泰工厂对门院内,一面就地建筑简单房屋,图速谋复业,正拟报请存转间,讵料敌机又于本月二十日狂炸本市,遍投燃烧弹,将商移存之货悉化灰烬,连上年肃委会封存协兴之海带丝、鱿鱼、红菜同葬火窟。商两次被炸损失货物,兹已清厘完竣,另单呈览。用将先后被炸情形,报请大会鉴核存查,并分转肃委会暨营业、所得税处备案,实沾德便!此上:
重庆市干菜商业同业公会
附损失单1纸

具报告人　同昌

(住保安路98号)

经理　王承璧

中华民国二十九年九月

重庆合记同昌商号迭次损失清单

熏肉	5筒	0.60元/筒	3.00元
白蜡	24斤	5.00元/斤	120.00元
青豆	5筒	0.80元/筒	4.00元
八角	13斤	2.40元/斤	31.20元
蟹粉	3筒	1.60元/筒	4.80元
彩粟	47斤半	1.00元/斤	47.50元
荔枝	5筒	0.80元/筒	4.00元
蛋菜	9斤7两	10.00元/斤	97.50元
味粉	7瓶	0.20元/瓶	1.40元
玻盒	40个	0.30元/个	12.00元
味宗	5瓶	1.00元/瓶	5.00元
鱿鱼	23斤	8.00元/斤	184.00元
味生	18筒	4.50元/筒	81.00元
黄蜡	10.50斤	2.20元/斤	23.10元
味宗	29筒	3.00元/筒	87.00元
牛胶	123斤	1.60元/斤	196.80元
味祖	11瓶	0.20元/瓶	2.20元
连米	426斤	1.00元/斤	426.00元
桔羹	2筒	0.70元/筒	1.40元
桃米	191.50斤	0.65元/斤	124.47元
火肘	7筒	1.50元/筒	10.50元
枣子	855.50斤	0.40元/斤	342.20元
元肉	28斤	2.20元/斤	61.60元
蓝片	644斤	2.20元/斤	1416.80元
木鱼	200斤	3.40元/斤	680.00元
笋子	308斤	0.90元/斤	277.20元
芋片	92斤	0.80元/斤	73.60元
耳子	140斤	2.20元/斤	308.00元

续表

火肘	140斤	1.40元/斤	196.00元
花仁	26斤	0.80元/斤	20.80元
百合	74.50斤	1.00元/斤	74.50元
黄花	295斤	1.30元/斤	383.50元
海带	110斤	1.00元/斤	110.00元
家具			约值400.00余元
共5774.67元整			

22. 冠生园荣城商店为8月20日被炸受损请存转事给重庆市干菜商业同业公会的报告(1940年9月)

查本年八月二十日敌机大举袭渝，肆意狂炸，会员民族路109号营业处所不幸命中烧夷弹，全部生财、货物悉被焚毁。同时大阳沟作房亦遭炸毁，所有历年账据及生财设备、货物、原料概行烧罄。约计营业部生财损失13000.00余元，货物损失7000.00余元；作房生财、设备损失5000.00余元，货物、原料损失8000.00余元，综计两处生财、设备损失18000.00余元，货物损失16000.00余元，合共损失34000.00余元。理合将上项生财、设备、货物损失暨历年账据被焚情形，报请大会鉴核备查，并请分呈主管机关备案，至为公便！此呈：
重庆市干菜商业同业公会

具报告人　会员商号　冠生园

经理　沈华丰

中华民国二十九年九月

23. 新记为8月20日中弹受损报请存转事给重庆市干菜商业同业公会的报告(1940年9月)

八月二十日，敌机狂炸本市。商闻警报时形色仓忙，除将账簿拿出入洞躲避外，号章未拿，至解除警报时出洞看视，商营业地点(保安路99号)与存货地点(保安路94号)同化灰烬。计商被焚家具，约值法币600.00余元；干菜、杂货,约值法币7600.00余元,合计8200.00余元,损失之大莫斯。用将中弹全部燃烧原由,报请大会鉴核存查,并祈分转营业、所得两税处备案为感!
此上:
重庆市干菜商业同业公会

具报告会员商号　新记
经理　尹国初
中华民国二十九年九月

24. 重庆太和支号为送呈8月19日被炸损失请存转事致重庆市干菜商业同业公会文(1940年10月2日)

敬启者。敝号民族路61号自"八·一九"被敌机投烧夷弹焚毁,因当时抢救不及,约计损失货物价值国币6000.00余元,另附细单1纸,务恳转呈所得、利得税局备案,俾年终结账时则损益表免致不附。此请:
干菜商业同业公会勋鉴

重庆太和支号启
中华民国二十九年十月二日

重庆太和支号8月19日被炸损失货物单

水糖	约100斤	140.00元	美鲍鱼	约20听	200.00元
红糖	约150斤	150.00元	10两味生	约10听	190.00元
木鱼	约50斤	200.00元	桂圆	约70斤	90.00元
金钩	约40斤	440.00元	盐梅	约150斤	400.00元
鱿鱼	约50斤	500.00元	锡卜	约3捆	300.00元
云南□	约200斤	200.00元	火腿	约300斤	690.00元
香蓉	约20斤	100.00元	蜜枣	约200斤	330.00元
红、绿茶		100.00元	玉稚鱼	1箱	150.00元
白糖(上次)	约380斤	380.00元	□□粉	约3听	45.00元

续表

西□	约300斤	150.00元	勒吐精(1磅、3磅)	3磅约2听、1磅约6听	240.00元
各饼干、糖果		300.00元	美麦片	半打	60.00元
饭米	约4斗	90.00元	美生梨、桃子、什景、樱桃	计4打	560.00元
各种酒		300.00元	凤尾鱼	约2箱	300.00元
大英奶	约半箱	140.00元			
共计约洋6875.00元整					

25. 会员德新长为8月20日被炸受损请存转事给重庆市干菜商业同业公会的报告(1940年10月)

八月二十日,敌机狂炸本市,商营业地址被中燃烧弹,除将本年所用账簿尽数拿出逃避外,其他历年账簿与夫号章、货物、家具、房屋全被燃烧,连上年肃委会封存之鱼翅、鱿鱼、梅花参等货同付之一炬。货焚资尽,是以解体。兹将损失各货清厘完竣,用特将被焚情形并开列清单,报请大会鉴核存查,并祈分转肃委会暨营业、所得税处备案为感!此上:

重庆市干菜商业同业公会

附损失清单1纸<原缺>

具报告会员　德新长

（住保安路100号）

经理　李光星

中华民国二十九年十月

26. 会员荣盛号为迭次中弹受损请存转事给重庆市干菜商业同业公会的报告(1940年10月)

本年古历五月初七日,商营业地点遭敌机炸毁后,见危机已至,暂告停业,遂将存余各货分移渝埠各往来处存储,相机续谋恢复。至古历七月十二日,商始由乡返渝,鸠工修理门面,并将各货收回,正准备择期复业中。讵料八月二十日,敌机狂炸本市,商闻警报时将账簿、图章收存于布袋中,提往千厮门外红岩洞公共防空洞躲避。当日敌机投下大量炸弹与燃烧弹,大肆燃烧,火焰射入洞内,秩序大乱,人民争相逃命,商于此际布袋遂已失踪。至警报解除后,商往寻无着,遥望营业地点一变而为大火场矣。

计商被焚货物,约值法币4000.00余元;家具、被絮,约值法币1000.00余元。因账簿已失,货物单无从开列。用将被焚原由,报请大会鉴核存查,并祈分转营业、所得两税处备案为感!此上:
重庆市干菜商业同业公会

具报告会员商号　荣盛

经理　叶树荣

中华民国二十九年十月

27. 重庆永康海味号为8月19日中弹燃烧受损请存转事给重庆市干菜商业同业公会的报告(1940年10月)

八月十九日,敌机狂炸本市,大肆燃烧。商闻警报时仅将账簿、号章拿出逃避,至解除警报,出洞看视,商营业地址、房屋、货品,悉化灰烬。计商被焚各货,约值法币2100.00余元,因花色繁多,无法开列失单;家具,约值法币600.00余元。

商被烧后因病回乡调养,今始来渝报案。又因营业地址全被划作广场,货焚资尽,无力恢复。用将被烧受损歇业原由,报请大会鉴核存查,并祈分转营业、所得税处备案为感!此上:
重庆市干菜商业同业公会

具报告会员商号　重庆永康海味号

经理　李寿康

中华民国二十九年十月

28. 重庆协茂号为10月25日被炸损失请存转事给重庆市干菜商业同业公会的报告（1940年11月）

因本年十月二十五日敌机袭渝，在中正路一带投弹，同庆楼餐馆被炸起火燃烧至商号，因之被波及。当时除救出一部分货物外，计烧毁损失值20000.00余元，现正重建铺房营业。理合具文呈报，恳予登记。谨呈：

重庆干菜商业同业公会 转呈：

重庆所得税局公鉴

附呈烧毁损失货物详细名目单2份

具报告人　重庆协茂号

（住重庆中正路94号）

中华民国二十九年十一月

协茂海味号于本年十月二十五日被敌机炸毁货物详细名目单

香菇	100斤	味精	25打	百合	200斤
墨鱼	400斤	桔糖	600斤	白果	200斤
海带	500斤	火腿	600斤	苡仁	100斤
金钩	95斤	茴香	50斤	乌椒	80斤
冰糖	600斤	香肠	50斤	白椒	50斤
雷花糖	300斤	芋片	500斤	西椒	200斤
木耳	500斤	吴莱	500斤	兰片	200斤
笋米	500斤	石花	200斤	剑鱼	10斤
瓜子	100斤	发菜	30斤	白蜡	80斤
桂圆	300斤	檀香	10斤	藕粉	200斤
糖食	100斤	罐头	100听	折皮	40斤
牛胶	200斤	饼干	50斤	红枣	500斤

计法币25345.00元整、外生财、家具值2000.00元整

29. 会员商号天吉齐为10月25日被炸损失请存转事给重庆市干菜商业同业公会的报告(1940年11月)

本年十月二十五日,敌机狂炸燃烧本市。商营业地点前后左右均中炸弹与燃烧弹,幸消防人员施救得力,未着火燃烧,已将铺面、门壁、玻砖、玻片、玻镡、糖食、罐头、酒炸毁,狼藉满地,共值法币4800.00余元,另单呈览。当此国难严重时期,商受此重大损失,财力本不能胜,只得向亲友告贷,添资修复门面,进货恢复营业,渡此难关。用将受损原由报请大会鉴核存查,并祈分转营业、所得税处备案为感!此上:
重庆市干菜商业同业公会
计呈损失单1纸

具报告会员商号　天吉齐

（住中正路）

经理　龚荣庵

中华民国二十九年十一月

会员天吉齐10月25日被炸损失家具、门面、货物单

大玻砖	4块	100.00元/块	400.00元
大玻柜片	8块	30.00元/块	240.00元
大玻柜片	10块	25.00元/块	250.00元
大货架片	18块	26.00元/块	468.00元
货架片	106块	3.00元/块	318.00元
糖食方玻镡	2打	48.00元/打	96.00元
糖食圆玻罐	2打	42.00元/打	84.00元
糖食木儿玻罐	2打	48.00元/打	96.00元
桥精酒	5打半	30.00元/打	165.00元
大曲酒	10打另8瓶	12.00元/打	125.00元
各种花酒	20打	9.00元/打	180.00元
各种热货损失			约值600.00元
各种海味罐头损失			约值900.00元
家具、门面			约值1000.00元

统计损失4861.00元整

30. 会员商号同心长为8月19日被炸损失请存转事给重庆市干菜商业同业公会的报告（1940年11月）

本年八月十九日，敌机狂炸本市，大肆燃烧。商闻警报时，将账簿、号章持往罗汉寺总店存放，至解除警报后，商出洞看视，营业地点已着火燃烧罄尽。计干菜、杂货部分，约值法币4500.00余元；糖果、罐头部分，约值法币3500.00余元；油、蜡、纸、烛部分，约值法币2100.00余元，统共损失10100.00余元。

次日，罗汉寺被火燃烧，以致商账簿、图章同葬火窟。商回乡日久，今始来渝。用将被烧受损原由，报请大会鉴核存查，并祈分转营业、所得两税处为感！此上：

重庆市干菜商业同业公会

具报告会员商号　同心长

（住民权路175号）

经理　熊林森

中华民国二十九年十一月

五、重庆市绸布商业同业公会及所属抗战财产损失

1. 重庆市绸布商业同业公会为8月20日该会会所被炸损失事给重庆市商会的公函（1940年8月25日）

　　查本月二十日敌机狂炸本市，本会白象街会所不幸中弹燃烧，同时四周毗连之房屋亦被投中大量烧夷弹，一时火势猛烈，无法施救，所有本会会所暨存放于本会防空洞内之全部档卷、印章，悉遭焚毁。现暂移南岸老君洞本会临时办公处照常办公，并设城区办事处于二府衙街五金电料公会隔壁普善堂内，以便办理一切临时事务。

　　再，本会同业交易市场，现暂设状元桥会元村茶社照常营业。除分别呈报主管机关备查外，相应函达贵会，即希查照为荷。此致：
重庆市商会

主席　卓德全
常务委员　柯尧放
吴健男
万静安
陈虞耕
中华民国二十九年八月二十五日

2. 华新绸缎商号为6月26日被炸损失请鉴核备案事呈重庆市社会局文(1940年7月27日)

窃商号前蒙钧局指定为本市非常时期之营业商店，以供应社会日用之需要，不意于六月二十六日敌机滥炸本市时，商号不幸被敌机投掷重量炸弹，致将房屋、家具、自来水管全部炸毁，以致连商号地窖所堆积之货物，亦因水管炸毁关系致水渍一大部分，共计损失达18047.92元，情实难堪。除六月二十八日因初被炸毁未将详确数目清出先函绸布业同业公会报请备查□□并积极办理善后一切事宜筹备复业外，理合将损失□□□，抄列详单备文呈请□□□核备案，实为公便。谨呈：

重庆市社会局

华新绸缎号
（住民族路223号）
经理　罗善璋
中华民国二十九年七月二十七日

华新绸缎商号六月二十六日被敌机炸毁之货物、家具损失清单[①]

损失名称	数量	单价	金额(国币元)	备考
货物水渍损失	不一		4644.50	因货物零碎，未将细数一一填注
各项家具			1540.03	
顶打装修			8674.39	
店员损失			3189.00	

3. 重庆市绸布商业同业公会为转报会员少成美号8月20日被炸损失请鉴核备查事呈重庆市社会局文(1940年8月18日)

案据本会会员少成美号报告称："窃查八月二十日敌机狂炸行都，会员不幸，惨遭焚毁，除货物当时救出一部分外，所有全部生财、家具及货房堆存之货物，均被完全焚毁，约计损失70000.00元之谱。会员暂迁东水门芭蕉园4

[①] 标题及表格系编者根据原文内容所制，后同。

号,为特报请大会备查,并请转报有关机关备查。"等情。据此,经本会查明属实。除分别呈函外,理合具文转报钧局鉴核备查。谨呈:
重庆市社会局

重庆市绸布商业同业公会主席　卓德全
常务委员　柯尧放
吴健男
万静安
陈虞耕

中华民国二十九年八月十八日

4. 重庆市中兴绸缎号为8月20日被炸损失请备案并申请暂行停业事呈重庆市社会局文(1940年8月23日)

　　缘商号遵当局指定在市区营业,值此非常时期,空袭紧张,商号为顾及旦夕之危险,曾在林森路112号营业场备筑地下货库1间,将多数货品悉数存储库内,以图安全,一面拟参加集体保险。殊手续未及办理,敌机于本月二十日进袭行都时,在商号四周投掷燃烧弹多枚,当即着火,波及商号,延烧甚烈,兼值大风忽作,火势愈猛,消防队及防护团均为之裹足。商号所有职员亦散避各处,故不及抢救,致将房屋、家具、货物、账据等件焚毁无余,损失惨重。就目前各方可能考察及可能记忆者,总计约值82000.00余元。理合造具清册,附呈备案。

　　再者,商号自经指定为非常时期营业商店,虽冒50次以上轰炸危险,仍遵政府法令,秉供应社会之宗旨,坚决支持,未尝稍事搁置。现遭不幸,营业场所被毁,无法继续经营,只得暂时停业,一俟整理就绪,再行筹备复业。事关法令,用特一并申请备查。谨呈:
重庆市社会局
附呈被炸损失财产货物清册1份

具呈商号　中兴绸缎号
经理　陈友彬

临时办事处：南岸太平渡海狮路第9号

中华民国二十九年八月二十三日

重庆市中兴绸缎号被炸损失财产货物清册

民国二十九年八月二十二日造

项别	损失货物名称或房产所在	数量	所值金额（国币元）	备考
房屋	本号林森路112号	1幢	6500.00	此项1939年结算时在税局所报之资产负债内可查
投资	承典容康房屋地基		6000.00	
设备、家具	货架、电灯、电话、水管、文具		2590.00	1939年移转1237.92元，本年新置1352.08元，合计如上数
职员行李	被盖、衣服等	20余件	2700.00	本号职员住号者计18人，每人有被盖1床、毯子1床，衣服四五套，合计如上数
货品	美亭真阴丹布	10匹	1120.00	于筑庄购进，此货税局有案可查
货品	元青豪侠洋布	29匹	3190.00	同前
货品	女学生毛兰布	20匹	2640.00	陆通祥号购进，对方有账可查
货品	女学生毛兰布	30匹	4380.00	盛昌号
货品	经孔雀阴丹布	10匹	1660.00	华懋公司
货品	雪白加定大细	4匹	388.64	益州号
货品	雪白真节度细	3匹	623.70	美亚
货品	雪白加定公纺	5匹	720.00	真中
货品	双金锭毛兰布	40匹	5960.00	广益
货品	经孔雀阴丹布	40匹	7000.00	华懋公司
货品	绛红美人蕉布	20匹	2960.00	陈光辉
货品	各色织花冲毛呢	76匹	11770.00	协康
货品	果条印花洋纺	15.0	24.00	零售数目，货品以原数量十分之四估计如上数
货品	淡青印花洋纺	25.6	40.86	同前

续表

项别	损失货物名称或房产所在	数量	所值金额（国币元）	备考
货品	竹亭印花洋纺	17.0	30.60	
货品	竹亭印花洋纺	50.0	80.00	
货品	淡青格子麻纱	33.0	52.80	
货品	淡青格子麻纱	29.0	46.60	
货品	淡青格子麻纱	760	121.60	
货品	福寿花洋纺	24.0	32.40	
货品	水经花洋纺	42.0	56.70	
货品	果条花洋纺	66.0	89.10	
货品	经牌纶昌麻纱	44.0	79.20	
货品	经牌纶昌麻纱	74.0	133.20	
货品	经牌纶昌麻纱	81.0	135.80	
货品	经牌纶昌麻纱	58.0	103.40	
货品	经牌纶昌麻纱	48.0	86.40	
货品	汉光武花府细	20.0	30.00	
货品	汉光武花府细	79.0	128.50	
货品	汉光武花府细	55.0	82.50	
货品	汉光武花府细	64.0	96.00	
货品	足球条子府细	61.0	109.00	
货品	足球条子府细	74.0	132.20	
货品	足球条子府细	67.0	120.60	
货品	足球条子府细	82.0	147.60	
货品	四义派立司	28.0	53.20	
货品	四义派立司	8.5	16.15	
货品	四义派立司	24.0	45.60	
货品	四义派立司	18.0	34.20	
货品	四义派立司	8.0	15.20	
货品	四义派立司	41.0	77.90	
货品	四义派立司	13.0	24.70	
货品	四义派立司	8.5	16.15	
货品	品兰月华□吱	1匹	128.00	
货品	元青月华□吱	40.0	64.00	

续表

项别	损失货物名称或房产所在	数量	所值金额（国币元）	备考
货品	血青伦美呢	43.5	60.90	
货品	元青皱纹呢	23.0	36.60	
货品	黄色法西呢	57.0	54.15	
货品	黄色法西呢	17.0	16.15	
货品	黄色法西呢	19.0	18.00	
货品	格子花线呢	57.0	74.20	
货品	格子花线呢	24.0	31.20	
货品	三星印花呢	40.0	44.00	
货品	三星印花呢	43.0	47.30	
货品	三星印花呢	33.0	36.30	
货品	三星印花呢	9.0	9.90	
货品	绣珍呢	9.3	22.32	
货品	春燕呢	13.8	28.77	
货品	春燕呢	14.5	30.45	
货品	货品杂色□毛呢	23.5	54.05	
货品	罗斯呢	24.0	52.00	
货品	金光纱	12.0	30.00	
货品	月星呢	29.0	63.80	
货品	月星呢	14.7	32.34	
货品	凤桥呢	9.9	24.75	
货品	绣珍呢	7.3	18.25	
货品	大新绉	6.3	13.86	
货品	雪白桃花鸡府细	1匹	152.00	
货品	条子衬衫府细	12.0	21.60	
货品	格子花布	17.5	14.63	
货品	格子花布	40.0	30.00	
货品	格子花布	36.0	25.20	
货品	格子花布	9.0	6.30	
货品	格子花布	35.0	24.50	
货品	格子花布	21.0	19.95	
货品	格子花布	42.0	31.50	

续表

项别	损失货物名称或房产所在	数量	所值金额（国币元）	备考
货品	格子花布	40.0	28.00	
货品	格子花布	31.0	23.25	
货品	格子花布	49.0	36.75	
货品	格子花布	17.5	13.13	
货品	格子花布	23.0	17.25	
货品	天兰标准布	39.0	54.60	
货品	水兰标准布	90.0	126.00	
货品	灰色标准布	110.0	165.00	
货品	灰色标准布	1匹	165.00	
货品	灰色标准布	52.0	78.00	
货品	灰色标准布	66.0	99.00	
货品	灰色标准布	94.0	141.50	
货品	灰色标准布	49.0	73.50	
货品	灰色标准布	62.0	93.00	
货品	灰色标准布	1匹	150.00	
货品	灰色标准布	62.0	93.00	
货品	灰色标准布	56.0	84.00	
货品	灰色标准布	46.0	64.40	
货品	灰色标准布	49.0	68.60	
货品	本机毯子布	44.0	52.80	
货品	本机毯子布	68.0	81.60	
货品	本机毯子布	62.0	74.40	
货品	本机毯子布	47.0	56.40	
货品	本机毯子布	45.0	54.00	
货品	本机毯子布	54.0	64.80	
货品	本机毯子布	82.0	98.40	
货品	雪白纹夏布	7匹	112.00	
货品	雪白纹夏布	6匹	93.00	
货品	雪白纹夏布	19匹	266.00	
货品	雪白纹夏布	10匹	155.00	
货品	雪白纹夏布	39匹	487.50	
货品	印花纹夏布	12匹	480.00	

续表

项别	损失货物名称或房产所在	数量	所值金额（国币元）	备考
货品	雪白粗罗纹	5匹	70.00	
货品	1.4尺禾月夏布	35匹	962.50	
货品	原白洋布	1匹	115.00	
货品	学生毛兰布	1匹	158.00	
货品	印花床毯	30床	555.00	
货品	粉白市布	1匹	70.00	
货品	各色2尺里细	10匹	370.00	
货品	各色厂丝细	3匹	297.00	
货品	元青美化锦	81.0	243.00	
货品	软缎绣花被盖	38床	2052.00	
货品	鸡绉绣花被盖	45床	1008.00	
货品	加定改良大细	47匹	5640.00	
货品	成都鸡皮绉	16匹	1440.00	
货品	天青绫细	7匹	1260.00	
合计			82056.65	

附注：

1. 本册所列房屋，系按前七八年之时值计算，现值当数倍于此；

2. 本册所列耿货[①]，系由记忆录出，但对方有账可稽，不能即时记忆者尚多，无从开列；零货系照未失之开号簿数未能售尽者列出，实际亦不仅只此；

3. 各货概系照成本计算。

5. 重庆市绸布商业同业公会为转报会员华光商号3次被炸损失请鉴核备查事呈重庆市社会局文（1940年9月18日）

案据本会会员华光商号报告称："窃会员在五四路经营绸布业务，并曾在民权路2号租佃堆货间1所，不幸于本年六月二十六日被炸，损失绸布19匹，约值国币4000.00余元；嗣复租佃江家巷25号院房堆存货物，于八月九日复被炸毁，损失夏布、棉布计137匹，共值国币3200.00余元，均因业务关系，未及呈报。不意本月二十日敌机狂炸重庆，会员营业地点惨遭燃烧，所有家具、

---

① 系重庆地方方言，"大宗商品"、"整货"之意，编者按。

货物，悉付一炬，其中货品约值国币 26000.00 余元。综上三次损失，合计 34000.00 余元。为特抄具损失清单 1 份报请大会存查，并祈转报有关机关备案。"等情，附损失清单 1 份。据此，经本会查明属实。除分别呈函外，理合抄附损失清单 1 份，据情转请钧局鉴核备查。谨呈：

重庆市社会局

附华光商号损失清单 1 份

重庆市绸布商业同业公会主席　卓德全
常务委员　柯尧放
吴健男
万静安
陈虞耕
中华民国二十九年九月十八日

重庆市华光商号三次被炸损失清单

品名	数量	备考
漂白斜纹	8 匹	
草青斜纹	1 匹	
色海力蒙	4 节	
印花丁绸	3 匹	
色同昶锦	1 匹	
素色贡缎	2 匹	
杂色衣布	134 匹	
美亭阴丹	2 匹	
粉白市布	1 匹	
以上三次，共计值法币 34000.00 余元。		

6. 重庆市绸布商业同业公会为转报隆泰商号 8 月 19 日被炸损失请鉴核备查事呈重庆市社会局文（1940 年 9 月 18 日）

案据本会会员隆泰商号报告称："窃会员开设本市三教堂街 26 号，八月十九日敌机狂炸渝市，会员店址四周中弹起火，几被延烧，当将所有存货、账据及店员衣物等抢救出店，暂存药王庙 10 号复兴字号私有防空洞内。不幸于二十日敌机来袭时,将该处焚毁,以致存放防空洞内之全部货物、账据,悉化灰烬,损失数目达32000.00余元,所有一切债权债务事项亦无法清理。为特开具损失清单1份,报请大会备查,并祈转报有关机关备案。"等情,附原损失清单1份,据此。经本会查明属实,除分别呈函外,理合抄附原件1份,具文呈请钧局鉴核备查。谨呈:

重庆市社会局

附隆泰商号损失清单1份

重庆市绸布商业同业公会主席 卓德全

常务委员 柯尧放

吴健男

万静安

陈虞耕

中华民国二十九年九月十八日

隆泰商号被焚各货及衣物单

货品	数量	金额	备考
各色布匹	170余匹	27000.00余元	
各色布匹零段	40余段	4000.00余元	
衣物	30余件	600.00余元	
统共值价32000.00余元			

7. 重庆市绸布商业同业公会为转报复兴商号8月20日被炸损失请鉴核备查事呈重庆市社会局文(1940年9月18日)

案据本会会员复兴商号报告称:"八月二十日敌机狂炸渝市,会员惨被延烧,无法施救,所有存放防空洞内之账据、图记及职员衣物等全部焚毁,为特抄具损失清单1份,报请大会备查,并祈转报各有关机关备案。"等情,附损失清单1份,据此。经本会查明属实,除分别呈函外,理合抄附损失清单1份,具文转报钧局鉴核备查。谨呈:

重庆市社会局

附复兴商号损失清单1份

重庆市绸布商业同业公会主席　卓德全

常务委员　柯尧放

吴健男

万静安

陈虞耕

中华民国二十九年九月十八日

重庆市复兴商号被轰炸损失簿据、货物花单

去岁银钱流水	1本	去岁收付总录账	2本
去岁进货流水	1本	去岁申、昆庄进货账	1本
1940年收付总录账	2本	1940年售货流水	1本
朱德祥私章	1颗	"复兴号"方斜图记	1颗
"复兴号"方正图记	1颗	"复兴号"盖印圆图记	1颗
王辅廷房扎	1颗	聚兴诚送金簿	1本
聚兴诚支票簿	1本	和成银行送金簿	1本
和成银行支票	1支	职员衣物等	56件
其他有关字据			
合计17笔，正在清查中			

8. 重庆市绸布商业同业公会为转报一德商号8月20日被炸损失请鉴核备查事呈重庆市社会局文（1940年9月18日）

案据本会会员一德商号报告称："窃会员原在会仙桥47号地址营业，不幸敌机连日袭渝，会员于八月二十日惨遭轰炸，全部焚毁，所有存放于防空洞内之历年账册暨本年度账据，亦因火势过猛，悉成灰烬。除分向各往来接洽，凭证补账外，为特报请大会存查，并转请有关机关备案。"等情，前来。经本会查明属实。除分别呈函外，理合具文转请钧局鉴核备查。谨呈：

重庆市社会局

重庆市绸布商业同业公会主席　卓德全

常务委员　柯尧放

吴健男

万静安

陈虞耕

中华民国二十九年九月十八日

9. 重庆市绸布商业同业公会为转报合记商号8月19日被炸损失暨转移途中被劫等事呈重庆市社会局文（1940年9月18日）

案据本会会员合记商号报告称："八月十九日敌机袭渝，会员不幸房屋被震，生财、家具全毁，一部分货物亦被破片打坏；四周起火，燃烧甚烈，会员恐遭波及，爰将货物运走，下乡暂避。不意搬至三教堂口，适值秩序紊乱之际，有力夫4人，竟乘机负货逃逸，无从拘捕。嗣经清理结果，共计损失整零货物261段，约值国币17000.00余元。查会员于兹空袭紧张之际，本'愈炸愈强'之精神，不顾牺牲，服务社会，该力夫等竟敢乘人于危，何异趁火打劫。为特开具损失清单1份，报请大会备查，并祈转报主管官署转咨各治安机关严缉究办，以儆效尤，而维商艰。"等情，附损失清单1份，据此。经本会查明属实。除分别呈函外，理合抄附原损失清单1份，据情转请钧局鉴核备查。并祈转咨各治安机关严缉究办，以儆效尤，而维治安。实为公便。谨呈：

重庆市社会局

附合记商号损失清单1份

重庆市绸布商业同业公会主席　卓德全

常务委员　柯尧放

吴健男

万静安

陈虞耕

中华民国二十九年九月十八日

重庆市合记商号遭受轰炸损失清单

品名	数量	单位金额	备考
元青成都贡缎	1匹	3.50元/尺	
朱红成都贡缎	1匹	3.50元/尺	
元青朱红上三纺缎	8丈	3.50元/尺	
元青万里府绸	2匹	1.30元/尺	
灰色中山毛呢	2匹	1.08元/尺	
元青双凤府绸	1匹	1.30元/尺	
本机格子花布	2匹	36.00元/匹	
粉白桑园市布	1匹	150.00元/匹	
粉白太公市布	8匹	1.50元/尺	
元青影格毛呢	2匹	160.00元/匹	
元青10丈洋布	13丈	1.30元/尺	
格子花毯子布	13匹	120.00元/匹	
灰色条子冲毛呢	2匹	180.00元/匹	
草绿哈叽布	1匹	120.00元/匹	
各色蓉帆布	6匹	70.00元/匹	
各色鸡皮绉	2匹	140.00元/匹	
各色鸡皮绉	13丈	2.50元/尺	
天蓝孔雀洋布	1匹	160.00元/匹	
各色标准布	6丈	1.60元/尺	
鸡皮绉绣花被面	25床	30.00元/床	
大红鸡皮绉	5丈	2.50元/尺	
锦缎格被面	34床	20.00元/床	
各色素里绸	18匹	45.00元/匹	
各色万年青衣料	14件	50.00元/件	
各色素里绸	20丈	0.90元/尺	
各色嘉定花大绸	23丈	4.00元/尺	
各色复兴皱衣料	3件	40.00元/件	
新花玉露皱衣料	8件	40.00元/件	
各色皎洁皱衣料	1件	40.00元/件	
杂色花绒面缎	3件	40.00元/件	
各色杭锦地皱	4.20丈	5.00元/尺	

续表

品名	数量	单位金额	备考
各色双凤明星呢	15丈	2.20元/尺	
各色嘉定大大绸	20.10丈	3.50元/尺	
各色东亚充毛呢	34码	4.50元/码	
杂色印花丁绸	73丈	1.20元/尺	
杂色法南布	3匹	36.00元/匹	
各色嘉定花大绸	6匹	200.00元/匹	
雪白嘉定花大绸	1匹	140.00元/匹	
天蓝月美□布	1匹	148.00元/匹	
共计合洋17548.20元整,其余破片打烂之货概未列入			

10. 重庆市绸布商业同业公会为转报新昌商号8月19日被炸复被盗损失请鉴核备查并转咨各治安机关等事呈重庆市社会局文(1940年9月18日)

案据本会会员新昌商号报告称:"窃查八月十九日敌机狂炸渝市,会员不幸惨遭轰炸,所有货物,除炸毁者外,其有未被损毁者,亦为宵小所乘,窃去一空。余如全部家具、职役衣物等项,亦被粉碎,无一完好。损失殊为重大。为特抄呈损失单1份,报请大会备查,并祈转报备查;同时并希转请治安机关于空袭时期,严饬所属,切实维持秩序,庶免再为宵小所乘,发生上项窃盗之严重损失。凡我国民,则幸甚矣。"等情,附原损失清单1份,据此。

查该号此次被炸,牺牲已极惨重,复遭宵小盗窃,损失尤为不支。查此类事件,本市已层见叠出,实应严密防范,以维市场治安。据报前情,除分别呈报函知外,理合抄附原损失清单1份,具文呈请钧局鉴核备查,并祈转咨各治安机关,严饬所属切实注意,维持秩序,缉拿人犯,依法严惩,以维治安。是否有当,伏候指令只遵。谨呈:

重庆市社会局

附新昌商号损失清单1份

重庆市绸布商业同业公会主席　卓德全

常务委员　柯尧放

吴健男

万静安

陈虞耕

中华民国二十九年九月十八日

新昌商号损失清单

名称	金额	备考
货物	11800.00元	
家具	7000.00元	
装修	3000.00元	
全部设备	1500.00元	
职员行李	2000.00元	
合计	25300.00元	

11. 重庆市绸布商业同业公会为转报成大商号8月20日被炸损失请鉴核备查事呈重庆市社会局文（1940年9月18日）

案据本会会员成大商号报告称："八月二十日敌机狂炸本市，会员不幸被炸，并中燃烧弹1枚，幸经街邻竭力施救，兼以水管炸断，满屋流水，得将火焰扑灭。所有生财、家具及货物，大部分均遭损毁，兹经查明照成本共计损失17587.81元。为特抄具损失清单1份，报请大会备查，并祈转报有关机关备案。"等情，附损失清单1份，据此。经本会查明属实。除分别呈函外，理合抄附损失清单1份，据情转请钧局鉴核备查。谨呈：

重庆市社会局

附成大商号损失清单1份

重庆市绸布商业同业公会主席　卓德全

常务委员　柯尧放

吴健男

万静安

陈虞耕

中华民国二十九年九月十八日

重庆市成大商号被炸损失清单[1]

名称	数量	单价	合计	备考
天然绉	79.5丈	4.00元	318.00元	
华阳绉	36.5丈	1.75元	63.87元	
奇才绉	21.5丈	3.90元	83.85元	
奇才绉	79丈	2.60元	205.40元	
奇才绉	79.5丈	2.60元	204.70元	
奇才绉	57丈	3.90元	222.30元	
奇才绉	59尺	2.60元	15.34元	
成都花绸	76.5丈	1.20元	91.80元	
成都花绸	57.5丈	1.20元	69.00元	
云锦绉	75尺	2.08元	15.60元	
多福呢	21.5丈	5.00元	107.50元	
福煕绉	8尺	3.95元	31.60元	
太湖绉	11.5丈	2.44元	28.06元	
美化巾	81.5丈	5.00元	407.50元	
美化巾	79.5丈	5.00元	397.50元	
美化巾	8丈	5.00元	400.00元	
美化巾	8丈	5.00元	400.00元	
美化巾	8丈	5.00元	400.00元	
美化巾	54.5丈	5.00元	272.50元	
福煕绉	28丈	3.95元	110.60元	
花厂绉	52丈	2.60元	135.20元	
锦地绉	4丈	1.80元	72.00元	
花厂绉	52丈	2.60元	135.20元	
花厂绉	52丈	2.60元	135.20元	
花厂绉	32丈	2.60元	83.20元	
花厂绉	42丈	2.60元	109.20元	
云锦绉	38.5丈	2.28元	87.78元	
克兰呢	47.5丈	2.84元	134.90元	
锦地绉	33.3丈	1.80元	59.94元	
锦地绉	38丈	1.80元	68.40元	

---

[1] 此表内之货品过多重复，原文如此。

续表

名称	数量	单价	合计	备考
青大绸	25.5丈	2.40元	61.20元	
厂丝绸	36.5丈	3.00元	109.50元	
么纺绸	46.5丈	2.40元	111.60元	
么纺绸	1匹	154.00元	154.00元	
银华绸	77.5丈	2.00元	155.00元	
么纺绸	42丈	2.40元	100.80元	
么纺绸	65丈	2.40元	156.00元	
么纺绸	8尺	2.40元	19.20元	
三仿缎	41.4丈	2.30元	95.22元	
三仿缎	52.9丈	2.30元	121.70元	
三仿缎	45丈	30.80元	138.60元	
鸡皮绉	1匹	120.00元	120.00元	
鸡皮绉	24丈	2.40元	57.60元	
平缎	30.4丈	2.80元	85.12元	
印度绸	49.5丈	1.90元	94.05元	
印度绸	12丈	1.90元	22.80元	
印度绸	21丈	1.90元	39.90元	
印度绸	10.5丈	1.90元	19.95元	
银华绸	37.5丈	1.28元	48.00元	
厂丝绸	26丈	3.00元	78.00元	
厂丝绸	7尺	3.00元	21.00元	
素电纺	35尺	1.30元	45.50元	
电仿绸	7尺	3.50元	24.50元	
么纺绸	14丈	3.00元	42.00元	
富利绸	18丈	2.05元	36.90元	
加头绸	25丈	1.30元	32.50元	
厂丝绸	12.2丈	3.00元	26.60元	
厂丝绸	22丈	3.00元	66.00元	
平缎	8.4尺	2.30元	19.32元	
平缎	6尺	2.30元	13.80元	
平缎	5.9尺	2.30元	13.57元	
平缎	17.1丈	2.30元	39.23元	

续表

名称	数量	单价	合计	备考
银华绸	52.4丈	1.28元	67.70元	
美化巾	10.5丈	3.90元	40.95元	
美化巾	6.5尺	3.90元	25.35元	
花大绸	3尺	1.20元	3.60元	
花大绸	18.5丈	1.20元	22.20元	
云锦绸	7尺	1.89元	13.23元	
印度绸	13.5丈	2.00元	27.00元	
印度绸	7.5尺	1.90元	14.25元	
印度绸	6.2尺	1.90元	11.78元	
银华绸	35.3丈	1.28元	45.18元	
银华绸	27丈	1.28元	34.56元	
银华绸	2尺	1.28元	2.56元	
平缎	14丈	2.30元	32.20元	
银华绸	5.6尺	1.28元	7.17元	
银华绸	53丈	1.28元	67.84元	
爱琳绸	1件	40.80元	40.80元	
爱琳绸	2件	36.00元	72.00元	
连云绸	1件	25.60元	25.60元	
罗娜绸	1件	38.00元	38.00元	
加徽绸	1件	42.00元	42.00元	
英武绸	1件	32.20元	32.20元	
流香绸	1件	32.00元	32.00元	
流香绸	1件	32.00元	32.00元	
流香绸	1件	32.00元	32.00元	
密意绸	5件	55.00元	275.00元	
密意绸	4件	45.00元	180.00元	
罗香绮	1件	27.00元	27.00元	
罗香绮	1件	27.00元	27.00元	
罗香绮	1件	20.70元	20.70元	
罗香绮	1件	27.60元	27.60元	
罗香绮	1件	27.60元	27.60元	
香雪绸	1件	36.00元	36.00元	

续表

名称	数量	单价	合计	备考
加曼绉	1件	42.00元	42.00元	
柳浪绉	1件	42.00元	42.00元	
海纶缎	2件	25.20元	50.40元	
罗马巾	1件	27.90元	27.90元	
白大绸	1匹	100.00元	100.00元	
白大绸	1匹	100.00元	100.00元	
素大绸	29丈	2.40元	69.60元	
连云绉	1件	30.80元	30.80元	
印度绸	14.3丈	2.00元	28.60元	
累丝纱	1件	21.70元	21.70元	
鸡皮绉	1件	20.40元	20.40元	
罗马巾	1件	27.90元	27.90元	
万金缎	1件	18.20元	18.20元	
□吱绉	1件	32.00元	32.00元	
绮虹绉	1件	17.80元	17.80元	
现代格	1件	34.00元	34.00元	
□吱绉	1件	37.50元	37.50元	
连云绉	1件	25.60元	25.60元	
万金缎	1件	20.00元	20.00元	
留春绉	1件	33.00元	33.00元	
留春绉	1件	34.50元	34.50元	
美丽绉	1件	35.00元	35.00元	
绣花软缎被面	52床	49.00元	2548.00元	
锦缎被面	58床	16.00元	928.00元	
连云绉	2件	25.60元	51.20元	
连云绉	1件	25.60元	25.60元	
连云绉	1件	20.70元	20.70元	
连云绉	1件	30.80元	30.80元	
尊华缎	1件	18.00元	18.00元	
尊华缎	1件	18.00元	18.00元	
爱琳绉	1件	40.80元	40.80元	
爱琳绉	1件	23.80元	23.80元	

续表

名称	数量	单价	合计	备考
流香绉	1件	27.90元	27.90元	
连翼缎	1件	27.90元	27.90元	
四维缎	3件	28.00元	84.00元	
四维缎	2件	27.80元	55.60元	
四维缎	1件	27.80元	27.80元	
四维缎	1件	24.80元	24.80元	
罗香绮	1件	20.70元	20.70元	
罗香绮	1件	20.70元	20.70元	
爱琳绉	1件	40.80元	40.80元	
西利绸	1件	38.00元	38.00元	
西利绸	1件	34.00元	34.00元	
□吱绉	4件	33.00元	132.00元	
□吱绉	2件	38.00元	76.00元	
春华绮	1件	18.20元	18.20元	
绮红绉	2件	17.80元	35.60元	
绮红绉	3件	17.80元	43.40元	
绮红绉	2件	17.80元	35.60元	
绮红绉	2件	17.80元	35.60元	
乔其纱	2件	46.00元	92.00元	
乔其纱	1件	36.00元	36.00元	
乔其纱	1件	21.70元	21.70元	
乔其纱	1件	36.00元	36.00元	
乔其纱	1件	36.00元	36.00元	
乔其纱	5件	38.00元	190.00元	
乔其纱	1件	38.00元	38.00元	
乔其纱	1件	39.00元	39.00元	
乔其纱	1件	25.00元	25.00元	
现代格	1件	34.00元	34.00元	
美捷绉	1件	26.00元	26.00元	
鸡皮绉	45.5丈	2.48元	112.80元	
鸡皮绉	28丈	2.48元	69.44元	
天青绫绸	26.5丈	3.40元	90.10元	

续表

名称	数量	单价	合计	备考
香雪绉	1件	36.00元	36.00元	
克兰呢	14.5丈	3.00元	43.50元	
标准布	56.5丈	1.20元	67.80元	
标准布	15丈	0.62元	9.30元	
标准布	22丈	1.30元	28.60元	
标准布	39丈	1.30元	50.70元	
标准布	3丈	0.62元	1.86元	
标准布	47丈	0.70元	32.90元	
标准布	11丈	0.89元	9.79元	
标准布	25丈	1.20元	30.00元	
标准布	89丈	0.80元	71.20元	
条子灰布	21丈	0.70元	14.70元	
冲□吱	13.5丈	0.69元	9.30元	
冲□吱	1匹	58.00元	58.00元	
青府绸	29丈	1.40元	40.60元	
花布	41.5丈	0.80元	33.20元	
冲□吱	44.5丈	0.69元	30.70元	
花布	39.5丈	1.36元	53.72元	
花布	1匹	102.00元	102.00元	
花布	13丈	1.36元	17.68元	
花布	半匹	102.00元	51.00元	
花布	51.5丈	1.36元	70.04元	
花布	64.5丈	1.36元	87.72元	
花布	56丈	1.36元	76.17元	
花布	74丈	1.36元	100.64元	
花布	43.5丈	1.36元	59.16元	
花布	1匹	102.00元	102.00元	
花布	1匹	102.00元	102.00元	
冲毛呢	26丈	1.46元	37.96元	
冲毛呢	7.5尺	0.52元	3.90元	
冲毛呢	57丈	1.17元	66.69元	
冲毛呢	9尺	0.52元	4.68元	

续表

名称	数量	单价	合计	备考
冲毛呢	3.4丈	11.70元	39.78元	
冲毛呢	58.5丈	1.17元	68.44元	
冲毛呢	32.5丈	1.05元	34.12元	
冲毛呢	13.5丈	0.52元	7.02元	
漂白布	17丈	0.75元	17.00元	
漂白布	19丈	1.00元	19.00元	
漂白布	12丈	1.00元	12.00元	
漂白布	20.5丈	1.00元	20.50元	
漂白布	8尺	1.00元	8.00元	
漂白布	16丈	1.00元	16.00元	
标准布	1.65丈	8.00元	13.20元	
标准布	5.7丈	8.00元	45.60元	
标准布	8.9丈	8.00元	71.20元	
标准布	2.45丈	7.00元	17.15元	
标准布	1.2丈	12.00元	14.4元	
标准布	9.8丈	8.90元	87.22元	
标准布	6.7丈	12.00元	80.40元	
标准布	35尺	0.50元	17.50元	
标准布	1.05丈	12.00元	12.60元	
阴丹布	8.45丈	15.50元	130.97元	
白府绸	2.5尺	1.48元	3.70元	
白府绸	4丈	13.2元	52.80元	
元斜	5丈	7.8元	39.00元	
黄斜	7.75丈	11.30元	87.57元	
条子府绸	4.8丈	11.60元	55.68元	
白府绸	44.5丈	1.28元	56.96元	
条子麻纱	5.3丈	10.40元	55.12元	
条子麻纱	4.3丈	10.40元	44.72元	
印花麻纱	2丈	12.80元	25.60元	
色丁	4.8丈	10.70元	51.36元	
色丁	2.5丈	10.70元	26.75元	
色丁	1.4丈	10.70元	14.98元	

续表

名称	数量	单价	合计	备考
色丁	1.8丈	10.70元	19.25元	
色丁	1.4丈	10.70元	14.98元	
色丁	5尺	10.70元	5.35元	
色丁	1匹	80.00元	80.00元	
印花洋纺	6.2丈	13.40元	83.08元	
印花洋纺	4.6丈	13.4元	61.64元	
条子布	1.2丈	8.30元	9.60元	

总计：丝织品295段，棉织品69段，共值成本法币17587.81元

12. 重庆市绸布商业同业公会为转报豫丰豫商号8月20日被炸损失请鉴核备查事呈重庆市社会局文（1940年9月19日）

案据本会会员豫丰豫商号报告称："窃会员原在民族路184号营业，不幸于8月20日敌机袭渝时中弹燃烧，无法施救，致将楼上存放之货物、调号及一切生财家具全部焚毁，仅将门面陈设之货物抢出一部分未受损失。兹因调号被焚，无法清查损失花数，特将现存各货26468.70元，连同一切资产负债，予以迭出，此次共计损失30501.50元整。为特造具存货表及损失计算表各4份，具文报请大会备查，并祈转请各有关机关备案。"等情，附原表各4份，据此。经本会查明属实。除分别存转备查外，理合检附原表各1份，据情转请钧局鉴核备查。谨呈：

重庆市社会局

附豫丰豫商号损失计算表1份、存货表1份

重庆市绸布商业同业公会主席 卓德全

常务委员 柯尧放

吴健男

万静安

陈虞耕

中华民国二十九年九月十九日

重庆豫丰豫谦记绸布号二十九年八月底止损失计算表

二十九年八月底造

(一)资产部		
名称	金额(国币元)	备考
各货	26468.70	
现金	145.00	
合计法币26613.70元整		
(二)负债部		
名称	金额(国币元)	备考
黄德章	200.00	
陈德武	310.00	
玉记	3721.31	
同记	3017.28	
余庆堂	3742.67	
慧记	200.00	
胜记	1681.33	
鉴记	1200.00	
左梦平	5000.00	
王尔孝	2000.00	
所得税	42.61	
股本	36000.00	
合计法币57115.20元整		

重庆豫丰豫谦记绸布号二十九年八月二十五日清存各货备查表

品名	数量	价额(国币元)	合计(国币元)	备考
粉白市布	2匹	129.00	258.00	
粉白市布	1匹	135.00	135.00	
粉白市布	1匹	130.00	130.00	
粉白市布	26.0	1.29	33.54	
粉白市布	74.0	1.35	99.90	
粉白市布	30.0	1.29	38.70	
原白十斤洋布	3匹	110.00	330.00	

续表

品名	数量	价额(国币元)	合计(国币元)	备考
原白十斤洋布	27.0	1.10	29.70	
漂白十斤洋布	1匹	108.00	108.00	
漂白十斤洋布	45.0	1.00	4.50	
漂白哈机布	2匹	116.00	232.00	
美亭阴丹蓝布	2匹	170.00	340.00	
漂白哈机布	20.0	1.16	23.00	
美亭阴丹蓝布	14.0	1.70	23.80	
女学生蓝布	2匹	157.00	314.00	
女学生蓝布	25.0	1.50	37.50	
元青豪侠洋布	1匹	145.00	145.00	
元青豪侠洋布	35.0	1.45	50.75	
元青十斤洋布	1匹	136.00	136.00	
元青十斤洋布	35.0	1.36	47.60	
月美安蓝布	90.0	1.40	126.00	共计两节
灰色标准洋布	115.0	1.20	138.00	同上
灰色十斤洋布	20.0	1.35	27.00	
灰色哈机布	1匹	122.00	122.00	
灰色哈机布	151.0	1.20	181.20	共计4节
元青哈机布	62.0	1.15	71.30	
元青素冲□吱	1匹	131.00	131.00	
元青素冲□吱	65.0	1.30	84.50	
雪白素洋纱	2匹	110.00	220.00	
元白素洋纱	141.0	1.10	155.10	
毛蓝素冲□吱	32.0	1.00	32.00	
各色印花洋纺		1.20	158.40	共计4节
各色印花洋纺	596.0	1.20	715.20	共计3节
各色印花色丁	83.0	1.20	99.60	共计8节
各色印花麻纱	190.0	1.20	228.00	共计4节
水红印花洋纺	7.0	1.00	7.00	
油绿印花色丁	5.0	1.00	5.00	
前条花冲府绸	418.0	1.15	480.70	共计9节
雪白素冲府绸	1匹	4.00	124.00	每码

续表

品名	数量	价额(国币元)	合计(国币元)	备考
雪白素冲府绸	40.0	0.80	32.00	碎片伤
淡青素冲府绸	26.0	1.20	31.20	
雪白素冲府绸	4.0	1.60	6.40	
元青素冲府绸	31.0	0.80	24.80	碎片伤,共计2节
条子本机府绸	8.0	10.00	80.00	
条子花胶布	50.0	0.60	30.00	共计3节
条子花丁纹纱	16.0	0.70	11.20	
条子花被单布	1匹	108.00	108.00	
条子花被单布	1匹	108.00	108.00	
各色花学生布	147.0	0.90	132.30	共计4节
天蓝素标准布	45.0	1.20	54.00	
灰色素标准布	51.0	1.35	68.85	
各色素标准布	108.0	1.20	129.60	共计4节
水红浅蓝标准布	12.0	1.40	16.80	同上
浅蓝素标准布	9.0	1.00	10.80	
灰色素标准布	29.0	1.35	39.15	共计2节
各色素法南布	5匹	33.00	165.00	
灰色冲派立司	1匹	101.00	101.00	
格子被面布	1匹	38.00	38.00	
各色格子花布	5匹	35.00	175.00	
青白格子摩登布	10.0	0.70	7.00	
格子花摩登呢	4.0	0.80	3.20	
条子花线呢	9.0	0.60	5.40	
灰色芝麻呢	8.0	0.80	6.40	
青白格子花线呢	15.0	0.60	9.00	
色口印花夏布	18.0	0.80	14.40	
草绿色哈机布	23.0	1.20	27.60	
格本机花布	5.40	3.00	16.20	钉口共计3节
蓝条子花府绸	318.0	1.15	365.70	共计4节
灰色素金桥呢	125.0	1.60	200.00	共计2节
灰色素学生呢	165.0	1.30	214.50	共计3节
灰色条子冲毛呢	53.0	0.80	42.40	

续表

品名	数量	价额(国币元)	合计(国币元)	备考
灰色条子爱华呢	52.0	0.95	49.40	
灰色素中山呢	89.0	0.80	71.20	共计2节
灰色冲派立司	128.0	0.80	102.40	同上
灰色素精神呢	30.0	0.80	24.00	
小格花冲毛呢	176.0	0.80	140.80	共计4节
小格花秋风呢	73.0	1.10	80.30	共计2节
朱红花珍珠呢	61.0	7.50	45.75	
酱色花兴中呢	55.0	0.80	44.00	
淡青花航素呢	56.0	0.90	50.40	
蓝色点花摩登呢	38.0	0.70	26.60	
蓝色格子十字呢	51.0	1.00	51.00	
白灰格子锦绣呢	70.0	0.90	63.00	
小格子花冲毛呢	53.0	0.80	42.40	
绿蓝格子花呢	76.0	0.80	60.80	共计2节
泥色格子新雅格	42.0	0.70	29.40	
灰色青格冲毛呢	81.0	0.70	56.70	共计2节
青白格子花□吱	27.0	0.90	24.30	
蓝白格子花府绸	75.0	0.90	67.50	
格子花摩登呢	42.0	0.70	29.40	
青白格子健美呢	29.0	0.80	23.20	
条子花开司米	100.0	0.80	80.00	共计2节
灰色印花呢	51.0	1.00	51.00	
蓝玉素冲□吱	116.0	1.00	116.00	共计2节
酱色印花□吱	1匹	112.50	112.50	
蓝酱印花□吱	119.0	1.50	178.50	共计2节
灰色人字大衣呢	117.0	1.30	152.10	同上
原白素斜纹绒	117.0	1.20	140.40	共计4节
各色素斜纹绒	171.0	1.20	205.20	同上
各色条子斜纹绒	369.0	0.95	350.55	共计11节
印花洋纺	30.0	0.70	21.00	钉口
各色印花洋纺	14.0	1.20	16.80	共计2节
各色印花洋纺	34.0	0.60	20.40	共计4节

续表

品名	数量	价额(国币元)	合计(国币元)	备考
雪白素冲府绸	5.0	1.40	7.00	
青白格子花线呢	2.0	0.60	1.20	
元青素冲府绸	2.0	1.40	2.80	
元青素直贡缎	9.0	1.60	14.40	
各色花连云绉	6件	48.00	288.00	
各色花和缎	12件	42.00	504.00	
各色花罗马锦	4件	43.00	176.00	
各色花四维缎	15件	42.00	630.00	
各色花海伦缎	6件	45.00	270.00	
各色花汉光绉	312.5	3.30	1031.25	共计4节
各色花天龙绉	229.5	4.00	918.00	共计3节
灰色花春光绉	226.5	4.00	906.00	同上
灰色花美化巾	243.0	5.00	1215.00	同上
各色线软缎	167.0	4.60	768.20	共计4节
各色印花橡皮缎	7件	47.00	329.00	
色新印花霜绉	1件	33.00	33.00	
各色花美化巾	113.0	4.00	452.00	共计8节
各色花爱玲绉	3件	31.00	93.00	
各色花汉光绉	12件	20.00	240.00	
灰色花葛华缎	1件	24.00	24.00	
绛色花金仪绉	1件	33.00	33.00	
条格子乔其纱	9件	32.00	288.00	
格子花雪花绉	5件	24.00	120.00	
灰色花巴黎绉	4件	39.00	156.00	男料
灰色花巴黎绉	2件	23.00	46.00	女料
元青花甸美纺	1件	20.00	20.00	
雪白素印度绸	182.0	1.20	218.40	共计2节
各色花素无光纺	320.0	1.60	512.00	共计8节
各色以上三纺缎	240.0	2.70	648.00	共计9节
淡青纯素软缎	5.0	2.50	12.50	
蛋青以上三纺缎	65.0	2.00	130.00	共计2节
元青加宽素熟罗	36.0	2.50	90.00	

续表

品名	数量	价额(国币元)	合计(国币元)	备考
花白条子纺绸	62.0	2.40	148.80	共计2节
各色时花线春	352.0	2.90	1020.80	共计13节
各色时新花绸	55.0	1.80	99.00	共计3节
元青花银光绉	24.0	0.50	12.00	
色条子加重鸡皮绸	99.0	1.80	178.20	共计3节
什色素鸡皮绉	171.0	1.20	205.20	共计7节
元灰素厂丝绸	100.0	2.50	250.00	共计2节
灰花纯素纺绸	100.0	2.50	250.00	同上
雪白纯素扣纺	34.0	2.50	85.00	
雪白素厂丝绸	134.0	2.50	335.00	共计6节
什色纯素腰纺	343.0	1.70	583.10	共计19节
元灰纯素薄绸	78.0	1.70	132.60	共计3节
什色素丝里绸	398.0	0.60	238.80	共计39节
无色纯素纺绸	3.0	2.50	7.50	
鼻烟时新花绸	3.0	1.80	5.40	共计2节
元青纯素绉绸	4.0	1.20	4.80	
灰色时新花绸	3.0	1.80	5.40	
各色花明飞纱	11件	16.00	176.00	
色印花无光纺	1件	18.00	18.00	
色印花金银绉	5件	14.00	70.00	
元灰青花毛葛	435.2	1.90	826.88	共计6节
花绸绣花被面	3床	24.00	72.00	
鸡皮绣花被面	5床	24.00	120.00	
软缎绣花被面	4床	47.00	188.00	
条格摹本被面	22床	15.50	341.00	

以上合计法币26468.70元整

13. 重庆市绸布商业同业公会为转报丰成字号8月20日被炸损失请鉴核备查事呈重庆市社会局文(1940年9月20日)

案据本会会员丰成字号报告称:"八月二十日敌机袭渝,会员营业场所(林森路126号)不幸中弹燃烧,无法抢救,所有存货计值国币17000.00余元,家具、行李等计值3000.00余元,悉遭焚毁。为特抄具损失清单1份,报请大会备查,并祈转报各有关机关备案。"等情,附损失清单1份,据此。经本会查明属实。除分别呈函外,理合抄附损失清单1份,据情转请钧局鉴核备查,实为公便。谨呈:
重庆市社会局
附丰成字号损失清单1份<原缺>

       重庆市绸布商业同业公会主席 卓德全
             常务委员 柯尧放
                  吴健男
                  万静安
                  陈虞耕
         中华民国二十九年九月二十日

14. 重庆市绸布商业同业公会为转报裕民商店10月25日被炸货物被窃请鉴核备查事呈重庆市社会局文(1940年11月5日)

案据本会会员裕民商店报告称:"窃查上月二十五日,敌机袭渝,会员在陕西路17号号址,不幸被震。迨至警报解除,回店检视,货柜已为破片击坏,其中蓝布7匹,竟被盗贼窃去,计值国币1420.00元。继经多方侦查,毫无踪迹。兹以门面损毁,暂停营业。为特抄具损失清单4份,报请大会备查,并祈分转各有关机关备案。"等情,据此。经本会查明属实。除分别呈函外,理合检附损失清单1份,具文转请钧局鉴核备查。谨呈:
重庆市社会局
附损失清单1份

       重庆市绸布商业同业公会主席 卓德全
             常务委员 柯尧放
                  吴健男
                  万静安

陈虞耕

中华民国二十九年十一月五日

裕民商店损失清单

品名	数量	金额	备考
雏鸡阴丹	1匹	237.00元	
豪侠蓝布	1匹	207.00元	
月美安安	2匹	396.00元	每匹198.00元
双凤安安	2匹	389.00元	每匹194.00元
双福包布	1匹	192.00元	
合计		1420.00元	

15. 重庆市绸布商业同业公会为转报民德贸易部5月3日被炸损失请鉴核备查事致财政部川康直接税局重庆分局文（1941年5月10日）

案据本会会员民德贸易部报告称："商贸易袜业、绸布生理历有年所，本月三日寇机狂袭渝市，致将都邮街大部分街房铺户炸毁。惟商铺户适中炸弹，全屋被毁，家具全盘炸毁，货物损失甚巨。是夜又适大雨倾盆，不能及时挖掘，全被淋湿，所有账簿、单据均损失甚多，未损失者亦全被雨淋坏，无法清理。除登报声明遗失票据、账簿等作废外，并函请绸布公会备查，理合具文呈请钧局备案，并恳派员查勘备查，实为德便。"等情，据此。经查实在，相应函请贵局查核备案！此致：

财政部川康直接税局重庆分局

重庆市绸布商业同业公会主席　卓德全

常务委员　柯尧放

吴健男

万静安

陈虞耕

中华民国三十年五月十日

16. 重庆永通字号为报送5月3日被炸损失情形呈财政部川康直接税局重庆分局文（1941年5月）

商于本年国历四月三十日，将牌名"四大天王"漂布计115匹，售与本市杨柳街新都市布店。至五月三日，派人将货送去，忽发警报，该店因避空袭，遂致未收匹数，赓遇敌机进袭，店被炸毁，损失本号布37匹，原值6586.00元，已救法币3400.00元，实损失3186.00元。理合将经过情形，据实呈明，恳予备查鉴核示遵。谨呈：

财政部川康直接税局重庆分局局长公鉴

具申请商号　重庆永通字号
经理人　谭本阳

17. 重庆市绸布商业同业公会为转报合记商号5月3日被炸损失请予备查事致财政部川康直接税局重庆分局文（1941年5月14日）

案据本会会员合记商号报告称："本月三日敌机袭渝，民权路落弹特多，会员51号店址亦落一燃烧弹，由屋顶洞穿三层楼，直落于藏货之防空洞侧，幸会员事先于该洞上面堆置沙包甚多，致该弹未肆蔓延，然洞内之货已被打坏及渍浸一部分矣；又该弹落下时曾打坏凳盒两个及玻砖两块、木床1间、大小玻片34张，合计损失2576.00元，修整费1580.00元，二总共洋4156.00元。理合将损失情形具文呈请钧会登记外，并请转呈有关机关备查，实为公感。"等情，附损失单5份，据此。经查属实。除分别存转外，相应检同原附件函请贵局烦为查照备案！此致：

财政部川康直接税局重庆分局

附损失清单1张

重庆市绸布商业同业公会主席　卓德全
常务委员　柯尧放
吴健男
万静安

陈虞耕

中华民国三十年五月十四日

重庆合记商号5月3日被炸损失单

名称	数量	单价	金额
玻砖	2张		500.00元
凳盒	2个		300.00元
修整工资、材料等			1580.00元
木床	1间		100.00元
玻片	大14张	20.00元	280.00元
玻片	小20张	8.00元	160.00元
月美安安布	1匹		200.00元
小美人标准布	2匹		480.00元
太公钓渭市布	2匹		370.00元
鸡皮绉花被盖	3床		156.00元
锦缎格被盖	1床		30.00元
总共合洋4156.00元			

18. 重庆市绸布商业同业公会为转报翕记久孚绸布号5月3日被炸损失请备查事致财政部川康直接税局重庆分局文（1941年5月14日）

案据本会会员翕记久孚绸布号报告称："本月三日敌机轰炸陪都，会员民权路24号店址左右投弹数枚，致将三楼全部炸毁，砖柱倾斜，侧壁倒塌，店面、家具悉遭震坏，总计损失不下4700.00余元。当此营业萧条，生活高昂之际，受此损失，实属力所不胜，是以函达大会，请予转呈各税收当局恳请备查，以恤商艰。"等情，据此。经查属实，相应检同损失单1份，函请贵局烦为查照备案！此致：

财政部川康直接税局重庆分局

附损失清单1份

重庆市绸布商业同业公会主席　卓德全

常务委员　柯尧放

吴健男

万静安

陈虞耕

中华民国三十年五月十四日

翁记久孚绸布号5月3日被炸损失单

修葺	泥木石工资	1200.00元
	各项材料	1800.00余元
	力资(挑垃圾在内)	200.00余元
家具	玻砖、玻片	1000.00元
	其他器物	300.00余元
电料		200.00元
合计		4700.00元

19. 重庆市绸布商业同业公会为转报一心布店5月3日被炸损失请备查事致财政部川康直接税局重庆分局文（1941年5月22日）

案据本会会员一心布店报告称："窃会员住中华路35号店址，本月三日敌机袭渝，中华路附近一带受灾特重。不幸会员住店邻房中弹1枚，以至波及，房屋全部炸坏，损失房屋、货架、被盖、衣服等，价值3456.50元整。理合报请大会，转呈各有关机关备案，实为公感。"等情，附损失清单5份，前来。查核属实。除分转外，相应检同原清单1份函请贵局烦为查照备案！此致：
财政部川康直接税局重庆分局
附损失清单1份

重庆市绸布商业同业公会主席　卓德全

常务委员　柯尧放

吴健男

万静安

陈虞耕

中华民国三十年五月二十二日

一心布店5月3日被炸损失清单

木料	984.30元	砖瓦石灰	390.00元
木工	597.00元	泥工	480.00元
洋钉	106.60元	木工货品运费	61.50元
挑渣滓	22.10元	店员损失(被盖、衣服等)	600.00元
制餐桌1张	65.00元	木床2间	30.00元
账桌1张	18.00元	凳子4个	40.00元
货架1个	62.00元		
合计3456.50元			

20. 重庆市绸布商业同业公会为转报信和商号5月3日被炸损失请备查事致财政部川康直接税局重庆分局文（1941年6月4日）

案据本会会员信和商号报告称："窃会员商号因五月三日敌机轰炸市区，在中华路投弹甚多，将会员商号之门面完全震塌，家具全毁，货物亦一部受灾；又店员衣物、被盖均遭损毁，业经保甲证明属实，并有证明书1纸，损失明细表1份，用特函陈大会准予备案存查，并希转呈有关机关备案，实为公感。"等情，附保甲证明书1纸，损失明细表1份，据此。经查明属实，相应检同原附件，备文函请贵局烦为查找备查！此致：

财政部川康直接税局重庆分局

附送证明书1纸、损失明细表1份

重庆市绸布商业同业公会主席　卓德全

常务委员　柯尧放

吴健男

万静安

陈虞耕

中华民国三十年六月四日

保甲长关于信和商号被炸损失的证明书

兹因五月三日敌机轰炸市区,将中华路56号住商信和商号门面震塌,致将商品、家具损毁一部。今检视该号损失并损失明细表,均属实情,特此证明。

重庆市第二区第三甲甲长　马辉堂
第六保保长　陈光明
中华民国三十年五月十二日

信和绸布商号5月3日被炸损失明细表

(一)货品部分

货名	数量	单价(国币元)	合计(国币元)
色条花布	2匹	120.00	240.00
本白22尺么纺绸	2匹	260.00	520.00
九子图色斜	5丈	2.20	110.00
豪侠图蓝布	25丈	2.20	550.00
大报图阴丹	9丈	2.20	198.00
色条子麻绸	3.8丈	2.60	98.80
本机花线呢	5丈	1.60	80.00
本机格花布	18丈	9.00	162.00
条格花线呢	12丈	1.40	168.00
总计			4702.80

(二)家具部分

品名	数量	单价(国币元)	合计(国币元)
玻砖	1张	280.00	280.00
玻片	7张		150.00
装修电灯			23.00
电灯泡	2只	11.00	22.00
洋锁	1只	30.00	30.00
水烟袋	1支	30.00	30.00
搭货架	2只	15.00	30.00
总计			565.00

续表

(三)装修部分

品名	数量	单价(国币元)	合计(国币元)
木材			264.00
青瓦	1000张	50.00	50.00
青砖	100块	12.00	12.00
水泥	1桶	169.00	169.00
石灰			43.20
纸筋			6.00
河沙			6.00
白洋漆	1桶		12.00
木工			168.00
泥工			108.00
总计			838.20

(四)店员损失

品名	数量	单价(国币元)	合计(国币元)
棉絮	3床	10.00	30.00
被盖、被单	3床	50.00	150.00
布长衫	5件	36.00	180.00
布短褂裤	6套	33.00	198.00
总计			558.00

以上四项损失总共合计实值法币6664.00元整

21. 重庆仁丰呢绒绸布号为迭遭轰炸损失惨重请备案事呈财政部川康直接税局重庆区分局文(1941年6月11日)

查自上月以来,敌机对于本市空袭频仍,大施其残暴之狂炸。商号位于民权路,适当全市中心,为敌机轰炸之目标,因此,本年"五·三"、"六·二"、"六·七"三次滥炸中,商号前后左右俱投弹甚多,虽未命中,但房屋、生财全部震毁,商品一部分亦被破片破坏,不能出售。综计各项损失,约计20000.00余元。在今年之营业不景气中,遭此意外,可谓创巨痛深,但际兹非常时期,为遵仰政府繁荣市面之德意,并表示商人之大无畏精神起见,一俟修造完善,仍当继续营业,不稍气馁。惟货与物之损失,在营业利益中业已减少一部,理合遵章呈报，以备日后查考，实深公感。谨呈：
财政部直接税局重庆区分局公鉴

具呈人　重庆仁丰呢绒绸布号

负责人　李晴澜

住址　民权路11号

中华民国三十年六月十一日

22. 重庆市绸布商业同业公会为转报惠川公司匹头部6月15日被炸损失请备查事致财政部川康直接税局重庆分局文（1941年6月26日）

案据本会会员惠川公司匹头部报告称："查六月十五日敌机袭渝，会员所存本市芭蕉园9号裕祥货窖之匹头，计有双金童阴丹布92匹，孔雀阴丹布15匹，女学生蓝布1匹，双麒麟冲直贡25匹，访友色丁9匹，美人鱼草斜纹9匹，合计147匹，共值缴本国币16694.27元，全部损失，炸毁无遗。除迳呈经济部平价购销处鉴核备查外，相应报请大会查照，并祈分转有关机关备案，实为公感。"等情，附损失各物花单5份，据此。经查属实。除核存外，相应检同原附件，函请贵局查照备案！此致
财政部川康直接税局重庆分局

附送损失各货花单1纸

重庆市绸布商业同业公会主席　卓德全

常务委员　柯尧放

吴健男

万静安

陈虞耕

中华民国三十年六月二十六日

惠川企业股份有限公司6月15日被炸损失各货清单

货名	数量	单价(国币元)	合计(国币元)	备考
双童阴丹布	92匹	109.81	10102.52	
孔雀阴丹布	15匹	100.06	1500.90	
女学生蓝布	1匹	99.81	99.81	
双麒麟冲直贡	25匹	138.00	2898.00	内有德和荣寄存4匹
访友色丁	9匹	83.06	748.54	
美人鱼草斜纹	9匹	149.50	1345.50	
合计	147匹		16694.27	

23. 重庆市绸布商业同业公会为转报义成字号6月14日、15日被炸损失请备查事致财政部川康直接税局重庆分局文（1941年7月6日）

案据本会会员义成字号报告称："窃查会员药王庙街10号号址于六月十四、十五两日敌机袭渝时曾两次被敌弹破片炸坏，所有房上瓦桷、屋内板壁、厨房炊具等，均受毁损，当经报龙王庙警察分所派员勘查有案。惟事后培修房屋暨补充家具等损失费用，合计支法币1200.00余元，理合报请大会存查，并予分转有关机关备案，是所感荷。"等情，据此。经查属实，相应函请贵局烦为查照备案！此致

财政部川康直接税局重庆分局

      重庆市绸布商业同业公会主席　卓德全
           常务委员　柯尧放
               吴健男
               万静安
               陈虞耕
          中华民国三十年七月六日

24. 重庆市绸布商业同业公会为转报复畅原记6月29日被炸损毁请备查事致财政部川康直接税局重庆分局文（1941年7月9日）

案据本会会员复畅原记报告称："窃会员所住临江路41号房屋不幸于六月二十九日被敌机轰炸损毁，致不堪使用，派人四处另寻房屋均无从佃得，营业停止进行又不可能，只有自行修造。查会员住所系租赁刘永淑堂之店房，事后一再洽商主人，现时不能修造。会员为营业计，所需工料费用全部负担，与主人无涉，自行雇工修造，计全部费用共4200.00元，全数拨入今年损失费账内。理合报请大会备案，并盼分转有关机关存查，是为公感。"等情，据此。经查属实，相应函请贵局烦为查照备案！此致：

财政部川康直接税局重庆分局

重庆市绸布商业同业公会主席　卓德全
常务委员　柯尧放
吴健男
万静安
陈虞耕
中华民国三十年七月九日

六、重庆市木商业同业公会及所属抗战财产损失

1. 协诚木行为报告5月3日被炸损失情形请备查事呈重庆市所得税局文（1941年5月4日）

窃商行自二十九年十二月一日开始营业以来，历时数月，虽生意萧条，尚无异状。殊本年五月三日午前十二时许，因敌机袭渝，侵入市空滥施狂炸达1时之久，竟将商行铺房1栋洋楼3层全被炸毁。除铺房损失约值12000.00元不计外，所有商行全部家具暨各级职员生工行李、衣物等件，亦被炸毁净尽。当经本市警察第五分局菜园坝派出所查勘，结果估计损失约值6100.00元，业经登记在案。惟查商行各种账籍及本年二三月份纳税通知单暨一切原始单据等，向系责由会计蒋英才保管，讵该员适于是日出外办理收交未回，其余员工因商行初次经营木业，多由亲友自乡里介绍来者，闻警后各皆仓皇逃避一空，经理亦因公至新桥未归，不意在此忙乱失措无人督导之际，致将各种重要账籍等遗忘，未及携带入洞，竟同遭炸毁无踪。查商行不幸惨遭飞祸，损失綦重，出人意表，实属万分不幸。当此生意萧条百物飞腾之际，商行重整无力，告贷乏门，除一面办理善后，以资结束，并分别呈报有关机关备案外，理合将被炸损失情形报请钧局俯赐鉴核备查示遵。谨呈：

重庆市所得税局

附损失表1份、启事1份<原缺>

协诚木行经理　黄济辅
第五保保长　曹荣华

民国三十年五月四日午后二时于菜园坝83号协诚木行

下南区马路83号协诚木行造报1941年5月3日被炸损失物品树木报告表

损失物品	数量	损失物品	数量
西式铺房	1栋	西式洋楼	3层
红木台桌	4张	楠木方桌	6张
楠木圆凳	16根	洋式椅子	16把
广藤椅子	8把	玻砖衣橱	2个
新式沙发	4把	电表	1架
电灯	12盏	皮线	150码
花线	60码	敞床	3架
藤床	7架	绣被	3床
蜀锦	4床	丝棉	4床
织花线毯	9床	天津毛毯	3床
蚊帐	5床	罗纹圆帐	2床
狐皮男袍	2件	呢大衣	4件
元青短服	6套	女呢大衣	2件
纹皮箱	4口	汉皮箱	5口
手皮箱	3口	德式座钟	1架
双铃闹钟	1架	唱机	1部
唱片	3打	5磅水瓶	2个
瑞瓷盆子	3口	织花面盆	4口
白瓷痰盂	2对	青古花痰盂	2对
搪瓷花瓶	1对	瑞瓷套盘	4套
青花套盘	2套	苏铜烟袋	2支
白玉碗盏	2席	全部炊具	全套
全部文具	全套	玻板	2块
红木算盘	2把	各种账籍	5本
公文卷宗	4个	票据卷宗	4个
纳税通知单	2份	协诚号章	1颗

2. 重庆市木商业同业公会为转报美裕木号5月9日被炸损失请查核备案事致财政部川康直接税局重庆分局文（1941年5月21日）

案据本会会员美裕木号（号址：上菜园坝第9号）函称："迳启者。本月九日，敌机袭渝，会员商号房屋中弹被焚。兹将损失数目列表，附函报请大会存转各有关机关备案，是为至荷。此致。"等情，附损失清单1份，据此。经查属实，相应抄附原单1份，函达贵局查核备案，实为公便。此致：

财政部川康直接税局重庆分局

附抄美裕木号损失清单1份

主席　张孔亮
民国三十年五月二十一日

美裕木号5月9日被炸损失清单

房屋损失	9500.00元	家具损失	1044.00元
分板损失	10604.00元	用具损失	220.00元
陶绳损失	614.00元	文具损失	340.00元
厨具损失	250.00元	职员损失	7648.00元

以上总计30220.00元

3. 重庆市木商业同业公会为转报泉清木号5月16日被炸损失请查核备案事致财政部川康直接税局重庆分局文（1941年5月25日）

案据本会会员泉清木号（号址：黄沙溪竹帮街第26号）报告称："情本月十六日，午前十一时许，敌机袭渝，于黄沙溪大石盘投弹多枚，将敝号堆放该盘之杉条炸毁，大小共计157根，平均每根成本洋30.00元，共计损失成本洋4710.00元。相应函请贵会查照，并请转报有关机关堪验备查，实纫公谊。"等情，据此。经查属实，相应据情函请贵局查核备案，实为公便。此致：

财政部川康直接税局重庆分局

主席　张孔亮

民国三十年五月二十五日

4. 重庆市木商业同业公会为转报天昌祥木厂5月9日被炸损失请查核备案事致财政部川康直接税局重庆分局文（1941年5月25日）

案据本会会员天昌祥木厂（厂址：上菜园坝第7号）报告称："窃会员设厂于上菜园坝，本月九日，敌机袭渝，菜园坝一带投弹多枚，会员厂房、货件、动用家具及各职员行李、衣服，亦被焚如。兹将损失详列清单，报请大会核转各有关机关备案，实沾德便。"等情，附损失清单4份，据此。经查属实，相应检附原清单1份，函达贵局查核备案，实为公便。此致：

财政部川康直接税局重庆分局

附损失清单1份

主席　张孔亮

民国三十年五月二十五日

天昌祥木厂5月9日被炸损失清单

厂上损失家具	2942.00元	有存账可查
厂上损失杉条	10320.00元	计258根，每根40.00元
周维新衣服、行李	850.00元	
袁泽熙衣服、行李	535.00元	
吴幻文衣服、行李	440.00元	
张纯修衣服、行李	654.00元	
陈德玉衣服、行李	344.00元	
周志禄衣服、行李	467.00元	
周评东衣服、行李	571.20元	
胡敬堂衣服、行李	435.00元	
总共损失法币17518.20元		

5. 重庆市木商业同业公会为转报远胜木行合江失慎及6月2日被炸损失请查核备案事致财政部川康直接税局重庆分局文（1941年6月8日）

案据会员远胜木行（行址：江北金沙门外）报告称："窃会员堆存于合江县南关外复兴厂杉桷23851匹，值成本法币35776.50元，该厂不幸于本年三月二十六日所存木料失慎，悉成灰烬，当将损失情形，具呈合江县营业税稽征所暨直接税办事处并报请合江木业公会存查各在案。讵料六月二日，敌机袭渝，复将会员堆存江北金沙门外各货炸毁燃烧，事后请查，计炸毁夹心跳板94块，大市跳板80块，烧毁杉桷5800匹，共值成本法币13897.00元。综计合江本市两次损失成本共达49673.00元之巨。相应报请大会核转有关机关存案备查，至为纫感。"等情，据此。经查属实，相应据情函达贵局，烦为查核备案，至纫公便。此致：

财政部川康直接税局重庆分局

主席　张孔亮

民国三十年六月八日

6. 重庆市木商业同业公会为转报民益木厂6月14日被炸损失请查核备案事致财政部川康直接税局重庆分局文（1941年6月28日）

案据本会会员民益木厂（住黄花园57号）报告称："窃查本月十四日，敌机袭渝轰炸，不幸本厂中弹，料堆被炸，计炸坏大小杉条165根，每单位价12.00元，合值1980.00元整；一丈杉方348块，每单位价4.20元，合值1461.60元整；七尺杉方247块，每单位价2.80元，合值756.00元整。上项损失，理合报请大会登记备查，并祈分别存转有关机关备案为荷。此呈。"等情，据此。经查属实，除分别存转外，相应据情转请贵局查核备案，是纫公谊。此致：

财政部川康直接税局重庆分局

主席　张孔亮

民国三十年六月二十八日

7. 重庆市木商业同业公会为转报德泰裕木厂6月14日被炸损失请查核备案事致财政部川康直接税局重庆分局文（1941年6月28日）

案据本会会员德泰裕木厂（住临江门外黄花园街）报告称："窃查本月十四日，敌机袭渝，会员厂中中弹1枚，木料受损一部分，计炸毁：3.50元四丈桷板860块，4.90元四丈跳板350块，7.50元四丈涪州方80块，14.00元六丈涪州方50块，合计共值成本6025.00元。理合报请大会查核备案，并转各有关机关备案，实纫公谊。此呈。"等情，据此。经查属实，除分别存转外，相应据情函达贵局查核备案，实纫公谊。此致：
财政部川康直接税局重庆分局

主席　张孔亮
民国三十年六月二十八日

8. 重庆市木商业同业公会为转报重庆合荣木厂5月16日被炸损失请查核备案事致财政部川康直接税局重庆分局文（1941年6月28日）

案据本会会员合荣木厂呈称："呈为被炸受损呈报备查事情。会员经营木业于黄沙溪竹帮街15号，牌名'合荣木厂'，堆存各货于大石盘上面。殊五月十六日被敌机投弹损毁一部，所有房屋俱炸倒无存，当有地方保甲查明属实，并赈委会发给厂员受灾急赈费，每人20.00元为凭。用特具呈前来，并赍呈损失清单4份，恳予分转有关官署存案备查，实沾德便。此呈。"等情，附损失清单4份，据此。经查属实，除分别存转并答复外，相应据情转请贵局查核备查，实纫公谊。此呈：
财政部川康直接税局重庆分局
附表1件

主席　张孔亮
民国三十年六月二十八日

重庆合荣木厂5月16日被敌机投弹损失清单

(一)存货损失

货别	单位	数量	单价（国币元）	合计国币	备注
连四方	块	52	406 4.80	251.54	1.4丈62块迭多、1.2丈2块、1丈9块、7尺3块之扣数
桶板	块	1	333 2.60	3.06	1丈1块、7尺1块
桶子	匹	19	2.00	38.00	1.2丈3匹、1丈9匹、7尺20匹
三线分板	合	33	500 6.00	227.80	1.2丈3盒、7尺61盒
1.4丈夹心双线压板	合	29	8.80	255.20	
1.4丈对破压板	合	1	5.60	5.60	
6尺杉楼板	围		600 65.00	3.25	2块
大小杉条	根	65	5.00	325.00	
柏木方	件	1	40.00	40.00	26′×10″×12″
杂木寸板	丈		370 40.00	14.80	7尺1件、短头3件
洋松方	件	36	35.00	1260.00	14′×10″×5″
洋松方	根	4	3.00	12.00	14′×3″×3″
磨铁梢	根	4	1.00	4.00	
青杠板	块	10	5.50	55.00	9′×8″×2″
楠竹(枧竿)	根	34	4.78	162.52	
楠竹(河竹)	根	110	2.50	275.00	
慈竹	篆	6	20.93	125.58	
黄竹	篆		325 16.00	5.25	计13根
共计存货损失国币3063.55元					
(二)家具损失					
名称	单位	数量	单价（国币元）	合计国币	备注
竹方桌	张	2	20.00	40.00	
竹椅	堂	半	80.00	40.00	
餐桌帕	幅	1	9.00	9.00	
门帘	幅	3	12.40	37.20	
装电灯				18.20	灯头3只9.00元，花线3根9.20元
电灯泡	只	3	4.50	13.50	
共计家具损失国币157.90元					
总共损失国币3221.45元					

9. 重庆市木商业同业公会为转报春记木厂7月10日被炸损失请备查事致财政部川康直接税局重庆分局文(1941年8月6日)

案据本会会员春记木厂报告称:"窃查七月十日午后十钟敌机袭渝,会员厂侧木料立即着火,经保甲人员合力扑救,无如二批敌机又复盘旋市空,使救火者疲于奔命,无法工作,致酿燎原之势,转瞬间货料、厂房悉付一炬。嗣后虽经消防队赶到努力灌救,结果仅十分之一柏料、杉条获救,完全无一幸免。统计各项损失,共值法币139300.00元,当经卫戍总部及当地警察所先后派员莅临调查登录在案。兹抄损失表4份,恳请大会存查,并祈分转直接税重庆分局及市营业税处暨市社会局备案,实为公便。"等情,附空袭损害调查表4份,据此。经查属实,除分别存转并答复外,相应检同该厂原表,据情函达贵局查照备案,实纫公谊。此致:

财政部川康直接税局重庆分局

附原表1份

主席　张孔亮

民国三十年八月六日

重庆市工商各业空袭损害调查表

三十年七月十日

商号名称	主体人姓名	住址	损失情形 人 伤	损失情形 人 亡	损失情形 物 种类	损失情形 物 名称	损失情形 物 价值总额	被炸日月	营业状况 未炸前	营业状况 被炸后	备考
春记木厂	黄绍康	海棠溪民生码头70号	无	无	木业	丈四桄子	47600.00元	7月10日	存货如上	存货十分之一免可营业	
						杉条	7700.00元				
						7尺柏料	45000.00元				
						黑漆棺木	6000.00元				

续表

商号名称	主体人姓名	住址	损失情形 人 伤	损失情形 人 亡	损失情形 物 种类	损失情形 物 名称	损失情形 物 价值总额	被炸日月	营业状况 未炸前	营业状况 被炸后	备考
						楠木棺木	8000.00元				
						杉元木	5000.00元				
						厂房	6000.00元				
						生财	4000.00元				
						合计	139300.00元				

说明：

1. 损失情形一栏，对于"人"一项，应分别轻伤、重伤；"物"一项包括房屋、货品、用具等项，均以估计之数字填入，但估计之数字必须与实际情形相合；

2. "营业状况"应填明未炸前之荣枯及被炸后能否继续，以简短之文字记载；

3. 如各商号能自行详细填报，则由各该商号自填，交由公会转报，否则，由公会代为查填，均由公会及填报人加具印章。

10. 重庆市木商业同业公会为转报天成裕木厂7月16日被炸损失请备查事致财政部川康直接税局重庆分局文（1941年8月6日）

案据本会会员天成裕木厂报告称："窃查会员于七月十六日敌机袭渝时，堆存在东水门大码头之料曾被轰炸，城内机房街分厂亦被炸烂分板数十盒，清点两处损失，实值成本法币2572.10元。除列表赍呈外，为特报请大会分转有关机关查核备案，毋任公感。"等情，附空袭损害表3份，据此。经查属实，除分别存转并答复外，相应检同该厂原表1份，函请贵局查照备案，实纫公谊。此致

财政部川康直接税局重庆分局

附原表1份

主席　张孔亮

民国三十年八月六日

重庆市工商各业空袭损害调查表

三十年七月十日

商号名称	主体人姓名	住址	损失情形 人 伤	损失情形 人 亡	损失情形 物 种类	损失情形 物 名称	损失情形 物 价值总额	被炸日月	营业状况 未炸前	营业状况 被炸后	备考
天成裕木厂	曾桂林	机房街22号			木料	跳板					
						分板	2572.10元				
						桷板					
						桷子					

说明：

1. 损失情形一栏，对于"人"一项，应分别轻伤、重伤；"物"一项包括房屋、货品、用具等项，均以估计之数字填入，但估计之数字必须与实际情形相合；

2. "营业状况"应填明未炸前之荣枯及被炸后能否继续，以简短之文字记载；

3. 如各商号能自行详细填报，则由各该商号自填，交由公会转报，否则，由公会代为查填，均由公会及填报人加具印章。

11. 渝北华茂木厂为8月14日被炸损失请存查事给财政部川康直接税局重庆分局的报告（1941年8月15日）

窃商厂昨日遭受敌机投中爆炸弹1枚，全厂房屋炸毁，器具损失，并炸毁木料成品多件，除立即报告本管警察地方勘验登记之外，业务遭此重大损失，理合附抄损失数目，具呈报告钧局恳祈备卷存查，将来造具损益表之时，列入折耗，以资救济而恤商艰，实为恩便。此呈：

财政部川康直接税局重庆分局公鉴

具呈人　华茂木厂

经理　张义常

（住址：江北简家台河街21号）

中华民国三十年八月十五日

渝北华茂木厂8月14日被炸损失表

炸毁厂房	1座		约值洋6000.00元
全厂家具悉行炸毁			约计洋2500.00元
跳板	炸坏1600匹	每匹单价5.00元	合计8000.00元
桷子	炸坏650匹	每匹单价2.20元	合计1430.00元
杉木分板	炸坏304盒	每盒单价8.00元	合计2432.00元
连六方	41匹	每匹单价16.00元	合计656.00元
合计损失法币21018.00元			

12. 益大木行重庆分行为8月10日被炸损失请鉴核备查事呈重庆市直接税局分局文（1941年8月）

窃敝行及营业地址在上菜园坝10号，于八月十日空袭时屋后侧中弹，炸毁房屋9间，经连日清理损坏物件，逐项登记，编具前由公会颁发之重庆工商各业空袭损害调查表暨空袭损失报告表各2份，随文赍呈鉴核准予备查，实为德便。谨呈：

重庆市直接税分局

益大木行重庆分行　谨呈
经理　黄仲谦
中华民国三十年八月

重庆市工商各业空袭损害调查表

三十年八月

商号名称	主体人姓名	住址	损失情形 人 伤	损失情形 人 亡	损失情形 物 种类	损失情形 物 名称	损失情形 物 价值总额	被炸日月	营业状况 未炸前	营业状况 被炸后	备考
益大木行	黄仲谦	上菜园坝10号			物品	餐桌	100.00元	8月10日	不旺	不旺	炸毁
					物品	椅子	200.00元	同上			
					物品	米尺	6.00元	同上			

续表

商号名称	主体人姓名	住址	损失情形 人 伤 亡	损失情形 物 种类	损失情形 物 名称	损失情形 物 价值总额	被炸日月	营业状况 未炸前	营业状况 被炸后	备考
				物品	油灯	7.00元	同上			
				物品	缸子	9.00元	同上			
				物品	茶壶	55.00元	同上			
				物品	笔筒	7.00元	同上			
				物品	凳子	30.00元	同上			
				物品	墨盘	12.00元	同上			
				物品	洋灯	20.00元	同上			
				物品	饭碗	8.00元	同上			
				物品	碟子	8.00元	同上			
				物品	茶杯	18.00元	同上			
				物品	铅笔	12.00元	同上			
				物品	红墨水	4.00元	同上			
				物品	蓝墨水	6.00元	同上			
				物品	写字台	600.00元	同上			
				物品	算盘	12.00元	同上			
				物品	毛笔	15.00元	同上			
				物品	睡床	300.00元	同上			
				物品	钟	200.00元	同上			
				物品	锅	30.00元	同上			
				物品	铁钩	5.00元	同上			
				物品	伞	25.00元	同上			
				物品	印泥	7.00元	同上			
				物品	猪油	200.00元	同上			
				物品	皮尺	150.00元	同上			
				物品	棉被	791.00元	同上			
				物品	衣服	1030.00元	同上			
				物品	皮鞋	485.00元	同上			
				物品	布鞋	65.00元	同上			
				物品	帽子	230.00元	同上			
				物品	褥毯	310.00元	同上			

续表

商号名称	主体人姓名	住址	损失情形					被炸日月	营业状况		备考
^	^	^	人		物			^	未炸前	被炸后	^
^	^	^	伤	亡	种类	名称	价值总额	^	^	^	^
					物品	袜子	47.00元	同上			
					物品	白布	260.00元	同上			
					物品	镜子	32.00元	同上			
					物品	唱片	90.00元	同上			
					物品	闹钟	80.00元	同上			
					物品	杂件	166.00元	同上			
					物品	飞子	150.00元	同上			
					物品	羊耳	65.00元	同上			
					物品	淘绳	240.00元	同上			
					合计		6087.00元				

说明：

1. "损失情形"一栏，对于"人"一项，应分别轻伤、重伤；"物"一项包括房屋、货品、用具等项，均以估计之数字填入，但估计之数字必须与实际情形相合；

2. "营业状况"应填明未炸前之荣枯及被炸后能否继续，以简短之文字记载；

3. 如各商号能自行详细填报，则由各该商号自填，交由公会转报，否则，由公会代为查填，均由公会及填报人加具印章。

13. 重庆市木商业同业公会为转报永大竹木行8月9日被炸损失请备查事致财政部川康直接税局重庆分局文（1941年9月7日）

案据本会会员永大竹木行报告称："为敌机袭渝货料被炸恳予核转事。窃查八月九日午后三时许敌机袭渝，于黄沙溪竹帮街投弹多枚，当将商于本年一月代报售辉记自合运渝杉条堆放于商之房屋附近登被炸毁，大小计315根，每根成本洋18.00元，共计损失成本洋5670.00元。除分呈本管黄沙溪镇公所备查外，理合填就空袭损失表，随文赍呈钧会俯赐鉴核核转备查示遵。"等情，附空袭损失报告表6份，据此。经查属实。除分别呈函并答复外，理合检同原报告表1份，据情转请贵局查核备案，实纫公谊。此致：

财政部川康直接税局重庆分局

附表如文

主席　张孔亮

民国三十年九月七日

重庆市木商业同业公会会员永大竹木行8月9日空袭损失报告表

商号名称	永大竹木行	姓名	张仲裁	被炸日期	8月9日	被炸地址	黄沙溪竹帮街3号	炸后复业计划	备考
损失项目	单位	数量		价值(法币元)		总计(法币元)	于8月18日召集开股东会议，议决以未被炸之货继续照常营业	表内价值照成本额列入，特此申明
杉木圆条	根	315		18.00元/根		5670.00		
合计							5670.00		

14. 重庆市木商业同业公会为转报泉清木号8月9日被炸损失请备查事致财政部川康直接税局重庆分局文（1941年9月8日）

案据本会会员泉清木号报告称："为敌机袭渝房屋、家具、货料被炸恳予核转备查事。窃查本月九日午后三时许敌机袭渝，于黄沙溪竹帮街投弹多枚，当将商于本年二月与光裕厚记、永大竹木行三家伙建房舍（共计大小12间，每户4间）全部炸毁，计每股损失建筑费洋5561.23元，日用家具、器物等约700.00元，货料损失大小杉条372根，每根成本19.00元，杉木楼板18团7尺，每团成本80.00元，松木楼板24团8尺，每团成本70.00元，共计损失16571.23元。除分呈本管镇公所派员查勘备查外，理合缮具空袭损失报告表，随文呈请钧会俯赐核转有关机关备查。"等情，附空袭损失报表6份，据

此。经查属实。除分别呈函并答复外,相应检同原报告表1份,据情转达贵局查核备案,实纫公谊。此致:

财政部川康直接税局重庆分局

附表如文

主席 张孔亮
民国三十年九月八日

重庆市木商业同业公会会员泉清木号8月9日空袭损失报告表

商号名称	泉清木号	姓名	韦绍农	被炸日期	8月9日	被炸地址	黄沙溪竹帮街37号	炸后复业计划	备考
损失项目		单位	数量		价值(法币元)		总计(法币元)	于8月15日召集开股东会议,议决以未被炸之货继续照常营业	表内价值照成本额列入,特此申明
房屋		间	4				5561.23		
杉条		根	372		19.00		7068.00		
杉木楼板		团	18团7尺		80.00		1496.00		
松木楼板		团	24团8尺		70.00		1736.00		
玻砖立柜		个	1		400.00		400.00		
衣橱		个	1		60.00		60.00		
方桌		张	1		50.00		50.00		
茶几凳子		把	9		10.00		90.00		
炊爨器具			全套				100.00		
合计							16571.23		

15. 重庆市木商业同业公会为转报同福永木厂7月10日被炸损失请查核备案事致财政部川康直接税局重庆分局文

(1941年9月17日)

案据本会会员同福永木厂(厂址:海棠溪烟雨段4号)报告称:"窃查七月十日敌机袭渝,南岸民生码头陈家溪一带被炸特甚,会员第一堆栈适与春记木厂相连,以致该栈存货一概焚罄,兹将损失数目另表注明,报请大会存转各有关机关备案,至沾德便。"等情,附损失报告表6份,据此。经查属实。除分别呈函并答复外,相应检附原表1份,转请贵局查核备案,至纫公谊。此致:

财政部川康直接税局重庆分局

附原表1份

主席　张孔亮

民国三十年九月十七日

重庆市木商业同业公会会员同福永木厂7月10日空袭损失报告表

三十年七月十一日造

商号名称	同福永	姓名	蒋志卿	被炸日期	7月10日	被炸地址	海棠溪烟雨段4号	炸后复业计划	备考
损失项目	单位	数量		价值（法币元）		总计（法币元）			
一四跳板	块	153		5.00		765.00			
一四桷板	块	320		3.50		1120.00			
一四桷子	匹	265		1.80		477.00			
一四连八杉枋	块	1		15.00		15.00			
杉杆	根	50		8.50		425.00			
合计						2802.00			

16. 重庆市木商业同业公会为转报春森木行8月被炸损失请查核备案事致财政部川康直接税局重庆分局文（1941年9月25日）

案据本会会员春森木行（行址：大溪沟黄花园第102号）报告称："窃查本月十日敌机袭渝，菜园坝一带受损最重。会员天星桥街分行房屋全座中弹炸毁，而木料亦损失一部分。同月十四日，会员大溪沟黄花园新修厂房亦被震坏，堆存货料适中弹数枚，损失另表随文呈请大会鉴核转报各有关机关查核备案，施沾公感。"等情，附空袭损失报告表6份，据此。经查属实。除分别呈函并答复外，相应检附原表1份，据情函达贵局查核备案，实为公便。此致：
财政部川康直接税局重庆分局

附原表1份

主席　张孔亮

民国三十年九月二十五日

春森木行8月空袭损失清单

日期	地址	被炸货物名称	数量	单价（国币元）	总值（国币元）	备考
8月10日	菜园坝分行	分行房屋及家具	全部		3680.00	
同上	同上	杉木圆条	52根	80.00	4160.00	扣合丈四单
同上	同上	杉桷	874匹	2.50	2185.00	
8月14日	黄花园总行	白果木墩	82件37.62寸	200.00	7524.00	
同上	同上	柏木寸板	105件32.00寸	85.00	2720.00	
同上	同上	杉木圆条	128根	80.00	1024.00	
同上	同上	涪州杉方	35块	9.00	315.00	
同上	同上	涪州杉领	99根	14.00	1386.00	
同上	同上	杉桷	560匹	2.50	1400.00	

合计法币33610.00元整

17. 重庆市木商业同业公会为转报信记木厂8月30日被炸损失请查核备案事致财政部川康直接税局重庆分局文（1941年9月27日）

案据本会会员信记木厂（厂址：太平门外仁和湾39号）报告称："窃查八月三十日敌机袭渝，滥施轰炸，会员不幸被炸波及。兹将损失详细情形遵照规定填具空袭损失报告表6份，报请大会存转各有关机关备案，实为公感。"等情，附空袭损失报告表6份，据此。经查属实。除分别呈函并答复外，相应检附原损失表1份，函达贵局查核备案，实为公便。此致：

财政部川康直接税局重庆分局

附空袭损失表1份

主席　张孔亮

民国三十年九月二十七日

重庆市木商业同业公会会员信记木厂8月30日空袭损失报告表

商号名称	信记木厂	姓名	胡炳臣	被炸日期	8月30日	被炸地址	储奇门外仁和湾	炸后复业计划	备考
损失项目	单位	数量		价值（法币元）		总计（法币元）			
猪毛木箱	个	352		13.00		4576.00			
瓦板匣子	个	8		50.00		400.00			
连三大方	1.4丈	53块		22.00		1166.00			
连二大方	1.4丈	44块		10.00		440.00			
连半杉方	1.4丈	628匹		6.00		3768.00			
椽子	1丈			2.20		917.40			
家具						450.00			
合计						11717.40			

18. 重庆市木商业同业公会为转报和记木厂8月30日被炸损失请查核备案事致财政部川康直接税局重庆分局文（1941年10月3日）

案据本会会员和记木厂（厂址：人和湾河边）报告称："窃查八月三十日敌机袭渝，人和湾一带中弹多枚，会员不幸被炸波及，货料损失一部分，详细数目另表列陈，相应报请大会存查，并转各有关官署查核备案，至沾德便。"等情，附空袭损失报告表6份，据此。经查属实，除核存并分别呈函外，相应检附原表1份，函达贵局查核备案，至纫公谊。此致：

财政部川康直接税局重庆分局

附空袭损失表1份

主席　张孔亮

民国三十年十月三日

重庆市木商业同业公会会员和记木厂8月30日空袭损失表

商号名称	和记木厂	姓名	李友三	被炸日期	8月30日	被炸地址	人和桥5号	炸后复业计划	备考
损失项目	单位		数量		价值		总计		
杂木寸板	52		26丈		40.00元/丈		1040.00元		
楠木寸板	43		22丈		60.00元/丈		1320.00元		
丈四跳板			46块		5.00元/块		230.00元		

19. 重庆市木商业同业公会为转报民益木厂8月13日被炸损失请查核事致财政部川康直接税局重庆分局文(1941年10月4日)

案据本会会员民益木厂（厂址：大溪沟黄花园57号）报告称："窃查八月十三日敌机袭渝，黄花园一带中弹多枚，本厂木料被炸及被水冲去者为数甚巨，而厂房后侧复中2弹，家具、衣物亦小有损失。兹将损失详情另表随文呈报大会存查，并转有关官署备案，至沾德便。"等情，附空袭损失报告表6份，据此。经查属实。除核存并分别存函外，理合检附原表1份，转请贵局查核备案，至纫公谊。此致：

财政部川康直接税局重庆分局

附空袭损失表1份

主席　张孔亮
民国三十年十月四日

重庆市木商业同业公会会员民益木厂8月13日空袭损失报告表

商号名称	民益木厂	姓名	许自鸣	被炸日期	8月13日	被炸地址	黄花园57号	炸后复业计划	备考
损失项目	单位	数量		价值(法币元)		总计(法币元)		炸后赖挹注以维营业	
大小杉条	根	285		15.20		4332.00			
桷子	匹	1230		2.00		2460.00			
杉方	块	433		5.10		2208.30			
家具衣被等物						900.00			
合计						9900.30			

20. 重庆市木商业同业公会为转报森记木厂8月30日被炸损失请查核备案事致财政部川康直接税局重庆分局文(1941年11月4日)

案据本会会员森记木厂（厂址：储奇门外人和湾河边）报告称："窃查本年八月三十日敌机袭渝，储奇门一带中弹多枚。会员堆存之木料亦被炸损失一部分，刻已清理完竣，理合造具详表报请大会存查，并转各有关官署备案，实沾德便。"等情，附空袭损失报告表6份，据此。经本会查核属实。除分别呈函并答复外，相应检附原表1份，函达贵局查核备案，至纫公谊。此致：

财政部川康直接税局重庆分局

附空袭损失表1份

主席　张孔亮

民国三十年十一月四日

重庆市木商业同业公会会员森记木厂8月30日空袭损失报告表

商号名称	森记木厂	姓名	黄明辉	被炸日期	8月30日	被炸地址	储奇门外人和湾	炸后复业计划	备考
损失项目	单位		数量		价值(法币元)		总计(法币元)		
桷子	1.4丈		765		2.00		1530.00		
桷子	1丈		1630		1.40		2282.00		
分板	合		384		7.10		2726.40		
杉方	1.4丈		467		5.10		2381.70		
杉方	1.2丈		341		4.20		1432.20		
瓦板匣子	个		43		37.00		1591.00		
柏木寸板	丈		76		60.00		4560.00		
松木寸板	丈		32		46.00		1472.00		
大小杉条	根		684		5.20		3556.80		
合计							21532.10		

七、重庆市西药商业同业公会及所属抗战财产损失

1. 重庆广源兴参茸行为呈报8月20日被炸损失请备案并恳勘验赐恤事呈重庆市市政府文（1940年8月20日）

窃小号广源兴居林森路122号，以药材、参茸、丸散为业，不幸于本月二十日被炸焚毁，计药品损失26200.00余元，器具、装饰损失7000.00余元，同伙衣物损失2500.00余元，共计损失国币35700.00余元。如此异常灾害，理合报请钧府鉴核，俯准备案，体恤难民，实为德便。谨呈：

重庆市市政府钧鉴

具呈商号　重庆广源兴参茸行
经理　冀寿五
门牌　林森路122号
民国二十九年八月二十日

2. 晋吉泰记为8月20日被炸损失请备案并恳勘验赐恤事呈重庆市市政府文（1940年8月21日）

窃小号晋吉泰开设商业场7号，以参茸、国药、丸散、膏丹为业，不幸于本月二十日被炸焚毁，共估计药品、器具所损失约7000.00余元，楼房1所约值价25000.00余元。为此异常灾害，理合报请钧府鉴核，俯准备案，体恤难民，实为德便。谨呈：

重庆市市政府钧鉴

具呈商号　晋吉泰

经理　白子儒

（商业场中大街门牌7号）

民国二十九年八月二十一日

3. 重庆市西药商业同业公会为转报中央药房、中华药房都邮街支店被炸焚毁请备案事呈重庆市社会局文（1940年9月19日）

案据本会会员中央药房报称，该药房两次被炸焚毁，共损失货物、家具约值9700.00余元。因账据遗失，无法详细填报。复据中华药房报称，该药房都邮街支店不幸于八月二十日被炸焚，除货物、家具损失数千元外，所有本年度总账、日升账及门市图章，不及携走，亦同被焚。现时暂停营业，一俟整理完竣，即行恢复，同时函请转呈主管官署备案。各等情，到会。除分别呈函外，理合具文呈请钧局鉴核备案，指令只遵。谨呈：

社会局

重庆市西药商业同业公会主席　罗治昆

民国二十九年九月十九日

4. 重庆市西药商业同业公会为报送会员8月19、20日被炸损失调查表致重庆市商会文（1940年9月23日）

窃查敌机于八月十九、二十两日，狂炸渝市，本会会员之遭炸毁者，达30余家之多。前准贵会交下空袭损失调查表一种，当即翻印分转各会员商号详实填报在案。惟迄至现在，填报到会者固不乏人，而尚未据报者亦复不少。用特先行将东亚药房等调查表9份，函送贵会查收。其余一俟填送来会，即行陆续汇转。此致：

市商会

重庆市西药商业同业公会启

中华民国九月二十三日

1）重庆市西药商业同业公会会员商号空袭损失调查表

商号名称		东亚药房
经理姓名		罗淑璧
地址		中正路466号
资本额		4000.00元，又副本6200.00元
被灾前月营业额		2300.00余元
损失货物总值		7000.00余元
损失生财、家具总值		2000.00余元
员工有无伤亡	受伤	无
	死亡	无
被灾日期		8月19日
有否保有兵险		未保
备考		职员衣被损失约300.00元

中华民国二十九年九月十三日填报

2）重庆市西药商业同业公会会员商号空袭损失调查表

商号名称		健华药房
经理姓名		胡绍诚
地址		保安路127号
资本额		60000.00元
被灾前月营业额		18140.32元
损失货物总值		6567.00元
损失生财、家具总值		3640.00元
员工有无伤亡	受伤	无
	死亡	无
被灾日期		8月20日
有否保有兵险		未保兵险
备考		

中华民国二十九年九月十三日填报

3) 重庆市西药商业同业公会会员商号空袭损失调查表

商号名称	汉口亚洲药房重庆分行
经理姓名	王伟忱
地址	民生路253号（因原址被炸，且尽拆火巷，暂迁回水沟螃蟹井1号）
资本额	8000.00元（已商请本行总管理处增加资本）
被灾前月营业额	3479.57元
损失货物总值	4000.00元
损失生财、家具总值	3000.00元（家具内有房东借用品兼伙友行李）
员工有无伤亡 受伤	无
员工有无伤亡 死亡	无
被灾日期	1940年7月9日
有否保有兵险	无
备考	本号已被炸毁，且拆火巷，务希贵会转呈商会加入联合市场营业，特此遵期到会登记，准予拨给营业店面两间，俾便营业

中华民国二十九年九月十二日填报

4) 重庆市西药商业同业公会会员商号空袭损失调查表

商号名称	太平洋大药房
经理姓名	陈中孚
地址	民权路50号
资本额	2000.00元
被灾前月营业额	5135.60元（系5月份之额）
损失货物总值	3200.00元
损失生财、家具总值	2700.00余元
员工有无伤亡 受伤	
员工有无伤亡 死亡	
被灾日期	6月25、26日
有否保有兵险	
备考	

中华民国二十九年九月十二日填报

5) 重庆市西药商业同业公会会员商号空袭损失调查表

商号名称		华南药房
经理姓名		刘子祥
地址		民权路66号
资本额		资本3000.00元，副本7000.00元
被灾前月营业额		
损失货物总值		9000.00元
损失生财、家具总值		2500.00元
员工有无伤亡	受伤	无
	死亡	无
被灾日期		1940年8月19日
有否保有兵险		未保
备考		营业额未填因房佃纠纷未能营业

中华民国二十九年九月十七日填报

6) 重庆市西药商业同业公会会员商号空袭损失调查表

商号名称		中英药房
经理姓名		罗治昆
地址		林森路139号
资本额		10000.00元
被灾前月营业额		
损失货物总值		2000.00元
损失生财、家具总值		1500.00元
员工有无伤亡	受伤	无
	死亡	无
被灾日期		1940年8月20日
有否保有兵险		保有陆地兵险1600.00余元
备考		营业额未填因房佃纠纷未能营业

中华民国二十九年九月十八日填报

7) 重庆市西药商业同业公会会员商号空袭损失调查表

商号名称		中央药房
经理姓名		冉砮六
地址		民族路141号
资本额		
被灾前月营业额		
损失货物总值		两次被炸被焚共损失货物、家具9700.00余元
损失生财、家具总值		
员工有无伤亡	受伤	无
	死亡	无
被灾日期		1940年7月26日被炸，1940年8月20日全部焚毁
有否保有兵险		未
备考		因账据遗失，无法详报
中华民国二十九年九月十八日填报		

8) 重庆市西药商业同业公会会员商号空袭损失调查表

商号名称		上海新亚制药厂华西贸易总处
经理姓名		石光荣（主任）
地址		重庆太平门海关巷2号，机件、玻璃、原料等堆存地址：白象街白礼洋行
资本额		
被灾前月营业额		
损失货物总值		白象街白礼洋行栈内被炸烧去5000.00余元
损失生财、家具总值		
员工有无伤亡	受伤	
	死亡	
被灾日期		8月19日
有否保有兵险		未保兵险
备考		
中华民国二十九年九月十八日填报		

9) 重庆市西药商业同业公会会员商号空袭损失调查表

商号名称		南京药房
经理姓名		刘茂如
地址		重庆民族路235号
资本额		国币9000.00元
被灾前月营业额		
损失货物总值		约值五六千元
损失生财、家具总值		约值2000.00元
员工有无伤亡	受伤	无
	死亡	无
被灾日期		1940年8月20日
有否保有兵险		无
备考		全部账册被毁

中华民国二十九年九月十八日填报

10) 重庆市西药商业同业公会会员商号空袭损失调查表

商号名称		上海药房
经理姓名		史达清
地址		新生路(苍坪街)16号
资本额		2000.00元,另于4月加入3000.00元
被灾前月营业额		2603.20元
损失货物总值		1698.00元
损失生财、家具总值		448.00元
员工有无伤亡	受伤	无
	死亡	无
被灾日期		1940年8月19日
有否保有兵险		否
备考		

中华民国二十九年九月十八日填报

5. 重庆市药材输出业同业公会为汇报会员商号财产损失报告单呈请鉴核办理事致重庆市社会局文(1940年10月9日)

窃查近月敌机迭次袭渝,本会会员商号,遭受损失颇重,前经报请钧局鉴核办理在案。兹复据利丰隆、永福等25家复因空袭受损失后填具财产损失报告单报请核办前来,理合检呈原单备文汇请钧局鉴核办理,不胜公感!

重庆市社会局

附财产损失报告单(计每家3份,共75份)

重庆市药材输出业同业公会主席　周㮰植
中华民国二十九年十月九日

1)明德长8月11日被炸财产损失报告单

事件:敌机炸毁

日期:八月十一日

地点:林森路246号吉祥巷内

填送日期:二十九年八月三十一日

损失项目	单位	数量	价值(国币元)
麻绳	1件	200斤	340.00

受损失者:明德长
代报者:天盛祥号

2)李和记8月11日被炸财产损失报告单

事件:敌机炸毁

日期:八月十一日

地点:林森路246号吉祥巷内

填送日期:二十九年八月三十一日

损失项目	单位	数量	价值(国币元)
麻绳	1件	500斤	850.00

受损失者:李和记
代报者:天盛祥号

3) 通记号6月16日被炸财产损失报告单

事件:遭敌机投烧夷弹焚毁

日期:二十九年六月十六日

地点:林森路310号福昌祥内

填送日期:二十九年九月二十六日

损失项目	单位	数量	价值(国币元)
羌王	8件	1070斤	3209.94
刁片	2件	437.5斤	1676.33

受损失者:通记号

代报者:福昌祥

4) 洪顺森8月11日被炸财产损失报告单

事件:空袭被炸,掘发无着

日期:八月十一日

地点:林森路246号吉祥荣内

损失项目	单位	数量	价值(国币元)
玉京	1件	140斤	88.20

受损失者:洪顺森

代报者:谟记

5) 德谦祥8月11日被炸财产损失报告单

事件:空袭被炸,掘发无着

日期:八月十一日

地点:林森路246号吉祥荣内

损失项目	单位	数量	价值(国币元)
统芎	1件	350斤	294.00

受损失者:德谦祥

代报者:谟记

6) 重庆志大药材部6月25日被炸财产损失报告单

    事件：空袭燃烧损失

    日期：六月二十五日

    地点：苋子背陶光义堆栈

    填送日期：二十九年七月十九日

损失项目	单位	数量	价值（国币元）
毛苍术	12件	4760斤	4768.00
大白	10件	3164斤	6328.00
斑毛	4件	1444斤	2879.20

受损失者：志大

7) 重庆同庆荣药栈6月16日被炸财产损失报告单

    事件：被炸焚毁

    日期：六月十六日

    地点：四牌坊林森路350号

    填送日期：二十九年七月三日

损失项目	单位	数量	价值（国币元）
光条	斤	60斤	166.79
升丁	斤	100斤	486.47
党参	斤	20斤	58.38
□胡	斤	30斤	46.34
玉竺	斤	10斤	12.64
□乡	斤	10斤	69.49
桔梗	斤	429斤12两	380.85
□□	斤	8斤	50.41
天麻	斤	60斤	294.92
枣皮	斤	10斤	36.14
黄连	斤	20斤	168.53
光条	斤	50斤	138.99
升丁	斤	200斤	972.94
白条	斤	20斤	22.24

续表

损失项目	单位	数量	价值（国币元）
升丁	斤	30斤	145.94
秤砣码	套	1套	5.37
账据柜	个	1个	9.41
账桌	杆	1杆	9.60
往年旧器具			128.34
合计			3203.79

受损失者：同庆荣药栈

8）重庆永康和号6月25日被炸财产损失报告单

事件：燃烧

日期：六月二十五日

地点：苑子背陶光义堆栈

填送日期：二十九年八月五日

损失项目	单位	数量	价值（国币元）
扎药	20件	4852斤	7745.67
白姜	17件	6130斤	2405.70
黄姜	65件	23595斤	5285.28

受损失者：重庆永康和号

9）成丰号6月25日被炸财产损失报告单

事件：炸烧

日期：六月二十五日

地点：苑子背陶光义堆店

填送日期：二十九年

损失项目	单位	数量	价值（国币元）
宅泻	16件	5600斤	60.00
合计			3360.00①

---

① 原文如此，似档案不全。

受损失者：成丰号

代报者：天盛祥号

10) 重庆和记德春生8月20日被炸财产损失报告单

　　　　事件：被炸焚毁

　　　　日期：八月二十日

　　　　地点：棉花街94号

　　　　填送日期：二十九年九月二十五日

损失项目	单位	数量	价值（国币元）
药材	杂药		20000.00余
家具	全堂		7000.00余

受损失者：和记德春生

11) 重庆协成8月30日被炸财产损失报告单

　　　　事件：被盗偷窃

　　　　日期：八月三十日

　　　　地点：南岸海棠溪官家院子罗大镛家内

　　　　填送日期：二十九年九月一日

损失项目	单位	数量	价值（国币元）
生胶	1件	120斤	16.00（1920.00）

受损失者：重庆协成

12) 桂记号6月16日被炸财产损失报告单

　　　　事件：被炸

　　　　日期：六月十六日、二十四日、八月十一日

　　　　地点：林森路250号

　　　　填送日期：二十九年九月二十二日

损失项目	单位	数量	价值（国币元）
冬术	件	1件	500.00

续表

损失项目	单位	数量	价值(国币元)
桂枝	件	2件	200.00
家具			800.00

受损失者：桂记

13）青云祥8月19日被炸财产损失报告单

事件：被炸烧

日期：八月十九日

地点：守备街31、33、35、37、39、41、43，计7号

填送日期：二十九年八月三十一日

损失项目	单位	数量	价值(国币元)
房屋	院	37号全院	40000.00
铺面	间	31、33、35、39、41、43，计7间[①]	20000.00
潮脑	市斤	220	1760.00
樟片	市斤	120	1800.00
贡夏	市斤	200	760.00
栋夏	市斤	1200	3360.00
统夏	市斤	1600	2720.00
法夏	市斤	900	1980.00
夏片	市斤	200	400.00
法制年夏	市斤	200	1200.00
家具器物		另单详列	2100.00
合计			76080.00

受损失者：青云祥

14）青云祥8月19日被炸损失家具、器物清单

名称	数量	名称	数量
神龛	1个	泡货大木桶	4个
木箱子	16口	汉文桌子	2张

---

① 原文如此。

续表

名称	数量	名称	数量
梳妆台	2架	木柜子	6个
汉文椅子	1堂	白玉碗	2席
保险银柜	1个	玻璃宫灯	1堂
土碗	7席	白麻布帐子	2笼
玻砖镜子	1口	炉桥	6架
被盖	4床	钢丝铁床	2间
生片铜罐	4个	秤	2架
宁波木床	2间	生片铁锅	6口
大小市秤	3把	木床	8间
饭锅	3口	大瓦缸子	2口
白木桌子	5张	白木板凳	6席
泡货瓦缸子	8口		
共计洋2100.00元			

受损失者:青云祥

15) 信义亨号6月16日、24日,8月19日被炸财产损失报告单

事件:被炸

日期:六月十六日、二十四日,八月十九日

地点:林森路250号

填送日期:二十九年九月二十二日

损失项目	单位	数量	价值(国币元)
渐具		1件	400.00
宅夕		6件	700.00
家具			700.00

受损失者:信义亨号

16) 重庆和记7月20日被炸财产损失报告单

事件:因空袭延烧

日期:二十九年七月二十日

地点:厘金局巷4号

填送日期：二十九年七月二十八日

损失项目	单位	数量	价值（国币元）
黄连	5件	871斤	本缴7360.00

受损失者：重庆和记

17) 重庆泰丰钱庄药材部8月9日被炸财产损失报告单

事件：被炸

日期：八月九日

地点：储奇顺城街1号

填送日期：二十九年八月十一日

损失项目	单位	数量	价值（国币元）
川贝母	每百市斤	200市斤	6000.00
姜活	每百市斤	900市斤	3150.00
合计			9150.00

受损失者：重庆泰丰钱庄药材部

18) 德泰字号8月9日被炸财产损失报告单

事件：被炸

日期：八月九日

地点：储奇顺城街1号

填送日期：二十九年八月十一日

损失项目	单位	数量	价值（国币元）
当归	每百市斤	1500市斤	3750.00
党参	每百市斤	500市斤	1250.00
合计			5000.00

受损失者：德泰字号

代报者：祥源

19) 天盛祥号8月11日被炸财产损失报告单

事件：敌机炸毁

日期:八月十一日

地点:林森路246号吉祥荣内

填送日期:二十九年八月三十一日

损失项目	单位	数量	价值(国币元)
太白	3件	514斤	2467.20

受损失者:天盛祥号

20)桐昌8月20日被炸财产损失报告单

事件:被敌机投弹焚毁

日期:八月二十日

地点:白象街泰记干菜行

填送日期:二十九年九月六日

损失项目	单位	数量	价值(国币元)
花椒	1	244斤	1320.00

受损失者:桐昌

代报者:张绥之

21)长春荣8月20日被炸财产损失报告单

事件:被敌机炸烧

日期:二十九年八月二十日

地点:棉花街106号

填送日期:二十九年九月

损失项目	单位	数量	价值(国币元)
药材	杂药		13000.00余

受损失者:长春荣

22)重庆德胜祥号8月19日被炸财产损失报告单

日期:八月十九日

地点:玉带街17号

填送日期：二十九年九月二日

损失项目	单位	数量	价值(国币元)
天麻	900①	80斤	504.00
草果	380	470斤	1250.00
云香	280	750斤	1470.00
红花	540	65斤	245.70
吴于	180	280斤	352.80
姜虫	420	190斤	558.00
斑毛	380	85斤	226.00
只茸	480	245斤	823.20
马郎	800	190斤	1064.00

受损失者：重庆德胜祥号

23) 重庆义生福药号8月20日被炸财产损失报告单

事件：被炸焚毁

日期：八月二十日

地点：棉花街82号

填送日期：二十九年九月

损失项目	单位	数量	价值(国币元)
药材	杂药		17000.00余
家具	全堂		1000.00余

受损失者：重庆义生福药号

24) 重庆德顺公8月19日被炸财产损失报告单

日期：八月十九日

地点：玉带山17号

填送日期：二十九年九月二日

损失项目	单位	数量	价值(国币元)
没药	490	180斤	654.94

---

① 此列显系误填，原文如此。

续表

损失项目	单位	数量	价值(国币元)
耳香	620	160斤	730.02
折贝	560	430斤	1788.10
桂只	380	245斤	691.32
草果	380	490斤	1382.65

受损失者:重庆德顺公

25)永世福8月11日被炸财产损失报告单

事件:被炸毁

日期:八月十一日

地点:林森路250号

填送日期:二十九年八月

损失项目	单位	数量	价值(国币元)
火元	1		450.00
青蒟	1		1250.00
油布	3		2600.00
家具			600.00
合计			4900.00

受损失者:永世福

26)洋参大王利丰隆8月20日被炸财产损失报告单

事件:遭敌机烧夷弹,货品被焚

日期:八月二十日

地点:红岩洞避放货品处

填送日期:二十九年九月六日

损失项目	单位	数量	价值(国币元)
上中下泡子银耳	市斤	85斤14钱	6526.50
田州山茋	市斤	5斤8两	192.50
藏青果	市斤	4斤6两	30.62
玉板桂	市斤	12斤12钱	510.00

续表

损失项目	单位	数量	价值(国币元)
沉香	市斤	2斤	760.00
东波老叩	市斤	6斤15两	222.00
青花桂	市斤	4斤3两	188.44
虫草	市斤	71斤5两	1996.75
当归头	市斤	260斤10钱	651.56
厚朴	市斤	104斤3钱	217.06
黄芪	市斤	85斤4钱	76.72
纹党参	市斤	205斤13两	493.95
黄连	市斤	64斤8钱	586.95
合计损失		14笔	12953.15

受损失者:洋参大王利丰隆

27) 洋参大王利丰隆号会仙桥支店8月17日、20日被炸财产损失报告单

事件:遭敌机烧夷弹被焚

日期:八月十七号晚及二十日

地点:会仙桥门市全部所存货品及存放红岩洞货品等

填送日期:二十九年九月六日

损失项目	单位	数量	价值(国币元)
正大洋参	市斤	23斤1两	6918.75
正大原皮参	市斤	5斤	1600.00
正800支参	市斤	30斤	6600.00
正野山面参	市斤	2斤	680.00
雪白燕片	市斤	5斤12两	506.00
上中下泡子银耳	市斤	120斤另6钱	9148.50
西洋人参	市斤	11两	220.00
顶上雪白燕窝	市斤	36斤	9360.00
田州山芪	市斤	3斤2两	109.37
东波老叩	市斤	3斤	96.00
足油沉香	市斤	2斤2两	807.50
玉板桂	市斤	5斤4两	210.00

续表

损失项目	单位	数量	价值(国币元)
青花桂	市斤	4斤12钱	213.75
藏青果	市斤	2斤6两	16.62
枸杞	市斤	22斤2两	154.87
纹党参	市斤	60斤另5两	144.75
黄芪	市斤	25斤9钱	23.00
厚朴	市斤	86斤11钱	416.10
川贝母	市斤	48斤9钱	1116.94
黄连	市斤	11两	6.25
当归归头	市斤	207斤9钱	518.90
共计损失	商品	21笔	38867.30

受损失者:洋参大王利丰隆

28)洋参大王利丰隆会仙桥支店8月17日晚被炸财产损失报告单

事件:遭敌机烧夷弹,全部房屋被焚

日期:八月十七号晚

地点:会仙桥,即民族路187号

填送日期:二十九年九月六日

损失项目	单位	数量	价值(国币元)
家具、门面装修		(期初开办费当属损失,不在此数内)	8000.00
存储印刷品		(银耳内票、售货发票)(安利社印)	1000.00
存储印刷品		(银耳商标)(新民社印)	1500.00
存储银耳玻盒			600.00
各职员衣物、被盖等件		计7人	1400.00
共计损失		5笔	12500.00
合计损失	商品	21笔(前附表)	51367.30
	生财	器具等5笔	

受损失者:洋参大王利丰隆

6. 重庆市西药商业同业公会为转呈复记东北药房8月19日被炸停业事致财政部所得税事务处川康办事处重庆区分处文（1940年10月11日）

案据本会会员复记东北药房经理人程尚志报称："敬启者。敝药房于八月十九日不幸被敌机投弹炸毁，所有货品、家具及账据等均被焚罄尽。近本人病愈，由合川返渝，经召开股东会议，因资金除尚存铺房押金400.00元、现款170.00余元外，余均全部损失，实无力继续经营，决定停止营业。除已登《商务日报》声明结束外，特再函呈大会备查，并恳转呈各机关备案是感。"等情，前来。查核尚属实情，除分别呈函外，相应函达贵处，即希查照备案为荷！此致：

财政部所得税事务处川康办事处重庆区分处

重庆市西药商业同业公会启
民国二十九年十月十一日

7. 汉口亚洲药房重庆分行为报告被炸损失并增加资本等请备案事呈重庆市社会局文（1940年10月）

窃小号原在民生路253号（劝工局街35号）营业，经于二十八年十一月间呈报钧局并领得第00748号商业登记证在案。讵敌机肆虐，狂炸市区，小号营业处所竟于本年七月九日被炸，当经检查损失药货及生财、器具等项，共值国币3413.06元。已经商得敝行总管理处同意，增加资本22000.00元，连前原有资本8000.00元，共计资本国币30000.00元，暂迁至回水沟螃蟹井街1号，照常营业，除俟择得正式营业处所再行呈报迁移外，理合检同损失药物数目价值单，备文呈请钧鉴备案。谨呈：

重庆市社会局

附呈被炸损失药货器物数目价值单1份

具呈人　汉口亚洲药房重庆分行经理　王伟忱
住址　回水沟螃蟹井街1号
中华民国二十九年十月

1940年7月9日汉口亚洲药房重庆分行被炸损失药货器具数目价值单

(一)药品				
品名	数量	单价(国币元)	合计(国币元)	附注
非那塞丁	6磅	28.00	168.00	
阿司比灵	3两	1.50	4.50	
柳酸	1磅	25.00	25.00	
酒精	20磅	2.00	40.00	
明矾	1磅	1.50	1.50	
溴化□	半磅	28.00	14.00	
安知必灵	4两	3.50	14.00	
淀粉	10磅	1.20	12.00	
硝酸银	3两	7.50	22.50	
蛋白银	1两	2.50	2.50	
倒鲁脂	2两	2.00	4.00	
那支笃尔	3两	3.00	9.00	
次没食子酸铋	6两	4.50	27.00	
次硝苍	4两	5.00	20.00	
白陶土	80磅	0.40	32.00	
硼砂	6磅	6.00	36.00	
乳酸钙	半磅	28.00	14.00	
碳酸钙	2磅	3.00	6.00	
骨炭末	半磅	10.50	5.25	
木炭末	3磅	1.00	3.00	
几阿苏	2两	4.50	9.00	
丁香	2两	1.60	3.20	
麦角膏		60.00	60.00	
甘草流膏	10磅	8.00	80.00	
昇汞	10磅	30.00	300.00	
甘汞	半磅	60.00	30.00	
四两双氧水	8瓶	1.50	12.00	
碘仿	半磅	65.00	32.50	
碘片	4磅	60.00	240.00	
精炉甘石粉	半磅	3.00	1.50	

续表

亚砒酸钾液品	半磅	2.00	1.00	
碳酸镁	2磅半	10.00	25.00	
番木别膏	2两	4.50	9.00	
红汞	4两	8.00	32.00	
杏仁油	半两	1.60	0.80	
醋酸铝	5磅	8.00	40.00	
溴化钾	半磅	24.00	12.00	
碘化钾	半磅	60.00	30.00	
过锰酸钾	1磅半	8.00	12.00	
荜澄茄末	半磅	4.00	2.00	
小儿散	4两	1.00	4.00	
健胃散	2磅	6.00	12.00	
硫酸奎宁	8两	16.00	128.00	
雷索新	4两	5.00	20.00	
人工盐	4磅	6.00	24.00	
撒鲁尔	4两	2.50	10.00	
小苏打	7磅	2.50	17.50	
溴化钠	6两	1.60	9.60	
次亚硫酸钠	7磅	3.50	24.50	
粗硫酸钠	140磅	0.10	14.00	
亚茴香醛	6磅	8.00	48.00	
人造瓦士林	5磅	2.50	12.50	
硫酸锌	4两	0.50	2.00	
锌养粉	2磅	4.00	8.00	
乞摩尔	1两	6.00	6.00	
樟脑油针	4盒	3.00	12.00	
硫酸钠	4磅	24.00	96.00	
副肾素针	2盒	3.50	7.00	
0.01吐根素针	2盒	7.70	15.40	
0.05吐根素针	1盒	21.00	21.00	
麦角针	1盒	15.50	15.50	
樟脑水针	2盒	6.13	12.26	
1%碘化钙针	1盒	5.00	5.00	

续表

品名	数量	单价	合计	附注
2%碘化钙针	1盒	5.50	5.50	
3%碘化钙针	1盒	5.95	5.95	
4%碘化钙针	1盒	6.50	6.50	
5%碘化钙针	1盒	7.00	7.00	
橙皮丁	5磅	4.00	20.00	
倒鲁丁	4两	1.00	4.00	
毛地黄丁	1磅	8.50	8.50	
颠若丁	2磅	12.50	25.00	
辣椒丁	3磅	4.00	12.00	
木番丁	5磅	7.00	35.00	
茴香油	4两	5.00	20.00	
华士林	10磅	4.50	45.00	
斯笃鲁仿丁	10磅	8.00	80.00	
吐根丁	10磅	12.00	120.00	
苦味丁	5磅	4.00	20.00	
色多波液	1瓶	15.00	15.00	
合计			2345.96	以上药品计价

(二)器具

品名	数量	单价(国币元)	合计(国币元)	附注
200瓦天秤	1具	20.00	20.00	旧秤
玻璃棒	2磅	6.00	12.00	
2两大口装药瓶	8只	0.50	4.00	
4两大口装药瓶	10只	0.70	7.00	
4两小口装药瓶	10只	0.70	7.00	
半磅大口装药瓶	12只	1.00	12.00	
半磅小口装药瓶	12只	1.00	12.00	
1磅大口装药瓶	24只	1.70	40.80	
玻乳钵	1具	3.50	3.50	
1磅小口装药瓶	24只	1.70	40.80	
500cc烧瓶	1只	5.00	5.00	
2000cc烧瓶	1只	14.00	14.00	
1000cc烧杯	1只	6.00	6.00	
10cc量杯	8只	1.80	14.40	

续表

品名	数量	单价	合计	附注
100cc量杯	1只	6.50	6.50	
9寸白瓷蒸发皿	1只	18.00	18.00	
竹节铁起子	1把	7.20	7.20	
大中小烧杯	8组	12.00	96.00	
20磅玻璃罈	1只	8.00	8.00	
40磅旧玻罈	2只	9.00	18.00	
1000cc量杯	2只	10.00	20.00	
200cc量杯	3只	7.50	22.50	
500cc量杯	2只	8.00	16.00	
50cc量杯	8只	4.00	32.00	
25cc量杯	2只	3.20	6.40	
12两量杯	3只	5.80	17.40	
16两量杯	1只	7.00	7.00	
5磅玻璃罐	4只	3.50	14.00	
7磅大口玻罐	3只	7.00	21.00	
载物硝子	21片	5.00	5.00	
试验管	20只	0.30	6.00	
玻璃管	4磅	6.00	24.00	
大口玻璃装药瓶	80只	0.50	40.00	
小口玻璃装药品	70只	0.50	35.00	
4两瓷软膏缸	6只	0.30	1.80	
合计			620.30	以上器具计价

(三)家具炊具

品名	数量	单价(国币元)	合计(国币元)	附注
竹床	3张	2.50	7.50	
木床	3张	5.50	16.50	
算盘	2个	0.60	1.20	
起钉机	1个	1.90	1.90	
玻璃柜	1个	20.00	20.00	
圆桌	1张	12.00	12.00	
大小竹凳	11个	5.20	5.20	
竹帘子	3个	4.00	12.00	
大挂钟	1座	40.00	40.00	

续表

写字台	2个	79.50	79.50	
茶几、木凳	8件	30.00	30.00	
铁锅	3口	6.00	18.00	大小平均价
瓷盆、饭盘、水缸		35.00	35.00	
货架	6架	28.00	168.00	
合计			446.80	
以上三项共计		3413.06		

8. 重庆市药材输出业同业公会为汇报祥源等财产损失报告单请予鉴核事致重庆市社会局文（1940年12月29日）

窃查本会同业，迭次遭受敌机轰炸，损失颇重，前经检呈各会员商号财产损失报告单汇请鉴核在案。兹复据祥源、德源、复昌祥、公益长、义成昌、天厚永等6家填报财产损失报告单请予转报前来，理合检呈原报告单6份，呈请钧局鉴核办理，不胜公感！谨呈：

重庆市社会局

附财产损失报告单6份，计18张

重庆市药材输出业同业公会主席　周楸植
中华民国二十九年十二月二十九日

1) 复昌祥商号8月9日被炸财产损失报告单

  事件：被敌机投4弹

  日期：八月九日

  地点：储奇顺城街1号

损失项目	单位	数量	价值（国币元）
笋白	1件	180斤	630.00

受损失者：复昌祥商号
代报者：祥源药材行

2)祥源药材号8月9日被炸财产损失报告单

事件:被敌机投炸弹4枚

日期:八月九日

地点:储奇顺城街第1号

损失项目	单位	数量	价值(国币元)
房屋损失		建筑材料	150000.00
家具损失		动用器具等	20000.00
货物损失	红花片	150斤	525.00
合计			170525.00

受损失者:祥源药材号

3)德源字号8月9日被炸财产损失报告单

事件:被敌机投炸弹4枚

日期:八月九日

地点:储奇顺城街第1号

损失项目	单位	数量	价值(国币元)
青贝	6只	480斤	12480.00
炉贝	6支	480斤	7680.00
虫草	5箱	600斤	31200.00
800只洋参	3封	54斤	18900.00
合计			70260.00

受损失者:德源字号

代报者:祥源药材行

4)公益长药号8月9日被炸财产损失报告单

事件:被敌机投炸弹4枚

日期:八月九日

地点:储奇顺城街第1号

损失项目	单位	数量	价值(国币元)
笋白	半件	360斤	1260.00

续表

损失项目	单位	数量	价值(国币元)
玄胡	1件	400斤	1920.00
合计			3180.00

受损失者:公益长药号

代报者:祥源药材行

5)义成昌药材号8月9日被炸财产损失报告单

　　事件:被敌机投炸弹4枚

　　日期:八月九日

　　地点:储奇顺城街第1号

损失项目	单位	数量	价值(国币元)
枣仁	1件	460斤	3680.00

受损失者:义成昌药材号

代报者:祥源药材行

6)天厚永6月16日被炸财产损失报告单

　　事件:敌机轰炸被焚

　　日期:六月十六日

　　地点:刁家巷62号

　　填送日期:二十九年

损失项目	单位[①]	数量	价值(国币元)
药材	白羔	201斤12钱	368.33
药材	粉草	177斤半	199.42
药材	杏仁	288斤半	303.87
药材	瓜壳	84斤	343.06
药材	伏毛	111斤半	380.86
药材	木香	273斤12钱	307.56
药材	桂枝	231斤4钱	202.51

---

① 此列显为误填,原文如此。

续表

损失项目	单位①	数量	价值(国币元)
药材	宅夕	352斤10钱	178.28
药材	川芎	336斤4钱	207.78
药材	杂药	3026斤2钱	1937.70
家具什物			2800.00
合计			7434.13

受损失者:天厚永

9. 重庆市西药商业同业公会为转报九福西药行5月3日被炸损失请查照备案事致财政部川康直接税局重庆分局文(1941年5月14日)

案据本会会员九福西药行报告称:"迳启者。查五月三日敌机袭渝,会员民权路36号营业地址左右两侧中弹甚多,震毁房屋、货品、装修、生财一部分,计共损失国币5876.80元整。为特开具损失清单3份,函请贵会存查,并请分转直接税局重庆分局暨市营业税处鉴核备查,实为公便。"等情,前来。查核尚属实情。除分函外,相应检同原清单1份,随函送达贵局,即希查照备案为荷!此致:

财政部川康直接税局重庆分局

附清单1份

重庆市西药商业同业公会启

五月十四日

九福西药行5月3日损失货品、房屋、装修、生财清册

(一)货品部分

名称	数量	单价(国币元)	金额(国币元)
象牌代乳粉	3听	5.40	16.20
麦精鱼油	2瓶	17.20	34.40
乳白鱼肝油	1瓶	18.00	18.00
武杀利	2瓶	21.80	43.60

续表

依末丁	4盒	6.00	24.00
白陶土	8磅	1.60	12.80
樟脑水针	4盒	5.25	21.00
滑石粉	5磅	7.10	35.50
士的年针	2盒	2.40	4.80
纱布	9包	11.80	107.20
阿葛满新片	3瓶	23.00	69.00
盐化钙	5盒	3.50	17.50
康氏箭毒素	2盒	13.65	27.30
硫酸钠	10磅	0.72	7.20
煅制镁	2磅	4.50	9.00
罗定典化地立丁	1支	24.00	24.00
撒罗	1磅	42.00	42.00
斯多凡尔所片	1支	15.00	15.00
福美明达	2瓶	17.00	34.00
止咳片	1瓶	25.00	25.00
药棉	9磅	5.00	45.00
松节油	4瓶	4.00	16.00
大黄苏打片	1000粒	20.00	20.00
大三福膏	1听	8.00	8.00
黄凡士林	7磅	5.50	38.50
依克度	2听	4.00	8.00
硼酸	3磅	4.00	12.00
蛋白银	2瓶	2.00	4.00
硫美	5磅	3.00	15.00
大白松粉浆	9瓶	6.00	54.00
柳衲	2磅	9.00	18.00
小白松粉浆	6瓶	3.00	18.00
甘草硫浸膏	5磅	6.00	30.00
小九一四药膏	10打	9.45	94.50
苏打片	6瓶	7.00	42.00
来苏水	5磅	10.00	50.00
盐酸	9瓶	18.00	162.00
规那皮	1磅	35.00	35.00

续表

立华沙泉	18瓶	3.60	64.80
昇衣片	1000粒	55.00	55.00
木蒸油	1瓶	40.00	40.00
黄降录	1磅	95.00	95.00
奎宁针	3盒	9.50	28.50
100cc氯化伊打	2支	29.00	58.00
碘化钙针	5盒	13.30	66.50
秘鲁脂	3磅	40.00	120.00
亚西通	2瓶	14.00	28.00
钠养条	2磅	45.00	90.00
铁绿水	3瓶	28.00	84.00
木的泉	5磅	15.00	75.00
催生针	5支	8.50	42.50
石碳酸	5磅	13.50	67.50
杏仁水	4磅	9.00	36.00
柳酸	3磅	28.00	84.00
醋酸钾	2磅	28.00	56.00
樟脑油	3磅	10.00	30.00
利尿素	1磅	66.00	66.00
安思香酸	3磅	32.00	96.00
比麻油	5瓶	11.00	55.00
浓颠茄酊	1磅	15.00	15.00
薄荷油	2磅	32.00	64.00
胡麻子油	1磅	15.00	15.00
血得拉输	2盒	2.30	4.60
碳酸钙	5磅	3.50	17.50
硫化钾	8瓶	5.50	44.00
煅石膏	2磅	3.50	7.00
木炭	5磅	4.00	20.00
蒸馏水	12瓶	2.00	24.00
甜硝伊打	2磅	32.00	64.00
洋橄油	6瓶	20.00	120.00
浓马头酊	1磅	50.00	50.00
哥洛仿	1磅	40.00	40.00

续表

水脱	2瓶	22.00	44.00
氧化镁	3磅	28.00	84.00
防疫溴药水	4瓶	3.60	14.40
量杯	2只	5.00	10.00
红药水	8瓶	1.00	8.00
双氧水	2瓶	10.00	20.00

此部分共计国币3314.80元整

(二)装修部分

名称	数量	单价(国币元)	金额(国币元)
房屋装修			1500.00

(三)生财部分

名称	数量	单价(国币元)	金额(国币元)
写字台	2个	80.00	160.00
木床	2个	40.00	80.00
货架	3个	90.00	270.00
铁锅	1只	25.00	25.00
玻片	15张	8.00	120.00
水缸	1只	30.00	30.00
条形桌	4个	40.00	160.00
椅子	4个	18.00	72.00
木凳	9个	10.00	90.00
方桌	1个	50.00	50.00

此部分共计国币1062.00元整

以上三笔统共计国币5876.80元整

10. 重庆市西药商业同业公会为转报震亚大药房6月2日被炸损失请查照事致财政部直接税局重庆分局文(1941年6月12日)

案据本会会员震亚大药房报称:"查本月二日,敌机袭渝,会员民族路65号店址,左右两侧及正面均中弹,炸毁房屋、货品、装修、生财各一部分,计共损失法币1458.70元。为特开具损失清单3份,函请贵会存查,并请分转直接税局重庆分局暨市营业税处鉴核备案，实为公便。"等情，前来。查核尚属实情。除分函外，相应检同损失清单1份，函送贵局查核备案，并希见复为荷！此致：

财政部直接税局重庆分局

附清单1份

重庆市西药商业同业公会启
六月十二日

震亚大药房6月2日被炸损失清单

(一)货品部分			
名称	数量	单价(国币元)	金额(国币元)
臭水	17磅	3.00	51.00
三能膏	22瓶	1.50	33.00
疳积片	11瓶	3.00	33.00
碎液素	1磅	123.00	123.00
大金银花精	3瓶	3.20	9.60
小金银花精	5瓶	1.60	8.00
杏仁露	7瓶	2.40	16.80
镁古尅隐	4盒	8.00	32.00
福尔马林水	3磅	19.00	57.00
双氧水	3磅	15.00	45.00
口罩	11个	1.80	19.80
奎林司多还尔所	1瓶	23.50	23.50
计国币451.70元整			
(二)生财部分			
玻璃凳柜	3个	270.00	810.00
大瓷茶壶	1个	16.00	16.00
茶杯	1个	1.00	1.00
太平木桶	1个	13.00	13.00
计国币840.00元整			
(三)装修部分			
整理铺门木料及工资			92.00

续表

修理招牌石灰及泥、工资			75.00
计国币167.00元整			
以上三笔统共计国币1458.70元整			

11. 武汉刘有余堂参燕药号重庆支店为报告1940年7月两次被炸请准免税事呈直接税局重庆分局文（1941年6月20日）

窃小号于民国二十九年七月两度被敌机炸烧，生财、货物全部损失，无法继续营业，旋经一度停业清理。关于货物损失详情，因所有货物均系整批购进，零星售出，每届年终，向须盘查存货，以定盈亏。此次货物全部损失，是根本无法清查，更无以开列详细之损失清单。用特备文，恳请钧局洞鉴下情，准予免缴，伏祈照准，实为德便！谨呈：

直接税局重庆分局

武汉刘有余堂参燕药号重庆支店呈

保安路特29号

经理　胡书城

中华民国三十年六月二十日

12. 重庆同济大药房为呈报6月1日被炸损失请登记事致川康直接税局重庆分局文（1941年6月）

窃商民于民国二十九年十二月八日增资20000.00元，开设第一支店于民族路185号，早经报告在案。营业至今，约有半年。讵于六月一日被万恶敌机投弹毁货物、生财，损失约计10700.00元。敝药房为发扬我中华民族大无畏之精神及维持同人生活计，乃当继续努力，积极复兴，除已鸠工赶造房屋，期于最近复业外，合当具报损失表，以凭存考。谨呈：

川康直接税局重庆分局局长钧鉴

具呈人　同济药房

地址：陕西路243号

中华民国三十年六月

重庆同济大药房6月1日被炸损失单

名称	数量	单价（国币元）	合计（国币元）
铋司莫沙尔	2盒	13.48	26.96
营养助	3瓶	6.00	18.00
碘化钙	2盒	4.90	9.80
硫肝	8磅	5.94	47.52
女界花	半打	18.00	9.00
食盐	8磅	5.40	43.20
白药精	4瓶	1.92	7.68
蒸馏水	10盒	3.60	36.00
白药交	4盒	2.40	9.60
果乃克林	3瓶	3.90	11.70
大当归儿	5瓶	7.60	38.00
末沙尔	5磅	9.50	47.50
大疳积片	9瓶	3.60	32.40
洋地黄针	10盒	3.87	38.70
小疳积片	7瓶	2.00	14.00
重曹	5磅	7.00	35.00
贝无精	4瓶	8.00	32.00
木爹儿	5磅	18.00	90.00
脱脂纱布	20磅	12.50	250.00
劳打非片	10磅	8.55	85.50
硫酸镁	10磅	6.00	60.00
轻美炭养	1磅	17.80	17.80
阿司匹林	2磅	25.00	50.00
软肥皂	2磅	8.80	17.60
灭疥油	1瓶	80.00	80.00
碘片	2磅	85.00	170.00
利尿素	1磅	85.00	85.00
荻茄令	2瓶	98.00	196.00
三得尔弥地	3瓶	19.00	57.00
茄罗米	1瓶	95.00	95.00
麦精鱼肝油	5瓶	20.00	100.00

续表

名称	数量	单价(国币元)	合计(国币元)
氯化钯	1磅	16.00	16.00
蒸馏水	5瓶	2.00	10.00
溴化钙	2盒	5.200	10.40
蓖麻油	5磅	12.00	60.00
溴化钾	1磅	35.00	35.00
棉花	50磅	4.70	235.00
注射器	5个	9.00	45.00
白松糖浆	半打	84.00	42.00
金灵丹	50盒	2.00	100.00
大自来皿	半打	240.00	120.00
次没石子酸铋	2磅	80.00	160.00
小自来皿	半打	180.00	90.00
溴水	10磅	3.60	36.00
氯化钙	20盒	4.05	81.00
硫酸铜	5磅	8.00	40.00
铁孟养	5磅	14.00	70.00
小X罗铺脑斗	1打	81.60	81.60
鹿冷香丸	1打	36.00	36.00
大湿必灵	1打	28.80	28.80
福白克针	5盒	16.36	81.80
小湿必灵	1打	19.20	19.20
沃古林	1打	55.00	55.00
杀痔室	半打	42.00	21.00
氯化钙	1磅	40.00	40.00
下治丸	3打	31.50	94.50
肺力康水	1打	43.20	43.20
泻痢儿	2打	5.47	10.94
肺力康片	1打	43.20	43.20
胃痛儿	2打	7.98	15.96
铅糖	5磅	24.00	120.00
班龙丸	5打	10.08	50.40
月经带	半打	78.00	39.00

续表

名称	数量	单价（国币元）	合计（国币元）
龟苓片	5打	16.80	84.00
小麦精鱼肝油	半打	180.00	90.00
化痰丸	1打	10.08	10.08
中八宝丹	3瓶	4.50	13.50
自来乳	1打	12.60	12.60
小八宝丹	3瓶	2.40	7.20
舒肝散	1打	12.96	12.96
小当归儿	3瓶	4.32	12.96
2cc注射器	1打	54.72	54.72
三溴片	1000	35.00	35.00
5cc注射器	1打	71.82	71.82
剪刀	5把	6.50	32.50
滴管	1箩	60.00	60.00
开创刀	3把	6.50	19.50
氧化镁	1磅	35.00	35.00
酒精灯	2只	4.00	8.00
清鱼肝油	5磅	22.00	110.00
骨炭粉	2磅	35.00	70.00
乳糖	2磅	15.00	30.00
氯氧冰	1磅	45.00	45.00
胃尔舒	2瓶	14.70	29.40
溴化钠	2磅	32.00	64.00
柳钠咖啡因	4盒	5.92	23.68
胃痛粉	2打	7.00	14.00
试条净	2瓶	14.40	28.80
303白烛丸	1打	76.00	76.00
百力多油交	2瓶	14.40	28.80
安福交	半打	105.00	50.25
康白白松糖浆	1打	72.00	72.00
葡萄糖针	5盒	9.72	48.60
康益白松糖浆	1打	36.00	36.00
铔溴	2磅	32.00	64.00

续表

名称	数量	单价(国币元)	合计(国币元)
碘片	1磅	70.00	70.00
麻黄素针	4盒	10.04	40.16
鹧鸪菜	2打	26.50	53.00
纳开古地	10盒	5.60	56.00
升华硫磺	10磅	1.50	15.00
三道年粉	1钱	120.00	120.00
妙特灵交	10打	14.50	145.00
牛肉针	半打	48.60	24.30
食盐水	2支	9.60	19.20
人丹	2大包	10.00	20.00
大胃灵	1打	54.00	54.00
九一四丸	半打	48.60	24.30
杨曹	2磅	25.00	50.00
鱼肝油丸	1打	54.00	54.00
段碘仿	1磅	95.00	95.00
奎宁针	5盒	16.46	82.30
立华沙尔	3打	48.00	144.00
小胃痛灵	1打	27.00	27.00
赤血盐	2磅	28.00	56.00
甘草流浸交	5磅	9.00	45.00
蒸馏水	200支	0.20	40.00
淀粉	2磅	3.50	7.00
大黄酒	2磅	4.00	8.00
所罗妥司	1瓶	44.00	44.00
洋地黄酒	3磅	5.00	15.00
细纱布	10磅	14.00	140.00
橘子香油	3瓶	5.40	16.20
石碳酸	5磅	14.50	72.50
鞣酸	2瓶	10.80	21.60
百咳定	2瓶	15.50	31.00
双氧水	5磅	10.00	50.00
女用维他赐命	3盒	22.50	67.50

续表

名称	数量	单价(国币元)	合计(国币元)
长命胶布	5筒	19.00	95.00
信谊酵母粉	2瓶	9.60	19.20
大九一四交	1打	33.00	33.00
克七登	半打	43.20	21.60
九一四水	半打	86.40	43.20
硫化铁	5磅	4.50	22.50
雷弗奴耳粉	1钱	125.40	125.40
保利咳露	3瓶	1.60	4.80
松节油	2磅	8.00	16.00
安琪露	3瓶	4.80	14.40
霍乱疫苗	5瓶	3.20	16.00
大黄粉	2磅	5.00	10.00
白咳血清	3瓶	17.00	51.00
吐根酒	4磅	10.00	40.00
妥露酒	1磅	6.00	6.00
洴葱酒	3磅	6.00	18.00
苦杏仁水	5磅	4.00	20.00
辣椒酒	4磅	3.00	12.00
远志酒	4磅	10.00	40.00
儿茶酒	2磅	4.00	8.00
颠茄酒	2磅	5.00	10.00
光明水	10打	4.80	48.00
苦味酒	4磅	4.00	16.00
固精丸	5打	11.52	57.60
梓什酒	2磅	10.00	20.00
急治水	24打	2.88	69.12
橙皮酒	3磅	3.00	9.00
痰治水	11打	9.60	105.60
桂皮酒	2磅	4.00	8.00
五淋白浊丸	4打	12.48	49.92
木别酒	4磅	4.00	16.00

续表

名称	数量	单价(国币元)	合计(国币元)
牙痛水	12打	4.80	57.60
甘松酒	5磅	4.00	20.00
杀虫痔积片	15打	2.88	43.20
碘酒	25打	3.84	96.00
止咳丸	4打	4.80	19.20
红药水	11打	2.80	30.80
调经丸	5打	11.52	57.60
合计			8171.15
装修门板			300.00
装修门面			400.00
玻璃			217.30
木料			1300.00
招牌			60.00
作墙			50.00
油漆			70.00
文具			40.00
茶壶茶杯			14.50
皮箱			48.00
凉板			30.00
合计			2129.80
共计			10700.95

13. 重庆市西药商业同业公会为转报西北药房6月29日被炸损失请备案事致直接税局重庆分局文(1941年7月15日)

案据本会会员西北药房(住中华路)报称:该药房于六月二十九日被敌机炸毁,共计损失货物、生财及门面装修费法币7560.07元。特抄具损失清单,请予转函有关机关备案。等情,前来。查核尚属可行。相应检同原清单1份,随函送达贵局,即希查照备案为荷! 此致:

直接税局重庆分局

附清单1份

重庆市西药商业同业公会启

七月十五日

重庆西北药房被炸损失数目表

(一)货物			
品名	数量	单价(国币元)	总值(国币元)
1磅方瓶	220个	90.00	198.00
半磅方瓶	310个	62.00	152.20
2两方瓶	52个	20.50	10.25
1两方瓶	103个	16.00	16.48
5两方瓶	262个	12.00	31.44
1磅圆瓶	88个	88.00	77.44
4两圆瓶	150个	25.00	37.50
1两圆瓶	91个	12.20	10.92
薄荷油	3磅11两	60.00	187.56
碘片	12两	18.00	216.00
碘酒	5磅10两	9.00	51.25
红药水	4磅5两	10.00	43.13
奎林丸	1260个	170.00	214.20
清凡士林油	22磅	18.00	396.00
1磅量杯	1个	14.50	14.50
半磅量杯	1个	10.50	10.50
2两量杯	1个	4.00	4.00
大漏斗	2个	8.00	16.00
20cc汽小针	520支	0.25	130.00
1磅盐酸	22瓶	2.50	55.00
纯盐酸	5磅	12.00	60.00
辛养粉	22磅	3.000	66.00
纯硫酸	3磅	18.00	54.00
硼酸粉	18磅	15.00	270.00
滑石粉	41磅	2.00	82.00
黄凡林油	11磅	4.00	44.00
白凡士林油	16磅	8.00	128.00

续表

品名	数量	单价	总值
净鱼油	18磅	24.00	432.00
肺立康	8瓶	4.80	38.40
白松糖浆	5瓶	8.80	44.00
大杏仁露	6瓶	4.00	24.00
小杏仁露	4瓶	2.00	8.00
大金银花露	8瓶	4.00	32.00
硫磺粉	11磅	3.00	33.00
硫酸镁	30磅	4.50	135.00
七星蚊虫香	2打	60.00	120.00
虎牌蚊虫香	17盒	5.00	85.00
鱼石脂	10磅	5.80	58.00
牙痛水	11瓶	0.30	3.30
1两装时疫水	25瓶	1.20	30.00
1两装时疫水	220瓶	0.30	66.00
乃所儿	8磅	8.00	64.00
臭水	41磅	3.00	123.00
玻缸	6个	6.50	39.00
合计			3951.07

(二)生财

品名	数量	单价(国币元)	总值(国币元)
木床	4间	38.00	152.00
凉板	2张	10.00	20.00
写字台	2张	36.00	72.00
木凳	6个	7.00	42.00
水缸	1个	24.00	24.00
水桶	1担	16.00	16.00
货架	1副	260.00	260.00
铁锅	2只	17.00	34.00
饭碗	10个	1.10	11.00
中碗	9个	1.30	11.70
小玻片	54张	2.20	118.80
大玻片	21张	35.00	735.00
灯泡	7个	6.50	45.50

续表

花线	30码	2.50	75.00
瓷盆	2个	26.00	52.00
椅子	8把	40.00	320.00
合计			1989.00

(三)门面装修

品名	数量	单价(国币元)	总值(国币元)
瓦	8000匹	600.00[①]	480.00
椽子	40匹	2.80	112.00
洋钉	8.5斤	16.00	136.00
石灰	4担	13.00	52.00
泥工	38个	12.00	456.00
木工	32个	12.00	384.00
合计			1620.00

以上三项共合法币7560.07元

14. 汉口亚洲药房重庆分行为报告6月2日配货房被炸损失请备案事致财政部直接税局重庆分局文(1941年7月19日)

窃小号在螃蟹井街1号院内，设有配货房1大间，于六月二日敌机肆虐狂炸市区时，竟被炸毁，除房屋损失另行购料雇工重行修整以资应用外，兹经清查，计损失药货及生财、器具等项，共值国币5700.50元整。除呈报社会局外，理合检同清册，呈请钧处备案。谨呈：

财政部直接税局重庆分局

附呈清册1件

具呈人　汉口亚洲药房重庆分行

经理　王伟忱

回水沟螃蟹井

中华民国三十年七月十九日

---

① 以10000匹为单位，编者注。

汉口亚洲药房重庆分行6月2日被炸损失清册

品名	数量	单位	单价(国币元)	总值(国币元)	备考
醋柳酸	2	磅	30.00	60.00	
鞣酸	1	磅	25.00	25.00	
稀盐酸	6	磅	10.00	60.00	
石碳酸	6	磅	22.00	132.00	
安息香酸	1	磅	50.00	50.00	
撒酸	1	磅	30.00	30.00	
硼酸	5	磅	10.00	50.00	
枸橼酸	1	磅	70.00	70.00	
非那昔汀	1	磅	55.00	55.00	
白阿胶	2	磅	50.00	100.00	
糖化素	1	磅	45.00	45.00	
甘汞	0.5	磅	90.00	45.00	
乳酸钙	1	磅	45.00	45.00	
硼砂	2	磅	13.00	26.00	
白陶土	12	磅	5.00	60.00	
漂粉精	7	磅	12.00	84.00	
次硝苍	1	磅	70.00	70.00	
碳酸铋	1	磅	65.00	65.00	
碘化钾	0.5	磅	80.00	40.00	
醋酸钾	9	两	4.00	36.00	
念硫钾	12	磅	6.00	72.00	
氯化钾	2	磅	20.00	40.00	
含糖百金圣	1	磅	50.00	50.00	
蓖麻油	3	磅	15.00	45.00	
硫苦	12	磅	7.00	84.00	
碘片	2	磅	90.00	180.00	
碘仿	0.5	磅	85.00	42.50	
乌罗透品	1	磅	36.00	36.00	
硫酸钠	5	磅	4.00	20.00	
杨曹	0.5	磅	35.00	17.50	
沙鲁尔	1	磅	70.00	70.00	

续表

品名	数量	单位	单价(国币元)	总值(国币元)	备考
重曹	16	磅	6.00	96.00	
雷硝星	2	两	6.00	12.00	
极垃末洞	1	磅	120.00	120.00	
锰剥	5	磅	15.00	75.00	
溴化钠	0.5	磅	28.00	14.00	
鱼石脂	1	磅	14.00	14.00	
硝酸银	2	两	15.00	30.00	
颠茄交	0.5	磅	160.00	80.00	
酒精	8	磅	6.00	48.00	
臭水	15	磅	5.00	75.00	
蒸馏水	61	磅	3.50	213.50	
来苏儿	2	磅	15.00	30.00	
浓铔水	3	磅	25.00	75.00	
苦味酊	1	磅	13.00	13.00	
颠茄酊	1	磅	15.00	15.00	
复方归那丁	1	磅	14.00	14.00	
远志丁	16	磅	15.00	240.00	
陈皮酊	30	磅	10.00	300.00	
复方大黄酊	15	磅	15.00	225.00	
巴比特鲁片	100	片	1.00	100.00	
三溴片	1000	片	45.00	45.00	
50磅玻璃瓶	3	个	60.00	180.00	
10磅玻璃瓶	2	个	40.00	80.00	
1000cc量杯	2	个	30.00	60.00	
500cc量杯	1	个	25.00	25.00	
1磅量杯	1	个	20.00	20.00	
1尺玻璃漏斗	2	个	15.00	30.00	
1000cc烧瓶	2	个	10.00	20.00	
1磅小口玻璃瓶	100	个	0.80	80.00	
0.5磅小口玻璃瓶	50	个	0.60	30.00	
1磅大口玻璃瓶	50	个	0.80	40.00	
0.5磅大口玻璃瓶	50	个	0.60	30.00	

续表

品名	数量	单位	单价（国币元）	总值（国币元）	备考
12钱投药瓶	50	个	0.60	30.00	
6钱投药瓶	100	个	0.50	50.00	
4钱投药瓶	50	个	0.40	20.00	
2钱投药瓶	60	个	0.30	18.00	
0.5磅玻塞瓶	100	个	2.50	250.00	
写字台	1	张	45.00	45.00	
长条桌	1	张	32.00	32.00	
大棕床	1	张	50.00	50.00	
藤椅	3	把	25.00	75.00	
木凳	4	个	4.00	16.00	
货架	4	个	220.00	880.00	
总计				5700.50	

15. 重庆市国药商业同业公会会员保康参号为1940年两次被炸损失请免所得税事呈所得税局文（1942年4月3日）

窃商于去年六月七日，敌机轰炸市区，弹落敝号邻近铺房全体被炸，所有新旧货品毁损已尽。敝号乃系他乡来此同人生活所迫于万分困苦之中后，经贷款觅工修理铺房，甫经开业，旋于同年七月五日复被敌机大量炸弹落于隔壁仁丰门前，敝号损失太重，已成不支之势。仅于无法生活中不得已将所有损失数目列陈如左：第一次修理用散工所修房费，共用洋3760.00元，又货品参燕银耳丸散等，计共洋2560.00元；第二次修筑铺房，共用洋12700.00元（另有包工、买料单据可证），被毁参燕银耳丸散等，计共洋6275.00元，由敝号内赔偿同人衣服，洋2200.00元，赔偿借用家具，洋3600.00元。以上前后计共损失洋31095.00元，此乃系属事实，并无虚伪，取有当街保甲长证明可查，恳请恩准赐免所得税额而恤商艰，是为德便！特此申报。谨呈：

所得税局局长钧鉴

经理人　韩紫宸具呈

通讯处：民权路9号

中华民国三十一年四月三日

附1：当街保甲长之证明：查该保康号去年所被炸损失均属事实，特予证明。证明人：保长颜光宗、甲长审仁声。

附2：1942年3月18日，重庆市国药商业同业公会为证明会员保康参号1940年两次被炸损失事致财政部川康直接税局重庆分局文：案据会员保康参号请予证明三十年度被炸损失，以资结算所得税，等情，据此。查该保康参号于三十年度六月七日及七月五日两次被炸损失，曾经呈报来会备查。兹据前情，理合抄录损失，备文呈请钧局鉴核，俯准将该保康参号被炸损失如数核销，以恤商艰，而维营业，实沾德便。此呈：财政部川康直接税局重庆分局文。重庆市国药商业同业公会主席熊雨田。

16. 重庆市药材输出业同业公会为填报抗战损失汇报表请查照存转事致重庆市商会文（1945年9月21日）

案准贵会本年六月三十日（三十四）工商字第290号通知，嘱为填造直间接损失汇报表，等由，附原报告表式各1份，准此。查本会暨本会各会员自"七七"事变以来，因抗战所受之直间接损失曾经本会派员陆续调查登记在卷，迄今统计先后受损会员约150余家，连同本会直接损失，以当时市价估计，总计直接损失5089064.00元，间接损失40172500.00元。准函前由，相应依式填制抗战直间接损失汇报表各2份，函请查照存转为荷。此致：
重庆市商会
附抗战直间接损失汇报表各2份

理事长　周樾植

中华民国三十四年九月二十一日

重庆市药材输出业同业公会财产直接损失汇报表

分类	价值（国币元）
共计	5089064.00
建筑费	962495.00
器具	1216672.00

续表

分类	价值(国币元)
现款	—
图书	625000.00
仪器(陈列品)	516460.00
文卷	2780.00
医药用品	1601657.00
原料	—
产品	—
其他	164000.00

八、重庆市旅栈、茶业商业同业公会及所属抗战财产损失

1. 重庆市旅栈商业同业公会为8月19日会所被炸焚毁迁新址办公请查照备案事致重庆市商会文(1940年9月4日)

查敝会中正路539号会所于八月十九日被敌机轰炸,全部焚毁,文卷、公物损失殆尽,除最近新卷及会印由员司随身携带出外避难外,其余公私器物悉成灰烬。所有损失确数现正分别清查中,惟会务工作未敢停顿,爰暂觅就本市老鼓楼街前巴县政府旧址内设临时办事处照常办公。除分别呈报函知外,相应将敝会被灾损失及新迁临时会址情形,报请大会惠赐查照备案,实纫公谊。此致
重庆市商会

主席 李孟凡

中华民国二十九年九月四日

2. 重庆市旅栈商业同业公会为转报行都饭店10月25日被炸损失请查核备案事呈财政部川康直接税局重庆分局文(1941年2月)

本年元月二十三日,案据属会会员旅栈行都饭店呈称:"查上年敌机轰炸本市,本店被害凡三次。在前两次,房屋震毁,损失较轻。惟最后一次,十月二十五日,本店之内被弹片波及,房屋、家具各有损毁。尤其别墅房屋前后左右均中敌弹,顶棚、墙壁炸倒,屋上片瓦不存,所有该别墅内一、二、三、四、五、

六号各房中之陈设、家具、生财……一切物品完全被炸无余。伏思本店因陪都所在，冠盖相接，俾往来人士旅居有所，故本为社会服务精神，多方筹划，始先成立。乃创设未久，遭此炸毁巨大损失，血本攸关，实难担负，理合缮具别墅炸毁家具、生财数目及单价清册，与本店全部损失修理费用清册1份，恳请大会赐予证明，转请直接税局鉴核备案，准予在二十九年度应征税额内扣抵该项被炸损失数量价款，以恤商艰，毋任感祷。"等情，附清册2份，据此。自应照办。理合检具清册2份，转请钧局俯赐查核备案，并候指令只遵。谨呈：财政部川康直接税局重庆分局

附清册2份

重庆市旅栈商业同业公会主席 李孟凡
中华民国三十年二月

附吴明堂调查报告如下：

　　查行都饭店所报被炸损失一节，经职先后侧面调查，当往其隔壁皮维地商店会见陆孝政先生，探询结果，则知前后遭炸凡三次事，确无伪言，而最后一次尤为惨重事，亦无虚报。遂隔日往该店调查，面晤其会计张弗侯，听渠陈诉被炸经过，则知其别墅接近，正落5弹，且有一角适中炸弹，以致屋盖下落，房墙倒塌过半，与侧面调查情形，似无不合。然后随张弗侯会计，躬赴被炸地点查看，则知别墅墙基，全系从〔重〕新建筑者；又随渠视察其他房屋，则见顶棚与墙壁均系从〔重〕新装修者，故其所报屋内陈设家具与物品完全受炸损毁一节，尚符实情。最后即命其提出被炸以前购置总账、支出流水账，以及一部单据，按照损失清单，逐项核对，并未发现有将被炸后购置项目与被炸前非其营业所需之购置项目列入其间者，故其所报被炸损失16726.50元之数额，宜予承认。谨将调查经过详为报告，理合签呈鉴核。职吴明堂，二月十七日。

行都大饭店别墅房屋被炸损失家具数目表

品名	数量	单价(国币元)	合计(国币元)	实支数(国币元)	备考
木床	6张	120.00	720.00	720.00	
玻璃橱	6个	290.00	1740.00	1740.00	
玻璃镜五抽桌	6张	130.00	780.00	780.00	
玻璃镜梳妆台	6个	270.00	1620.00	1620.00	
沙发	12个	300.00	660.00	660.00	
圆桌	6个	45.00	270.00	270.00	
茶几	6个	50.00	300.00	300.00	
圆凳	24个	12.00	288.00	288.00	
茶壶	6把	25.00	150.00	150.00	
茶碗	24个	3.50	84.00	84.00	
瓷面盆	6个	30.00	180.00	180.00	
瓷痰盂	12个	40.00	480.00	480.00	
烟灰盒	12个	5.00	60.00	60.00	
门帘	6个	5.00	30.00	30.00	
窗帘	24个	20.00	480.00	480.00	
门窗玻璃	240块	7.00	1680.00	1680.00	
玻璃纸	240张	1.00	240.00	240.00	
拖鞋	6双	10.00	60.00	60.00	
绣花盖被	12床	240.00	2880.00	2880.00	
印花被单	6床	35.00	210.00	210.00	
棉絮垫被	6床	30.00	180.00	180.00	
棉絮枕头	12个	35.00	420.00	420.00	
美术电灯罩泡	12个	25.00	300.00	300.00	
电线	6卷	120.00	720.00	720.00	
毛巾	6条	4.00	24.00	24.00	
自来水铁管			2900.00	2900.00	
铁管中零件		600.00	600.00	600.00	
普通电灯泡	12个	10.00	120.00	120.00	
合计			18176.00	18176.00	

说明：

1. 所有别墅损失器具等件共合国币18176.00元整。
2. 所有别墅房间配备家具花样、数目，当时均是一律陈设。
3. 所有别墅家具单价，系同时一批购入，故无出入。
4. 所有别墅被炸家具、损毁家具数量，系以原来购入之单价。
5. 查别墅家具被毁时日，系于1940年10月25日。

行都大饭店1940年10月至11月份（轰炸期间）房屋、器具修理费支出数目表

　　　　经理：胡正义

　　　　会计：张茀侯

　　　　中华民国二十九年十二月一日

月	日	品名	数量	价格 单价（国币元）	价格 合计（国币元）	实支数（国币元）	单据号数	备考
10	10	分板	1盒		15.00	15.00		
10	10	跳板	2块					
10	10	石灰	2担	8.00	16.00	16.00		
10	12	分板	10盒		280.00	280.00		
10	12	庄板	10盒					
10	12	跳板	20匹					
10	12	桶板	30块		96.80	96.80		
10	12	纸筋	1石	17.00	17.00	17.00		
10	12	石灰	10石	8.00	80.00	80.00		
10	12	车力			1.00	1.00		
10	12	砖头	300块		49.20	49.20		
10	12	玻璃纸	85张		66.75	66.75		
10	12	胶水	2瓶					
10	13	洋钉	1斤	2.00	2.00	2.00		
10	13	小洋钉	1斤	4.80	4.80	4.80		
10	13	竹钉	1斤	1.00	1.00	1.00		
10	13	胶水	3瓶		4.50	4.50		

续表

月	日	品名	数量	价格 单价（国币元）	价格 合计（国币元）	实支数（国币元）	单据号数	备考
10	13	担力			1.60	1.60		
10	13	自来水管			30.00	30.00		
10	13	装修						
10	14	大铁	4件		12.50	12.50		
10	14	胶布	1码	2.00	2.00	2.00		
10	14	挑力			9.00	9.00		
10	15	石灰	30斤		5.70	5.70		
10	15	洋钉	1斤	4.90	4.90	4.90		
10	15	明矾	半斤		0.30	0.30		
10	19	门扣	3付		1.30	1.30		
10	19	白纸	1刀	18.50	18.50	18.50		
10	19	大洋钉	2斤	4.50	9.00	9.00		
10	19	裱匠工资			8.00	8.00		
10	19	桶板	4块		23.00	23.00		
10	19	桶子	4匹					
10	19	铁铰链	2付		2.60	2.60		
10	19	洋钉	1斤	4.40	4.40	4.40		
10	20	挑力	23石		13.60	13.60		
10	21	石灰	1石		11.20	11.20		
10	21	纸筋	10斤					
10	21	石灰	10斤		1.70	1.70		
10	21	庄板	5合		96.00	96.00		
10	21	跳板	10块					
10	21	船费			0.30	0.30		
10	23	河灰	30斤		5.10	5.10		
10	23	大小洋钉	2斤		10.00	10.00		
10	24	铁铰链	2付	2.50	5.00	5.00		
10	26	青瓦	1000块	0.05	50.00	50.00		
10	26	铁铰链	4付		12.80	12.80		
10	27	石灰	5担		40.00	40.00		

续表

月	日	品名	数量	价格 单价（国币元）	价格 合计（国币元）	实支数（国币元）	单据号数	备考
10	27	纸筋	1石		20.00	20.00		
10	27	川扣	1付					
10	27	插闩	1付		4.00	4.00		
10	27	门扣	1付					
10	28	船费			0.30	0.30		
10	28	跳板	10块					
10	28	分板	3合		173.60	173.60		
10	28	桶子	40匹					
10	28	玻璃纸	104张		126.00	126.00		
10	28	胶水	8瓶		12.00	12.00		
10	30	青瓦	1000块		47.00	47.00		
10	30	胶水	5瓶		7.50	7.50		
10	31	胶水	4瓶		4.50	4.50		
10	31	洋钉	半斤		2.50	2.50		
		合计			1505.95	1505.95		
11	1	青瓦	1000块		55.00	55.00		
11	1	石灰	5担		40.00	40.00		
11	1	小洋钉	1斤	5.00	5.00	5.00		
11	3	河灰	50斤		8.50	8.50		
11	3	洋钉	半斤		7.00	7.00		
11	3	挑土渣			24.00	24.00		
11	4	石灰	5石		37.50	37.50		
11	4	瓦水筒	10节		11.00	11.00		
11	4	洋钉	1斤		6.00	6.00		
11	4	石灰	5石		40.00	40.00		
11	4	挑土渣			28.00	28.00		
11	4	调换贴力			8.00	8.00		
11	5	纸筋	1石		26.00	26.00		
11	5	砂纸	5张		2.00	2.00		
11	5	生漆	3斤	6.00	18.00	18.00		

续表

月	日	品名	数量	单价（国币元）	合计（国币元）	实支数（国币元）	单据号数	备考
11	5	金黄油漆	1听		10.00	10.00		
11	5	洋钉	3斤		2.70	2.70		
11	5	瓦溜筒	8节		8.80	8.80		
11	5	绿漆	1桶		63.00	63.00		
11	5	光油、石膏、牛血、桶子、箩筛			12.70	12.70		
11	5	元粉、丝头、桶箍			41.50	41.50		
11	5	石灰	5石		33.00	33.00		
11	5	纸筋	1石	17.50	17.50	17.50		
11	5	工人伙食			2.20	2.20		
11	6	木桶	2个		13.20	13.20		
11	6	牛血	4斤					
11	6	刷子	2个					
11	6	工人伙食			0.90	0.90		
11	6	伏青	1斤	24.00	24.00	24.00		
11	6	河沙	3石		4.50	4.50		
11	6	河灰	1石		15.00	15.00		
11	6	螺丝钉	半盒		10.20	10.20		
11	6	洋钉	半斤					
11	6	石灰	10石		80.00	80.00		
11	6	工人伙食			3.40	3.40		
11	7	火麻	2刀		0.50	0.50		
11	7	小溜筒	10节		5.80	5.80		
11	7	石灰	5石		40.00	40.00		
11	7	纸筋	1石		18.00	18.00		
11	7	排笔	4枝		9.20	9.20		
11	7	洋钉	2斤	5.00	10.00	10.00		
11	7	大小钵	3个		6.00	6.00		
11	7	明矾	3个					

续表

月	日	品名	数量	价格 单价（国币元）	价格 合计（国币元）	实支数（国币元）	单据号数	备考
11	7	光油	10斤		18.50	18.50		
11	7	牛胶	1斤					
11	7	泥匠工资	李有发		560.00	560.00		
11	7	木匠工资	廖裕太		590.00	590.00		
11	7	木匠工资	张壁松		70.00	70.00		
11	7	漆匠工资	胡海棠		50.00	50.00		
11	7	工人伙食			3.45	3.45		
11	7	小石子	2石	15.00	30.00	30.00		
11	8	工人伙食			4.50	4.50		
11	8	瓦溜筒	20节		11.60	11.60		
11	8	石灰	10石	8.00	80.00	80.00		
11	8	伏青	1斤		24.00	24.00		
11	8	丝头	3两		3.00	3.00		
11	8	曲酒			0.50	0.50		
11	8	漆匠工资	胡海棠		60.00	60.00		
11	8	木匠工资	张壁松		40.00	40.00		
11	9	元丝	3斤		21.60	21.60		
11	9	木器力资			15.00	15.00		
11	9	石灰	5石		40.00	40.00		
11	9	小溜筒	25节		16.50	16.50		
11	9	白布	2丈5尺		2.20	2.20		
11	9	河灰	2石	15.00	30.00	30.00		
11	9	光油	5斤	1.30	6.50	6.50		
11	9	石灰	5石	8.50	42.50	42.50		
11	9	泥匠工资	李有胜		200.00	200.00		
11	9	工人伙食			4.60	4.60		
11	10	光油	10斤	1.60	16.00	16.00		
11	10	元粉	3斤	7.50	22.50	22.50		
11	10	麻油	半斤	2.00	1.00	1.00		
11	10	火蔴	10两	0.24	2.40	2.40		

续表

月	日	品名	数量	价格 单价（国币元）	合计（国币元）	实支数（国币元）	单据号数	备考
11	10	工人伙食			8.35	8.35		
11	10	生漆	3斤	5.90	17.70	17.70		
11	10	破棉花、黄石子			5.00	5.00		
11	10	白布	2尺		3.50	3.50		
11	10	大碗	2个					
11	10	大小洋钉	3斤		15.60	15.60		
11	10	石灰	18石		143.00	143.00		
11	10	绿漆	1桶		63.00	63.00		
11	10	墨烟	1斤		5.00	5.00		
11	10	石红	1斤					
11	11	工人伙食			7.40	7.40		
11	11	纸筋	1石	17.00	17.00	17.00		
11	11	元粉	3斤	7.50	22.50	22.50		
11	11	洋钉	4两					
11	11	铰链	7个		16.30	16.30		
11	11	螺丝钉	14个					
11	11	旧铰链	4块		1.00	1.00		
11	11	石灰	5石		42.00	42.00		
11	11	木工资			200.00	200.00		
11	11	工人牙祭			7.00	7.00		
11	11	漆匠工资			150.00	150.00		
11	11	木匠工资			120.00	120.00		
11	11	分板	10合		147.20	147.20		
11	11	跳板	10块					
11	12	工人伙食			8.05	8.05		
11	12	铰链	10个		16.00	16.00		
11	12	螺丝钉	30个					
11	12	木电插	2个		5.00	5.00		
11	12	牛胶	2斤		5.60	5.60		

续表

月	日	品名	数量	单价（国币元）	合计（国币元）	实支数（国币元）	单据号数	备考
11	12	木器定资			200.00	200.00		
11	12	洋钉	斤半		7.50	7.50		
11	12	石灰	10石		85.00	85.00		
11	12	麻油	半斤		1.00	1.00		
11	12	石膏	4斤10两		4.20	4.20		
11	13	漆匠工资	胡海棠		100.00	100.00		
11	13	泥匠工资	李顺兴		100.00	100.00		
11	13	泥匠工资	李有发		100.00	100.00		
11	13	工人伙食			8.40	8.40		
11	13	自来水管修理工资			40.00	40.00		
11	13	厨工	2天	1.50	3.00	3.00		
11	13	光油	20斤		32.00	32.00		
11	13	石灰	15石		131.50	131.50		
11	13	河灰	50斤		7.50	7.50		
11	13	河沙	2石	1.00	2.00	2.00		
11	13	白铅粉	3斤		22.50	22.50		
11	13	生漆	6斤		35.40	35.40		
11	13	木桶	1个		3.50	3.50		
11	13	工人伙食			8.80	8.80		
11	13	绿漆、蓝漆	各1瓶		126.00	126.00		
11	13	洋钉	4斤12钱		21.00	21.00		
11	13	大小铰链	20块		36.40	36.40		
11	13	河灰	100斤		14.00	14.00		
11	13	黑松烟	30斤		5.10	5.10		
11	14	元粉	3斤	7.50	22.50	22.50		
11	14	河沙	17石		17.00	17.00		
11	14	砂纸	1打		6.50	6.50		
11	14	洋钉	12钱		3.60	3.60		
11	14	排笔	4支		9.20	9.20		
11	14	竹钉	斤半		1.50	1.50		

续表

月	日	品名	数量	单价（国币元）	合计（国币元）	实支数（国币元）	单据号数	备考
11	14	筷子、饭碗、明矾			7.00	7.00		
11	16	工人伙食			8.50	8.50		
11	16	木工工资			50.00	50.00		
11	16	漆工工资			100.00	100.00		
11	16	泥匠工资			50.00	50.00		
11	16	铁铰链	6块		19.00	19.00		
11	16	插川	1个					
11	16	大洋钉	2斤	5.00	10.00	10.00		
11	16	石羔	5斤		1.50	1.50		
11	16	生漆	8斤		51.20	51.20		
11	16	青瓦	400块		20.00	20.00		
11	16	元粉	4斤		46.30	46.30		
11	16	光油	10斤					
11	16	元粉	2斤		14.40	14.40		
11	16	挑土渣			30.00	30.00		
11	16	钢炭			2.00	2.00		
11	17	工人伙食			9.90	9.90		
11	17	红洋漆	2听		12.00	12.00		
11	17	丝头	2钱		1.00	1.00		
11	17	漆匠工资			250.00	250.00		
11	17	木匠工资			100.00	100.00		
11	17	铁铰链	6块		9.00	9.00		
11	18	工人伙食			8.80	8.80		
11	18	工人牙祭			7.50	7.50		
11	18	漆匠工资			20.00	20.00		
11	18	泥匠工资			100.00	100.00		
11	18	木匠工资			150.00	150.00		
11	18	木漆	1斤	2.50	25.00	25.00		
11	18	铁铰链	8块	2.00	16.00	16.00		
11	18	酒精	1斤	3.50	3.50	3.50		

续表

月	日	品名	数量	价格 单价（国币元）	价格 合计（国币元）	实支数（国币元）	单据号数	备考
11	18	铁铰链	2块	3.00	6.00	6.00		
11	18	生漆	10听		69.00	69.00		
11	18	元粉	3斤		39.10	39.10		
11	18	光油	10斤					
11	18	铁门扣	2付	0.50	1.00	1.00		
11	18	花纸、白纸	各1刀		14.00	14.00		
11	18	分板	15块					
11	18	桷子	24匹		169.00	389.00		
11	18	杉仿	30块					
11	18	牛胶			1.00	1.00		
11	18	洋钉	2斤	4.50	9.00	9.00		
11	18	牛血	1桶	5.00	5.00	5.00		
11	18	河灰	1石	14.00	14.00	14.00		
11	18	瓦罐	1个	0.50	0.50	0.50		
11	18	钢炭			2.00	2.00		
11	19	工人伙食			7.40	7.40		
11	19	漆匠工资	胡海棠		10.00	10.00		
11	19	漆匠工资			20.00	20.00		
11	19	医药费	漆工人		10.00	10.00		
11	19	胶水	4瓶		6.00	6.00		
11	19	大小洋钉	6斤半		32.10	32.10		
11	19	酒精	1瓶		3.50	3.50		
11	19	铁插川	5付		12.00	12.000		
11	19	门扣	5付		2.50	2.50		
11	19	元粉	2斤	7.00	14.00	14.00		
11	20	工人伙食			7.30	7.30		
11	20	明矾			1.00	1.00		
11	20	大小洋钉			19.00	19.00		
11	20	瓦溜筒	16节		10.00	10.00		
11	20	河灰	1石		14.00	14.00		

续表

月	日	品名	数量	价格 单价（国币元）	价格 合计（国币元）	实支数（国币元）	单据号数	备考
11	20	底板	10个		4.50	4.50		
11	20	胶布、瓷夹、开关			40.40	40.40		
11	21	工人伙食			8.40	8.40		
11	21	生漆	3斤		20.70	20.70		
11	21	伏青	1斤	24.00	24.00	24.00		
11	21	光油	10斤	1.90	19.00	19.00		
11	21	元粉	2斤		14.40	14.40		
11	21	铰链	6付		37.00	37.00		
11	21	玻璃镜	1面					
11	21	木界子、磁夹	20个		6.00	6.00		
11	21	花线	半圈		77.80	77.80		
11	21	门关	8个					
11	21	方水	10个		3.00	3.00		
11	21	纸筋	3石		51.00	51.00		
11	21	大小洋钉	4斤3钱		22.20	22.20		
11	21	青瓦	400块		22.00	22.00		
11	21	车力	张壁松支		0.80	0.80		
11	21	木匠工资	廖裕太		150.00	150.00		
11	21	泥匠工资	李有发		50.00	50.00		
11	21	漆匠工资	胡海棠		5.00	5.00		
11	21	木匠工资	张壁松		35.00	35.00		
11	21	肉面	2碗		0.80	0.80		
11	22	工人伙食			8.90	8.90		
11	22	瓦溜筒			2.50	2.50		
11	22	挑土渣			7.50	7.50		
11	22	洋钉	1斤半		6.75	6.75		
11	22	插川、门扣	5付		10.00	10.00		
11	22	元粉	2斤		14.00	14.00		
11	22	光油	10斤	1.90	19.00	19.00		
11	22	漆匠工资	胡海棠		200.00	200.00		

续表

月	日	品名	数量	价格 单价（国币元）	价格 合计（国币元）	实支数（国币元）	单据号数	备考
11	22	布拖把	1把	1.00	1.00	1.00		
11	22	洋锁	5把	3.00	15.00	15.00		
11	23	工人伙食			8.00	8.00		
11	23	泥匠工资	何顺兴		50.00	50.00		
11	23	绿洋漆	1听		63.00	63.00		
11	23	电泡	6个		25.00	25.00		
11	23	浴盆塞子	1个	4.00	4.00	4.00		
11	23	胶水	2瓶		2.80	2.80		
11	23	元粉	5斤		26.60	26.60		
11	23	光油	5斤		9.50	9.50		
11	24	工人伙食			9.00	9.00		
11	24	瓷夹板、螺丝钉			6.40	6.40		
11	24	玻璃烟盒	14个		29.00	29.00		
11	24	洋钉	3斤		14.00	14.00		
11	24	开线砖	400块		36.00	36.00		
11	24	白布	3尺		3.80	3.80		
11	24	线头	1斤					
11	24	牛血	1桶		5.00	5.00		
11	24	擦刷	1把					
11	24	铁丝	5两		2.00	2.00		
11	24	生漆	1斤		6.90	6.90		
11	24	光油	10斤		19.00	19.00		
11	24	元粉	2斤	7.00	14.00	14.00		
11	24	木器力资			47.00	47.00		
11	24	漆匠工资			40.00	40.00		
11	25	工人伙食			6.80	6.80		
11	25	石灰	10担	17.00	170.00	170.00		
11	25	元粉	2斤	7.00	14.00	14.00		
11	25	光油	10斤	2.20	22.00	22.00		
11	25	洋钉	3斤		13.50	13.50		

续表

月	日	品名	数量	单价（国币元）	合计（国币元）	实支数（国币元）	单据号数	备考
11	25	生漆	2斤	7.00	14.00	14.00		
11	25	红洋漆	1听		8.50	8.50		
11	25	皂角	2斤	1.00	2.00	2.00		
11	25	红花纸	3盒	6.00	18.00	18.00		
11	25	挑灰渣	31担	1.00	31.00	31.00		
11	25	石羔	3斤	0.30	0.90	0.90		
11	25	洋油	3两	1.00	3.00	3.00		
11	25	亚司令灯泡	6个		36.00	36.00		
11	25	灰面	3斤	0.50	1.50	1.50		
11	25	杉材、桷板、桷子、分板等			569.25	569.25		
11	26	工人伙食			7.00	7.00		
11	26	棕床料			20.00	20.00		
11	26	裱房工			15.00	15.00		
11	26	银珠	1包	2.50	2.50	2.50		
11	26	衣刷	1把		2.50	2.50		
11	26	麻油			1.00	1.00		
11	26	筲箕、扁子			1.00	1.00		
11	26	石灰	5担		42.50	42.50		
11	26	红洋漆	1听		8.50	8.50		
11	26	大洋钉	2斤	4.40	8.80	8.80		
11	26	漆匠工资			100.00	100.00		
11	27	工人伙食			6.40	6.40		
11	27	白布	2尺		2.00	2.00		
11	27	铰链、门扣	各5付		13.00	13.00		
11	27	开关、灯头、钉子			15.10	15.10		
11	27	纸筋	1担	17.00	17.00	17.00		
11	27	小洋钉	2斤	4.50	9.00	9.00		
11	27	扫把、挑灰渣			0.90	0.90		
11	27	芦花	100斤		84.00	84.00		

续表

月	日	品名	数量	价格 单价（国币元）	价格 合计（国币元）	实支数（国币元）	单据号数	备考
11	27	漆匠工资	胡海棠		10.00	10.00		
11	28	工人伙食			4.90	4.90		
11	28	木匠工资	廖裕太		200.00	200.00		
11	28	泥匠工资	李有发		200.00	200.00		
11	28	漆匠工资	胡海棠		90.00	90.00		
11	28	木匠工资	张壁松		98.00	98.00		
11	28	红洋漆	1听		8.50	8.50		
11	28	分板	8盒		97.20	97.20		
11	28	方板	3块					
11	28	大洋钉	2斤	4.50	9.00	9.00		
11	28	石灰	5担		42.50	42.50		
11	28	胶灯头	8个		37.80	37.80		
11	28	木螺	30个					
11	28	铅皮夹头	42个					
11	29	工人伙食			4.90	4.90		
11	29	铅丝	7两		2.80	2.80		
11	29	工资	缝门帘		25.00	25.00		
11	29	大小洋钉	3斤		15.00	15.00		
11	30	工人伙食			3.90	3.90		
11	30	铅丝	半斤		16.80	16.80		
11	30	洋钉	2斤					
11	30	小洋钉	7两		2.10	2.10		
11	30	木匠工资	廖裕太		100.00	100.00		
11	30	泥匠工资	李有发		100.00	100.00		
11	30	漆匠工资	胡海棠		50.00	50.00		
11	15	工人伙食			6.30	6.30		
11	15	元粉	3斤		38.50	38.50		
11	15	光油	10斤					
11	15	丝头	2两		1.00	1.00		
11	15	青砖	2200块		407.00	407.00		

续表

月	日	品名	数量	价格 单价（国币元）	合计（国币元）	实支数（国币元）	单据号数	备考
11	15	油漆工资			400.00	400.00		
11	15	元粉	3斤		22.50	22.50		
11	15	石灰	5担		45.00	45.00		
11	15	木匠工资	廖裕太		100.00	100.00		
11	15	洋钉	2斤	5.00	10.00	10.00		
11	15	椽子	80匹		441.60	441.60		
11	15	杉仿	40匹					
11	19	油漆			300.00	300.00		
11	24	杉板			699.00	699.00		
11	27	油漆			1071.00	1071.00		
11	30	漆匠工资			950.00	950.00		
		合计			15320.55	15320.55		
		总计			16726.50	16726.50		

3. 楼外楼大旅馆为10月25日被炸损失请存案备查事致重庆市所得税局文（1941年3月25日）

窃民本馆开设陕西路77号，馆内房屋分前楼、后楼两部。前楼临街，乃四层西式洋楼房，计有客房11间。后楼乃中式楼房，计有客房33间。后楼于民国二十九年三月二十日开幕，前楼因旧佃迁移及装修延搁，至九月十五日始行营业。不幸于十月二十五日前楼直中敌机烧夷弹，以警报尚未解除，路途不能通过，致前楼全部悉付焚如。不但各客房内陈设、器皿丝毫皆未救出，及住客行李亦同付之一炬。至于后楼，以地势稍低，且有一墙之隔，加之消防施救得力，虽未受波及，然屋瓦悉被震坏。共计各项损失，共有9470.00余元之巨。所有此项损失，理合灾后造具表册，呈报钧所存案备查，只以经理抢火受伤，居乡医治，管内人项亟于恢复营业，且不识呈报手续，故未计及此事，是以因循至今。所幸房屋被烧事实具在，表内所报损失有账可稽，惟乞钧所核外鉴原，准予存案备查，不胜沾感之至。谨呈：

重庆市所得税[局]钧鉴

楼外楼大旅馆

（地址：陕西路77号）

经理 张立齐

中华民国三十年三月二十五日

楼外楼大旅馆空灾损失表

民国三十年三月置

品名	损失数目	每件价格	合计	备考
缎面被盖	10床	80.00元	800.00元	被面20.00元，棉絮6斤30.00元，包单30.00元，合上数
布面被盖	7床	74.00元	518.00元	被面14.00元，棉絮6斤30.00元，包单30.00元，合上数
条子花被单	6床	30.00元	180.00元	
印花被单	6床	35.00元	210.00元	
茶漆方桌	11张	30.00元	330.00元	
茶漆厂桌	12张	50.00元	600.00元	
哈叽枕头	24个	5.00元	120.00元	
垫絮	13床	20.00元	260.00元	每床4斤
洋磁面盆	8个	30.00元	240.00元	
茶漆三抽桌	5张	30.00元	150.00元	
茶漆茶几	12个	12.00元	144.00元	
茶漆方凳	47个	3.00元	141.00元	
茶漆洗脸架	7个	20.00元	140.00元	
茶漆衣架	14个	4.00元	56.00元	
痰盂	14个	1.50元	21.00元	
花钵	2个	10.00元	20.00元	
白玉茶壶	18把	5.00元	90.00元	
白玉茶杯	77个	0.80元	61.60元	
川磁茶壶	14把	4.00元	56.00元	
川磁茶杯	91个	0.40元	36.40元	
茶漆小椅	24把	10.00元	240.00元	

续表

品名	损失数目	每件价格	合计	备考
前楼灾前装修			2353.00元	电灯在内
后楼灾后补修			2110.00元	
住客房金			587.00元	前后楼住客因房间被烧或被震坏不见,不付房金

合计损失法币9473.00元整

4. 大陆旅馆为报告6月1日被炸损失请鉴核备案事致所得税川康办事处文(1941年6月2日)

窃本馆于六月一日被敌机投弹轰炸,房屋倒毁,损失约20000.00余元。除呈报主管机关及赈委会救济外,理合呈报钧处鉴核备案。谨呈:
所得税川康办事处钧鉴

大陆旅馆经理宋定齐谨呈

方家什字5号

中华民国三十年六月二日于大陆旅馆

5. 和记协庆旅馆为6月14日被炸损失请备查事呈重庆市直接税局文(1941年6月17日)

敝馆位于储奇门行街11号,店后毗连三分局,于六月十四日被敌机投弹,全部炸毁。因是之故,敝馆遭受奔炸波及不堪,除屋瓦全破,屋后砖墙、楼壁、全部玻窗、大小门扇悉行破坏外,所有器物、家具大部震坏。兹将损毁各物详单粘呈,以凭汇转而资备查,并乞予以抚济,是沾德便。此呈:
重庆市直接税局钧鉴

附粘单1纸

和记协庆旅馆

经理　李兰亭

中华民国三十年六月十七日

和记协庆旅馆6月14日被炸损失单

民国三十年六月十七日

名称	数量	名称	数量
三抽桌	3	小方桌	2
宽床	4	窄床	5
茶壶	12	茶杯	16
灯泡	25	衣架	2
痰盂	9	镜屏	12
被盖	2	卧单	4
瓦缸	3	大小锅	2

以上各物约值1200.00元，又工人什物合计约值500.00余元，总共约值1800.00元

6. 合记仿庐旅社为炸毁过巨账据焚尽另行改组无法具报恳予备案存查事呈财政部川康直接税局重庆市第一分局文（1941年6月21日）

窃查原有之仿庐旅馆于二十八年十一月开始营业，至去岁五月即被轰炸，家具损失无算，房屋经修理方能安住者仅存三分之一，账据焚毁，收支失凭。该经理心犹未死，重加修理，以冀复业。谁知又于八月连遭轰炸，股东叶海林、傅纯安既感蚀本之过巨，又惧空袭之频来，乃平分残余家具，退股息业而去，竟未顾及呈报停业情形，以清手续。民于去岁九月接顶后，将残屋修竣，方于去岁十二月开始营业。原有之仿庐旅馆息业撤伙时曾业邀请旅栈同业及街坊保甲清算伙账，以大小六次被炸，费去修葺费8000.00余元，确蚀资本2000.00余元，炸痕俱在，街保可凭查，实非民代设辩者也。现在之仿庐旅馆，既非原有之股东，由民独立籍墟重整，除将二十九年十二月营业账据呈报外，实无法代原有之仿庐旅馆造账呈报。为特将旅馆前后详情具呈钧局鉴核，恳予呈查，以分泾渭而清手续，实为德便。谨呈：

财政部川康直接税局重庆市第一分局

具呈人 仿庐旅社

经理 林筱帆

中华民国三十年六月二十一日

7. 重庆汇源商店为7月4日被炸受灾报请备查事呈所得税局文（1941年7月）[①]

民店不幸于七月四号午前九钟敌机来袭渝市，邻院农行宿舍中弹1枚，民店后院全部毁损，计厨房、经理室、毛[茅]房等数间，损失什物数十件，估计价值1800.00余元。当以营业关系，当即着手整建，此项费用亦在3150.00元左右。用特呈明上情，恳予派员查验，恩准备查，实沾德便。谨呈：

所得税局公鉴

水巷子85号汇源商店

经理 廖映宣

汇源商店受灾损失清单

大小锅	85.00元	缸子	67.00元
大小碗盏	49.00元	大小瓢	13.00元
铜汤瓢	9.00元	火钩	5.50元
被条11床	550.00元	毯子21张	945.00元
木器	180.00元		

以上总计1903.50元

汇源商店受灾整建费用一览表

瓦30000匹	2250.00元	洋钉	95.00元
桷子	72.00元	木工	320.00元
泥工	347.00元		

以上数笔总计3084.00元整

8. 千厮门泗海旅社为6月20日被炸停业等情呈川康直接税局所得税局文（1941年12月22日）

窃商于泗海旅社千厮门正街37号开设旅社，营业有年，于去岁六月二十日惨遭日机炸毁，焚烧俱尽，所有家用器具及营业账目均被毁中，至十一月八

[①] 原文无时间，此系根据相关史料考证。

日,该旅社方始修建复业。于去年账目事实无从稽考,于今营业账目乃革新另定,特此邀同保甲证明、房屋被毁账目被焚事实,并恳请免于追究。谨呈:川康直接税局所得税局钧鉴

商泗海旅社

经理　黄尹慈厚

中华民国三十年十二月二十二日

9. 民生招待所为报告存放于民生公司仓库内之单据被炸经过请鉴核备查事呈财政部川康直接税局文（1942年5月19日）

窃商招待所自三十年五月一日受盘大华饭店开始营业以来,因敌机不断轰炸,为安全计,即将所有单据存于陕西街民生公司仓库内,希冀可以保险。不料七月三十一日,该公司竟中烧夷弹焚毁,当时因抢救不及,致将所有七月三十一日以前之单据同时损失（按,是项单据与外界并无银钱往还关系,以为无登报声明之必要,初未知钧局查账需用此单据也）,理合遵将三十年五月初至七月底单据损失经过实情具文呈报,敬祈鉴核备查,实为德便。谨呈:财政部川康直接税局

民生招待所经理　张德馨代谨呈

下陕西街灯笼巷65号

中华民国三十一年五月十九日

10. 重庆市茶商业同业公会为报送会员杭州茶庄、大生茶庄、吉庆余10月25日被炸损失请存查事呈重庆市社会局文（1940年11月）

案据属会会员杭州茶庄、大生茶庄、吉庆余等,各报略称:"为敌机肆虐,滥施轰炸,不幸本年十月二十五日正午,杭州茶庄门前中弹,三层西式砖房,全行被炸倒塌,所有货物、家具等,悉行被炸,损失无余。至大生茶庄、吉庆余,左右被炸,房屋震毁,货物、家具损失甚重。特此各抄损失,报请转呈有关机关备查,以凭救济。"等情,附计损失单3件来会。查敌机袭渝,大肆狂炸,

商民受其荼毒,财产遭其损害,固属实情。兹据会员等报请前来,除报所得税备查外,特此附表,理合具文,转呈钧局鉴核,俯予备查,并请转报存查,以资救济,指令只遵!谨呈:

重庆市社会局

附抄录损失表1份

重庆市茶商业同业公会
中华民国二十九年十一月

重庆市茶商业同业公会会员被炸损失表

被灾会员牌名	负责人姓名	独资或合资	资本金额	营业种类	营业地址	被灾日月	损失原因	损失总额（国币元）
杭州茶庄	赵维洲	合	20000.00元	茶业	打铜街44号	10月25日	门前中弹,房楼全倒,所有货物、家具尽行损失	12524.45元
大生茶庄	王仲玕	合	4600.00元	茶业	信义街82号	10月25日	左侧被炸,震毁房屋,家具、货物损失甚重	1927.00元
吉庆余	何竹轩	合	5000.00元	茶业	中正路66号	10月25日	此次被震毁房屋、家具、货物及前8月19日寄存复兴裕之货	3925.95元

以上三家统计损失18377.40元

11. 北平正大茶庄为呈报6月5日、7日被炸损失情形请备查事呈重庆市直接税分局文(1941年6月9日)

窃商号不幸于本月五日敌机夜袭时将所有一切账簿、收据等由司账职员一并携带避入演武厅大隧道内,惟以防护人员管制出口过严,遂致延时过久,空气不通,均被窒息昏迷,幸经救护人员扶出,俟清省后已不能入洞。嗣经多方寻找,卒未觅获。万不料又于七日重遭残炸,将商号全部生财、器具、货物等焚毁无遗,悉变瓦砾,其损至重,其情至惨,不得已,除分别仅先陈告各主管

官厅外,谨再具呈报告。商号此次损失共计两万有余,敬乞钧局俯予存案,俾资备查,实为公便。谨呈:
重庆直接税分局局长钧鉴

具呈人　北平正大茶庄

经理　孙善亭

(原住五四路4号,现住民权路储汇局对面三聚合内)

中华民国三十年六月九日

附崔永树、沈耀邦7月17日之调查报告:

查民权路北平正大茶庄经理孙善亭呈称,于六月五日在大隧道中将账簿遗失,于七日遭炸,将全部生财、器具、货物等焚毁,等情。兹经往查,该号所报各项情形,均系事实,惟所报损失,据职估计约为19000.00元之间(该号报损失两万元以上)。用特签上,谨请鉴核。职崔永树、沈耀邦合签,七月十七日。

12. 长亭茶社为呈报6月2日被炸损失请鉴核备案事呈直接税局重庆区分局文(1941年6月)

窃查本月二日敌机袭渝时,属社坎下厕所、厨房附近被投炸弹1枚,致将属社屋瓦及门窗、户格、板壁、栏杆、桌椅、柜台、电灯、茶碗等件震毁,当经分别购补及雇工购料整理修补,共计需洋610.40元整,理合开具清单具文呈报,恭请鉴核备案!准予列正核销!实沾公便。谨呈:
直接税局重庆区分局长
附粘呈损失修补清单1纸

长亭茶社

中华民国三十年六月

长亭茶社6月2日被炸震毁损失补修用款清单

名称	数量	金额	备考
桷板	5合	45.00元	
跳板	3块	18.00元	
棕绳	10根	5.50元	
洋钉	7斤	48.50元	2寸5斤,1寸2斤
竹竿	5根	8.50元	
青布	8尺	10.80元	
石灰	5担	50.00元	
纸筋	50斤	12.50元	
补布篷	6张	5.00元	
火蔴		1.00元	
木工	10个	100.00元	每个10.00元
泥工	16个	160.00元	每个10.00元
除渣子力、小工酒资		16.50元	
运木料力		12.60元	
炊壶	1把	6.50元	
茶碗	2个	39.00元	碗盖11个
电灯开关	1个	4.00元	
电灯泡	5个	20.00元	
电灯		18.00元	灯头3个,灯盖3个
电灯安装工		26.00元	
松烟墨	1块	3.00元	

以上共计洋610.40元

13. 原北平正大茶庄经理孙善亭为6月7日被炸损失请鉴核抚恤注销损失俾便免税致川康直接税局重庆分局文(1941年10月2日)

窃商号被焚,关于情况,已于本年六月八日、九日二日迭经呈报钧局备案在卷。兹以商之全部货物,均因本年六月七日敌机空袭时扫数被炸,顿成灰烬。至商账簿,随经职员当时携入演武厅大隧道避难,但因当时空袭拖久,使人窒息,全部成昏,竟于拥挤践踏中将商号账簿均致遗失,无从查找,旋即呈报警察分局备查有案。商人据遭此状,自觉惨灾至重,遂致生活顿成困难,无力再续营业,因将本字号于本年六月底结束,并出倒与张砥中等名下经营。字号仍以北平正大茶庄名义,加以新记,以示前后区别,所有前届北平正大茶庄在此时结束,今后与新记正大茶庄各无相涉。前届者由前届人负责,后届者由后届人负责。特此,谨呈。恳请钧局体念商艰,准予备案,注销损失,俾便免税。谨将被灾情形填表,随文赍呈,报请鉴核批示注销只遵,实为公便。

谨呈:

川康直接税局重庆分局

附呈报告表1份

原经理人　孙善亭呈

民权路9号保康参号

中华民国三十年十月二日

北平正大茶庄被灾损失情形报告表

商号名称	开设地点	开设日期	资本	被灾日期	损失情况
北平正大茶庄	重庆华光楼门牌6号	1940年10月10日	20000.00元	1941年6月7日	敌机空袭时,铺房均付之一炬,账簿已在大隧道遗失
附记	因生活困难,负债累累,无力营业,谨将寄存友人处之茶叶洋5074.00元,寄存友人处之旧家具洋450.00元、公债洋940.00元、储蓄券460.00元、押租洋600.00元,以上共计法币洋7524.00元,并将字号出倒与张砥中等经营。原资本20000.00元,除倒出之7524.00元,实亏耗资本法币洋12476.00元。谨此,附记。中华民国三十年十月二日,原经理人孙善亭呈					

九、重庆市制革业、木器、纸烟同业公会及所属抗战财产损失

1. 重庆市制革商业同业公会为报告8月9日会址被炸及暂设林森路办公等情形呈重庆市商会文（1940年8月11日）

本年八月九日十四钟三十分，敌机空袭本市，属会会址住地被投下燃烧弹2枚，登时爆炸。因火势过多过猛，抢救无效，属会会址及全街均成一片焦土，其有会内一切公文、卷宗、公物及职员衣被等悉遭焚毁，现将属会暂设林森路127号求新制皮厂内继续办公。合将会址被炸另设会址住地，具文呈报钧会鉴核，伏乞存案备查，指令只遵！谨呈：

重庆市商会

重庆市制革商业同业公会主席　白万全
中华民国二十九年八月十一日

2. 渝记新新制革厂为报告6月5日被炸损失情形请存案备查事呈重庆市所得税局文（1941年6月19日）

窃商于民二十九年九月开始在本市民生路88号营贸渝记新新制革厂，向钧局照章纳税在案。殊于本月五日，敌机夜袭陪都，本店司账丁积玉当将历年所有账簿、单据、号章，以及现金2450.00元整悉置于皮箱内，偕学徒程玉德，携往本市石灰市公共防空洞躲避，不幸是洞发生窒息情事，积玉二人且幸施救得力，未致毙命，惟已将携往该洞之皮箱内装账簿、单据、号章及现金等概行遗失，遍寻无踪。以上遗失各情，除本月十四日登报声明分呈外，理合具

报钧局俯赐鉴核,准予备案存查,伏候批示只遵!谨呈:

重庆市所得税局

附呈载报1份<略>

具报商民　渝记新新制革厂
经理　王时凤
地址:民生路88号
中华民国三十年六月十九日

3. 西南制革厂为报告6月29日被炸损失请派员查勘事致川康所得税局文(1941年7月)

窃民厂于六月二十九日下午二时余,敌机二次来袭,直接中弹多枚,厂房、工具、生财、全部被焚,已成未成牛皮600余张,羊皮200余张,过后连日雇工帮同翻检残余,只剩破烂牛皮170余张,羊皮30余张,其余悉成粉粹,散失无踪;本年及列年账簿、单据、印鉴等,装有木箱,移入自备防空洞内口,洞口适中弹塌陷被毁。理应据实报告钧局,饬属查勘,以明事实,而便后组,沥情陈报。

川康所得税局局长钧鉴

西南制革厂具
经理　张为邦
中华民国三十年七月

4. 第十二区南坪镇第十三保保长郭治平等为中华制革厂被炸所开之证明(1947年12月)

兹据本保本甲居民中华制革厂经理人丁吉祥报称,该民于民国五年十一月在本保玛瑙溪门牌第56号自置厂房1幢,共20余间,另建砖墙仓库1所,经营制革业务,确于民国二十八年五月三日被敌机炸弹中仓库,所存物料损毁无遗,旋即建修复工。于翌年八月十九日厂房又遭炸毁,所有器材、物料、工具等,全部化为灰烬,等情,核查属实,特发给正式证明一纸,以资证明。此证。

　　右<上>给本保居民中华制革厂经理人丁吉祥执存。

第十二区南坪镇第十三保保长　郭治平
副保长　文林煊
第十六甲甲长　聂鸣岐
中华民国三十六年十二月

5. 第三区东升楼镇第一保保长李泽三等为中华制革厂被炸所开之证明（1947年12月）

　　兹据本保本甲居民中华制革厂经理人丁吉祥报称，该民于民国六年在本保县庙街（林森路）门牌第66号地址，自建三楼一底双合门面1幢，开设中华制革厂营业部经营有年，于民国二十九年九月十八日被敌机炸烧，全部房屋、货品化为灰烬，等情。核查属实。特发给正式证明一纸，以资证明。此证。

　　右<上>给本保居民中华制革厂经理人丁吉祥执存。

第三区东升楼镇第一保保长　李泽三
副保长　骆昌如
第三甲甲长　陈锡章
中华民国三十六年十二月

6. 重庆市社会局为转呈第一区制革工业同业公会会员中华制革厂等民营财产损失报告表请予鉴核事呈重庆市市长文（1948年3月16日）

　　案据第一区制革工业同业公会会员中华制革厂、华懋皮革厂、复源皮革厂、华昌皮革厂等四家民营财产损失报告表，恳请俯予层转，等情。经核上项报表尚无不符，理合具文连同报表赍请钧府鉴核。谨呈：
市长张
附民营财产损失表8份

社会局局长　赵冠先

中华民国三十七年三月十六日

1)复源皮革厂财产直接损失报告表

厂名	复源皮革厂		负责人	王衍根	地址	原设	上南区马路105号(现上海酱油铺)	
						现设	上南区马路97号(由汉迁渝)	
性质	制革				成立年月	1938年		
登记证	日期				主要产品	制革		
	字号							
损失年月	事件	地点	损失项目	购置年月	单位	数量	价值(国币元)	证件
							购置时价值	损失时价值	
1941年7月	轰炸	上南区路105号	黄黑制皮			180张	进价630000.00 卖价900000.00	900000.00	
			箱子皮			50张	进价150000.00 卖价225000.00	225000.00	
			羊皮			800张	进价112000.00 卖价160000.00	160000.00	
			绿矾			150斤	1500.00	1500.00	
			羊角漆			120斤	2400.00	2400.00	
			刷光浆			120磅	84000.00	84000.00	
1939年7月	战事转移	汉口精武路建业里1号	将军黑			3听	150.00	150.00	
			大小生财			30件	2000.00	2000.00	
			自盖厂坊			1栋	3000.00	3000.00	

2) 华懋皮革厂财产直接损失报告表

厂名	华懋皮革厂	负责人	李容华	地址		原设	龙门浩莲花街24号
						现设	
性质	制革厂			成立年月		1940年2月	
登记证	日期	1942年		主要产品		底革、面革、拷羊革、纺纱革、皮带革	
	字号	工字5568					

损失年月日	事件	地点	损失项目	购置年月	损失分类						总计(国币元)
					可能生产额减少	可获纯利额减少	费用之增加(国币元)				
							拆迁费	防空费	救济金	抚恤费	
1940年至1945年8月	抗战期中	本厂	各项生产减少		8654000.00						8654000.00
1940年6月	日机轰炸	重庆	业务停顿及受平价等					28400.00			28400.00
1941年度	日机轰炸	重庆	防空设备		7367000.00						7367000.00
1942年度	日机轰炸	重庆	业务停顿及受平价等		11036000.00						11036000.00
1943年度	日机轰炸	重庆	业务停顿及受平价等		25874000.00						25874000.00
1944年度	日机轰炸	重庆	业务停顿及受平价等		29400000.00						29400000.00
1945年度	日机轰炸	重庆	业务停顿及受平价等		31362000.00						31362000.00
1941年	日机轰炸	重庆	救济难民						15000.00		15000.00

3)华昌皮革厂财产直接损失报告表

厂名		华昌皮革厂		负责人	李建华	地址	原设	南纪正街51号		
							现设	上南区马路8号		
性质		制革				成立年月		1938年(由汉迁渝)		
登记证		日期				主要产品		制革		
		字号								
损失年月	事件	地点	损失项目	购置年月	单位	数量	价值(国币元)		证件
							购置时价值	损失时价值	
1940年6月	轰炸	南纪正街51号	牛皮			40张	进价140000.00 卖价200000.00	200000.00	
			羊皮			400张	进价56000.00 卖价80000.00	80000.00	
			镪水			50斤	100.00	100.00	
			苏打			150斤	300.00	300.00	
			红矾			1会	2000.00	2000.00	
			大木桶			5个			
			小木桶			6个	2000.00	2000.00	
			刨皮板			2块			
			硬板			1块			
1939年	战事转移	汉口精武路建业里28号	自盖厂坊1栋,平房2间			1栋	2000.00	2000.00	
			牛皮			20张	1000.00	1000.00	
			大小生财			18件	1500.00	1500.00	

4) 中华制革厂财产直接损失报告表

厂名	中华制革厂	负责人	丁吉祥	地址	原设	重庆玛瑙溪56号		
					现设	县庙街(林森路)66号		
性质	制革业			成立年月		1916年11月		
登记证	日期	1940年		主要产品		皮鞋、皮箱、皮件,以及军用皮件等		
	字号	工字10038号						

损失年月	事件	地点	损失项目	购置年月	单位	数量	价值(国币元)		证件
							购置时价值	损失时价值	
1940年8月19日	日机袭渝	玛瑙溪	刮皮刀	开业时陆续购置	只	20	20.00	26.00	
			皮鞋	同上	双	180	630.00	945.00	
			皮箱	同上	只	45	990.00	1287.00	
			公文包	同上	只	18	288.00	374.70	
			黄黑邦皮	同上	张	15	360.00	540.00	
			箱子皮	同上	张	33	627.00	815.10	
			烤胶底皮	同上	张	12.5	225.00	292.50	
			羊皮	同上	张	360	360.00	504.00	
			军带	同上	条	45	31.50	40.95	
			刀带	同上	条	480	1344.00	1747.00	
			枪带	同上	条	1200	600.00	780.00	
			工房	同上	间	28	12000.00	21800.00	
	小计						20565.50	33496.25	
1940年9月18日	日机袭渝	林森路	纹皮男鞋	开业时陆续购置	双	149	3278.00	4261.40	
			纹皮女鞋	同上	双	64	1600.00	2240.00	
			牛皮男鞋	同上	双	428	3852.00	5007.60	
			牛皮女鞋	同上	双	149	1192.00	1549.60	
			牛皮童鞋	同上	双	292	1168.00	1518.40	

续表

厂名		中华制革厂		负责人	丁吉祥	地址	原设	重庆玛瑙溪56号		
							现设	县庙街(林森路)66号		
性质		制革业				成立年月		1916年11月		
登记证	日期	1940年				主要产品		皮鞋、皮箱、皮件,以及军用皮件等		
	字号	工字10038号								
损失年月	事件	地点	损失项目	购置年月	单位	数量	价值(国币元)		证件
							购置时价值	损失时价值	
			漆纹皮男女鞋	同上	双	68	1564.00	2346.00	
			牛皮箱	同上	只	65	2600.00	3380.00	
			羊皮箱	同上	只	25	550.00	715.00	
			牛皮公文包	同上	只	27	432.00	561.60	
			男用航空包	同上	只	12	96.00	124.80	
			男用票包	同上	只	38	190.00	247.00	
			女用手提包	同上	只	58	464.00	603.20	
			鞋油	同上	只	82	32.80	49.20	
			鞋带	同上	箩	15	300.00	420.00	
			军带	同上	只	220	154.00	200.20	
			刀带	同上	只	62	186.00	241.80	
			刀插	同上	只	800	240.00	312.80	
			生财、家具				1800.00	3600.00	
			房屋				18500.00	37000.00	
	小计							64377.80	
	厂店共计							180731.65	
1940年9月28日	日机袭渝	玛瑙溪	建修工房					28000.00	

续表

厂名	中华制革厂	负责人	丁吉祥	地址	原设	重庆玛瑙溪56号
					现设	县庙街(林森路)66号
性质	制革业			成立年月		1916年11月
登记证	日期	1940年		主要产品		皮鞋、皮箱、皮件,以及军用皮件等
	字号	工字10038号				

损失年月	事件	地点	损失项目	购置年月	单位	数量	价值(国币元)		证件
							购置时价值	损失时价值	
			建修货窖					15000.00	
			停工停业救济金					23000.00	
		林森路	建修营业店					12000.00	

7. 重庆市木器商业同业公会为补送抗战损失报告表请查照事致重庆市商会文(1946年5月17日)

案准贵会三十五年五月十一日(三十五)商三字第3167号通知,以本会函送抗战损失报告表尚须补送1份备查,等由,准此。兹已遵办,相应函送备查。再,本会上次报告表系47份,来函仅云12份,数字不符,合并申明,请予更正为荷。此致:
重庆市商会
附抗战损失报告表47份[①]

理事长　萧权镒

报恩堂15号

中华民国三十五年五月十七日

---

① 其中有12份属人口伤亡,见人口伤亡部分。

1)李银臣财产损失报告表

填送:三十五年五月

损失年月日	事件	地点	损失项目	购置年月	单位	数量	价值(国币元) 购置时价值	价值(国币元) 损失时价值	证件	注意
1940年6月12日	轰炸	草药街	房屋	1940年4月4日	间	1	200000.00	250000.00		本表务必据实填写,并注明详细地址,以便本府派员抽查
1940年6月12日	轰炸	草药街	木器	1940年4月10日	件	400	150000.00	180000.00		
1940年7月16日	燃烧	草药街	房屋	1940年6月21日	间	1	180000.00	200000.00		
1940年7月16日	燃烧	草药街	木器	1940年6月24日	件	400	160000.00	190000.00		
1940年7月16日	燃烧	草药街	衣物	1940年6月30日	件	30	30000.00	40000.00		

受损失者:李银臣　填报者:□□□　与受损失者之关系:同业　详细通讯地址:草药街23号

2) 龚国臣财产损失报告表

填送：三十五年五月

损失年月日	事件	地点	损失项目	购置年月	单位	数量	价值(国币元) 购置时价值	价值(国币元) 损失时价值	证件	注意
1940年6月12日	轰炸	草药街	房屋	1920年1月1日	间	1	4000.00	120000.00		本表务必据实填写，并注明详细地址，以便本府派员抽查。
1940年6月12日	轰炸	草药街	木器	1940年3月8日	件	190	100000.00	130000.00		
1940年7月16日	燃烧	草药街	房屋	1940年7月1日	间	1	130000.00	150000.00		
1940年7月16日	燃烧	草药街	木器	1940年7月1日	件	200	140000.00	150000.00		

受损失者：龚国臣　填报者：□□□　与受损失者之关系：同业　详细通讯地址：草药街50号

3) 孙炳成财产损失报告表

填送：三十五年五月

损失年月日	事件	地点	损失项目	购置年月	单位	数量	价值(国币元) 购置时价值	价值(国币元) 损失时价值	证件	注意
1940年6月12日	轰炸	草药街	房屋	1921年10月1日	间	1	40000.00	200000.00		本表务必据实填写，并注明详细地址，以便本府派员抽查
1940年6月12日	轰炸	草药街	木器	1940年4月1日	件	200	120000.00	500000.00		
1940年7月16日	燃烧	草药街	房屋	1940年7月1日	间	1	120000.00	130000.00		
1940年7月16日	燃烧	草药街	木器	1940年7月3日	件	200	140000.00	160000.00		
1940年7月16日	燃烧	草药街	衣物	1939年4月5日	件	60	60000.00	80000.00		

受损失者：孙炳成　填报者：□□□　与受损失者之关系：同业　详细通讯地址：草药街13号(附1号)

4) 萧权镒财产损失报告表

填送：三十五年五月

损失年月日	事件	地点	损失项目	购置年月	单位	数量	价值(国币元) 购置时价值	价值(国币元) 损失时价值	证件	注意
1941年6月16日	轰炸	报恩堂	木器	1940年12月1日	件	65	100000.00	200000.00		本表务必据实填写，并注明详细地址，以便本府派员抽查

受损失者：萧权镒　填报者：□□□　与受损失者之关系：同业　详细通讯地址：民生路148号

5) 钱荣森财产损失报告表

填送：三十五年五月

损失年月日	事件	地点	损失项目	购置年月	单位	数量	价值(国币元) 购置时价值	价值(国币元) 损失时价值	证件	注意
1940年6月12日	轰炸	草药街	房屋	1920年2月1日	间	1	40000.00	120000.00		本表务必据实填写，并注明详细地址，以便本府派员抽查
1940年6月12日	轰炸	草药街	木器	1940年2月6日	件	650	350000.00	430000.00		
1940年6月12日	轰炸	草药街	衣物	1939年4月7日	件	80	80000.00	90000.00		
1940年7月16日	燃烧	草药街	房屋	1940年6月18日	间	1	240000.00	280000.00		
1940年7月16日	燃烧	草药街	木器	1940年6月20日	件	700	500000.00	600000.00		
1940年7月16日	燃烧	草药街	衣物	1940年6月21日	件	75	75000.00	90000.00		

受损失者：钱荣森　填报者：□□□　与受损失者之关系：同业　详细通讯地址：草药街35号

6) 蒋金成财产损失报告表

填送：三十五年五月

损失年月日	事件	地点	损失项目	购置年月	单位	数量	价值(国币元) 购置时价值	价值(国币元) 损失时价值	证件	注意
1940年6月12日	轰炸	草药街	房屋	1920年2月3日	间	1	3600.00	100000.00		本表务必据实填写，并注明详细地址，以便本府派员抽查
1940年6月12日	轰炸	草药街	木器	1940年4月1日	件	320	110000.00	130000.00		
1940年7月16日	燃烧	草药街	房屋	1940年6月20日	间	1	140000.00	150000.00		

受损失者：蒋金成　填报者：□□□　与受损失者之关系：同业　详细通讯地址：草药街19号

7) 黄国臣财产损失报告表

填送：三十五年五月

损失年月日	事件	地点	损失项目	购置年月	单位	数量	价值(国币元) 购置时价值	价值(国币元) 损失时价值	证件	注意
1940年6月12日	轰炸	草药街	房屋	1940年3月1日	间	1	50000.00	70000.00		本表务必据实填写，并注明详细地址，以便本府派员抽查
1940年6月12日	轰炸	草药街	木器	1940年4月3日	件	300	110000.00	130000.00		
1940年7月16日	燃烧	草药街	房屋	1940年7月1日	间	1	100000.00	120000.00		
1940年7月16日	燃烧	草药街	木器	1940年7月3日	件	320	140000.00	150000.00		
1940年7月16日	燃烧	草药街	衣物	1940年4月1日	件	40	40000.00	50000.00		

受损失者：黄国臣　填报者：□□□　与受损失者之关系：同业　详细通讯地址：草药街32号

8) 熊敬贤财产损失报告表

填送：三十五年五月

损失年月日	事件	地点	损失项目	购置年月	单位	数量	价值(国币元) 购置时价值	价值(国币元) 损失时价值	证件	注意
1940年6月12日	轰炸	草药街	房屋	1931年3月1日	间	2	200000.00	400000.00		本表务必据实填写，并注明详细地址，以便本府派员抽查
1940年6月12日	轰炸	草药街	木器	1940年2月5日	件	500	180000.00	200000.00		
1940年7月16日	燃烧	草药街	房屋	1940年6月25日	间	2	210000.00	250000.00		
1940年7月16日	燃烧	草药街	木器	1940年6月27日	件	450	170000.00	180000.00		
1940年7月16日	燃烧	草药街	衣物	1940年6月28日	件	30	30000.00	40000.00		

受损失者：熊敬贤　填报者：□□□　与受损失者之关系：同业　详细通讯地址：草药街6号

9) 邹策良财产损失报告表

填送：三十五年五月

损失年月日	事件	地点	损失项目	购置年月	单位	数量	价值(国币元) 购置时价值	价值(国币元) 损失时价值	证件	注意
1940年6月12日	轰炸	草药街	房屋	1920年2月2日	间	1	3800.00	100000.00		本表务必据实填写，并注明详细地址，以便本府派员抽查
1940年6月12日	轰炸	草药街	木器	1940年5月10日	件	300	100000.00	130000.00		
1940年7月16日	燃烧	草药街	房屋	1940年6月20日	间	1	150000.00	170000.00		

受损失者：邹策良　填报者：□□□　与受损失者之关系：同业　详细通讯地址：草药街9号

10) 管良臣财产损失报告表

填送：三十五年五月

损失年月日	事件	地点	损失项目	购置年月	单位	数量	价值（国币元）购置时价值	价值（国币元）损失时价值	证件	注意
1940年6月12日	轰炸	草药街	房屋	1931年7月1日	间	5	150000.00	180000.00		
1940年6月12日	轰炸	草药街	木器	1940年5月1日	件	700	120000.00	130000.00		本表务必据实填写，并注明详细地址，以便本府派员抽查
1940年7月16日	燃烧	草药街	房屋	1940年6月27日	间	5	250000.00	270000.00		
1940年7月16日	燃烧	草药街	木器	1940年6月29日	件	600	140000.00	150000.00		
1940年7月16日	燃烧	草药街	衣物	1939年7月6日	件	30	30000.00	40000.00		

受损失者：管良臣　填报者：□□□　与受损失者之关系：同业　详细通讯地址：草药街22号

11) 齐荣清财产损失报告表

填送：三十五年五月

损失年月日	事件	地点	损失项目	购置年月	单位	数量	价值（国币元）购置时价值	价值（国币元）损失时价值	证件	注意
1940年6月12日	轰炸	草药街	房屋	1933年4月7日	间	1	50000.00	100000.00		
1940年6月12日	轰炸	草药街	木器	1940年1月4日	件	350	130000.00	160000.00		本表务必据实填写，并注明详细地址，以便本府派员抽查
1940年7月16日	燃烧	草药街	房屋	1940年7月3日	间	1	130000.00	180000.00		
1940年7月16日	燃烧	草药街	木器	1940年7月5日	件	400	140000.00	180000.00		
1940年7月16日	燃烧	草药街	衣物	1940年7月5日	件	50	50000.00	60000.00		

受损失者：齐荣清　填报者：□□□　与受损失者之关系：同业　详细通讯地址：草药街11号

12) 陈汉卿财产损失报告表

填送：三十五年五月

损失年月日	事件	地点	损失项目	购置年月	单位	数量	价值(国币元) 购置时价值	价值(国币元) 损失时价值	证件	注意
1940年6月12日	轰炸	草药街	房屋	1920年2月2日	间	1	3600.00	100000.00		本表务必据实填写，并注明详细地址，以便本府派员抽查
1940年6月12日	轰炸	草药街	木器	1940年4月2日	件	200	80000.00	110000.00		
1940年7月16日	燃烧	草药街	房屋	1940年7月1日	间	1	120000.00	130000.00		
1940年7月16日	燃烧	草药街	木器	1940年7月1日	件	250	130000.00	150000.00		

受损失者：陈汉卿　填报者：□□□　与受损失者之关系：同业　详细通讯地址：草药街14号

13) 岑志荣财产损失报告表

填送：三十五年五月

损失年月日	事件	地点	损失项目	购置年月	单位	数量	价值(国币元) 购置时价值	价值(国币元) 损失时价值	证件	注意
1940年6月12日	轰炸	草药街	房屋	1933年3月1日	间	1	50000.00	100000.00		本表务必据实填写，并注明详细地址，以便本府派员抽查
1940年6月12日	轰炸	草药街	木器	1940年4月1日	件	300	110000.00	130000.00		
1940年7月16日	燃烧	草药街	房屋	1940年6月20日	间	1	200000.00	300000.00		
1940年7月16日	燃烧	草药街	木器	1940年6月24日	件	300	150000.00	160000.00		
1940年7月16日	燃烧	草药街	衣物	1940年7月1日	件	20	20000.00	30000.00		

受损失者：岑志荣　填报者：□□□　与受损失者之关系：同业　详细通讯地址：草药街16号(附1号)

14) 江福海财产损失报告表

填送：三十五年五月

损失年月日	事件	地点	损失项目	购置年月	单位	数量	价值(国币元) 购置时价值	价值(国币元) 损失时价值	证件	注意
1940年6月12日	轰炸	草药街	房屋	1933年3月1日	间	1	50000.00	100000.00		本表务必据实填写，并注明详细地址，以便本府派员抽查
1940年6月12日	轰炸	草药街	木器	1940年5月1日	件	750	400000.00	600000.00		
1940年7月16日	燃烧	草药街	房屋	1940年6月20日	间	1	200000.00	300000.00		
1940年7月16日	燃烧	草药街	木器	1940年6月24日	件	700	800000.00	900000.00		
1940年7月16日	燃烧	草药街	衣物	1939年2月1日	件	30	30000.00	60000.00		

受损失者：江福海　填报者：□□□　与受损失者之关系：同业　详细通讯地址：草药街16号

15) 彭良成财产损失报告表

填送：三十五年五月

损失年月日	事件	地点	损失项目	购置年月	单位	数量	价值(国币元) 购置时价值	价值(国币元) 损失时价值	证件	注意
1940年6月12日	轰炸	草药街	房屋	1940年4月5日	间	1	150000.00	200000.00		本表务必据实填写，并注明详细地址，以便本府派员抽查
1940年7月16日	燃烧	草药街	房屋	1940年7月2日	间	1	170000.00	250000.00		
1940年7月16日	燃烧	草药街	木器	1940年7月1日	件	420	120000.00	150000.00		

受损失者：彭良成　填报者：□□□　与受损失者之关系：同业　详细通讯地址：草药街12号

16) 曾庆荣财产损失报告表

填送：三十五年五月

损失年月日	事件	地点	损失项目	购置年月	单位	数量	价值（国币元）购置时价值	价值（国币元）损失时价值	证件	注意
1940年6月12日	轰炸	草药街	房屋	1920年4月1日	间	1	20000.00	200000.00		
1940年6月12日	轰炸	草药街	木器	1940年5月4日	件	300	100000.00	150000.00		本表务必据实填写，并注明详细地址，以便本府派员抽查
1940年7月16日	燃烧	草药街	房屋	1940年7月1日	间	1	200000.00	240000.00		
1940年7月16日	燃烧	草药街	木器	1940年7月1日	件	200	300000.00	350000.00		
1940年7月16日	燃烧	草药街	衣物	1939年9月10日	件	20	20000.00	30000.00		

受损失者：曾庆荣　填报者：□□□　与受损失者之关系：同业　详细通讯地址：草药街21号

17) 廖国财财产损失报告表

填送：三十五年五月

损失年月日	事件	地点	损失项目	购置年月	单位	数量	价值（国币元）购置时价值	价值（国币元）损失时价值	证件	注意
1940年6月12日	轰炸	草药街	房屋	1925年3月1日	间	1	30000.00	100000.00		
1940年6月12日	轰炸	草药街	木器	1940年5月3日	件	250	100000.00	140000.00		本表务必据实填写，并注明详细地址，以便本府派员抽查
1940年7月16日	燃烧	草药街	房屋	1940年6月19日	间	1	150000.00	200000.00		
1940年7月16日	燃烧	草药街	木器	1940年6月23日	件	300	150000.00	170000.00		
1940年7月16日	燃烧	草药街	衣物	1939年4月2日	件	30	30000.00	40000.00		

受损失者：廖国财　填报者：□□□　与受损失者之关系：同业　详细通讯地址：草药街15号

18)熊辅臣财产损失报告表

填送：三十五年五月

损失年月日	事件	地点	损失项目	购置年月	单位	数量	价值（国币元）购置时价值	损失时价值	证件	注意
1940年6月12日	轰炸	草药街	房屋	1933年2月1日	间	3	120000.00	200000.00		
1940年6月12日	轰炸	草药街	木器	1940年4月1日	件	600	300000.00	450000.00		
1940年6月12日	轰炸	草药街	衣物	1939年7月1日	件	70	70000.00	80000.00		本表务必据实填写，并注明详细地址，以便本府派员抽查
1940年7月16日	燃烧	草药街	房屋	1940年6月17日	间	3	230000.00	260000.00		
1940年7月16日	燃烧	草药街	木器	1940年6月23日	件	700	500000.00	600000.00		
1940年7月16日	燃烧	草药街	衣物	1940年6月27日	件	60	60000.00	70000.00		

受损失者：熊辅臣　填报者：□□□　与受损失者之关系：　　详细通讯地址：草药街3号

19)齐荣华财产损失报告表

填送：三十五年五月

损失年月日	事件	地点	损失项目	购置年月	单位	数量	价值（国币元）购置时价值	损失时价值	证件	注意
1940年6月12日	轰炸	草药街	房屋	1920年2月1日	间	1	3800.00	110000.00		
1940年6月12日	轰炸	草药街	木器	1940年3月1日	件	350	120000.00	150000.00		本表务必据实填写，并注明详细地址，以便本府派员抽查
1940年7月16日	燃烧	草药街	房屋	1940年6月20日	间	1	160000.00	180000.00		
1940年7月16日	燃烧	草药街	木器	1940年6月14日	件	320	140000.00	160000.00		
1940年7月16日	燃烧	草药街	衣物	1939年5月1日	件	20	20000.00	50000.00		

受损失者：齐荣华　填报者：□□□　与受损失者之关系：同业　详细通讯地址：草药街24号

20) 汤源兴财产损失报告表

填送：三十五年五月

损失年月日	事件	地点	损失项目	购置年月	单位	数量	价值(国币元) 购置时价值	价值(国币元) 损失时价值	证件	注意
1940年7月16日	燃烧	草药街	木器	1940年6月	件	600	240000.00	270000.00		本表务必据实填写，并注明详细地址，以便本府派员抽查

受损失者：汤源兴　填报者：□□□　与受损失者之关系：同业　详细通讯地址：草药街20号

21) 李海清财产损失报告表

填送：三十五年五月

损失年月日	事件	地点	损失项目	购置年月	单位	数量	价值(国币元) 购置时价值	价值(国币元) 损失时价值	证件	注意
1940年6月12日	轰炸	草药街	房屋	1930年4月15日	间	1	80000.00	120000.00		
1940年6月12日	轰炸	草药街	木器	1940年5月24日	件	160	170000.00	200000.00		
1940年6月12日	轰炸	草药街	衣物	1931年3月9日	件	30	30000.00	40000.00		本表务必据实填写，并注明详细地址，以便本府派员抽查
1940年7月16日	燃烧	草药街	房屋	1940年6月25日	间	1	120000.00	140000.00		
1940年7月16日	燃烧	草药街	木器	1940年6月28日	件	140	180000.00	210000.00		
1940年7月16日	燃烧	草药街	衣物	1940年6月28日	件	20	20000.00	30000.00		

受损失者：李海清　填报者：□□□　与受损失者之关系：同业　详细通讯地址：草药街49号

22) 彭海清财产损失报告表

填送：三十五年五月

损失年月日	事件	地点	损失项目	购置年月	单位	数量	价值(国币元) 购置时价值	价值(国币元) 损失时价值	证件	注意
1940年6月12日	轰炸	草药街	房屋	1920年1月2日	间	1	3500.00	100000.00		本表务必据实填写，并注明详细地址，以便本府派员抽查
1940年6月12日	轰炸	草药街	木器	1940年2月3日	件	200	100000.00	150000.00		
1940年7月16日	燃烧	草药街	房屋	1940年7月1日	间	1	120000.00	200000.00		
1940年7月16日	燃烧	草药街	木器	1940年7月1日	件	300	210000.00	250000.00		

受损失者：彭海清　填报者：□□□　与受损失者之关系：同业　详细通讯地址：草药街8号

23) 彭兴荣财产损失报告表

填送：三十五年五月

损失年月日	事件	地点	损失项目	购置年月	单位	数量	价值(国币元) 购置时价值	价值(国币元) 损失时价值	证件	注意
1940年8月18日	燃烧	草药街	木器	1940年4月	件	54	132000.00	165000.00		本表务必据实填写，并注明详细地址，以便本府派员抽查
1940年8月18日	燃烧	草药街	衣物	1940年5月	件	25	2500.00	50000.00		

受损失者：彭兴荣　填报者：□□□　与受损失者之关系：同业　详细通讯地址：草药街53号

24) 戴吴庆道财产损失报告表

填送：三十五年五月

损失年月日	事件	地点	损失项目	购置年月	单位	数量	价值(国币元) 购置时价值	价值(国币元) 损失时价值	证件	注意
1940年6月12日	轰炸	草药街	房屋	1920年2月1日	间	1	3500.00	100000.00		本表务必据实填写，并注明详细地址，以便本府派员抽查
1940年6月12日	轰炸	草药街	木器	1935年7月1日	件	20	1000.00	20000.00		
1940年7月16日	燃烧	草药街	房屋	1940年6月20日	间	1	150000.00	180000.00		
1940年7月16日	燃烧	草药街	木器	1940年6月20日	件	21	21000.00	24000.00		

受损失者：戴吴庆道　填报者：□□□　与受损失者之关系：同业　详细通讯地址：草药街4号

25) 张蜀平财产损失报告表

填送：三十五年五月

损失年月日	事件	地点	损失项目	购置年月	单位	数量	价值(国币元) 购置时价值	价值(国币元) 损失时价值	证件	注意
1940年6月12日	轰炸	草药街	房屋	1920年2月1日	间	1	3500.00	90000.00		本表务必据实填写，并注明详细地址，以便本府派员抽查
1940年6月12日	轰炸	草药街	木器	1940年3月2日	件	240	85000.00	100000.00		
1940年7月16日	燃烧	草药街	房屋	1940年7月1日	间	1	110000.00	130000.00		
1940年7月16日	燃烧	草药街	木器	1940年6月15日	件	220	120000.00	140000.00		

受损失者：张蜀平　填报者：□□□　与受损失者之关系：同业　详细通讯地址：草药街30号

26) 李荣成财产损失报告表

填送：三十五年五月

损失年月日	事件	地点	损失项目	购置年月	单位	数量	价值（国币元）购置时价值	价值（国币元）损失时价值	证件	注意
1940年6月12日	轰炸	草药街	房屋	1940年1月1日	间	1	3800.00	100000.00		本表务必据实填写，并注明详细地址，以便本府派员抽查
1940年6月12日	轰炸	草药街	木器	1940年2月1日	件	2400	8200.00	100000.00		
1940年7月16日	燃烧	草药街	房屋	1940年7月1日	间	1	110000.00	130000.00		
1940年7月16日	燃烧	草药街	木器	1940年7月1日	件	250	100000.00	120000.00		

受损失者：李荣成　填报者：□□□　与受损失者之关系：同业　详细通讯地址：草药街28号

27) 叶绍卿财产损失报告表

填送：三十五年五月

损失年月日	事件	地点	损失项目	购置年月	单位	数量	价值（国币元）购置时价值	价值（国币元）损失时价值	证件	注意
1940年6月12日	轰炸	草药街	房屋	1940年4月5日	间	1	170000.00	200000.00		本表务必据实填写，并注明详细地址，以便本府派员抽查
1940年7月16日	燃烧	草药街	房屋	1940年7月3日	间	1	200000.00	250000.00		
1940年7月16日	燃烧	草药街	木器	1940年6月13日	件	500	180000.00	200000.00		

受损失者：叶绍卿　填报者：□□□　与受损失者之关系：同业　详细通讯地址：草药街21号

28) 胡绍泉财产损失报告表

填送：三十五年五月

损失年月日	事件	地点	损失项目	购置年月	单位	数量	价值（国币元）购置时价值	价值（国币元）损失时价值	证件	注意
1940年7月16日	燃烧	草药街	房屋	1920年1月1日	间	1	8000.00	150000.00		
1940年7月16日	燃烧	草药街	木器	1940年5月1日	件	300	130000.00	150000.00		
1940年7月16日	燃烧	草药街	衣物	1939年2月1日	件	80	40000.00	80000.00		

受损失者：胡绍泉　填报者：□□□　与受损失者之关系：同业　详细通讯地址：草药街45号

29) 王炳钥财产损失报告表

填送：三十五年五月

损失年月日	事件	地点	损失项目	购置年月	单位	数量	价值（国币元）购置时价值	价值（国币元）损失时价值	证件	注意
1940年6月12日	轰炸	草药街	房屋	1920年2月1日	间	2	9000.00	200000.00		
1940年6月12日	轰炸	草药街	木器	1940年4月1日	件	320	120000.00	150000.00	本表务据实填写，并注明详细地址，以便本府派员抽查
1940年7月16日	燃烧	草药街	房屋	1940年7月1日	间	2	210000.00	230000.00	
1940年7月16日	燃烧	草药街	木器	1940年6月15日	件	300	150000.00	160000.00	
1940年7月16日	燃烧	草药街	衣物	1940年6月15日	件	55	50000.00	70000.00	

受损失者：王炳钥　填报者：□□□　与受损失者之关系：同业　详细通讯地址：草药街15、18号

30）王子康财产损失报告表

填送：三十五年五月

损失年月日	事件	地点	损失项目	购置年月	单位	数量	价值（国币元）购置时价值	价值（国币元）损失时价值	证件	注意
1940年6月12日	轰炸	草药街	房屋	1920年2月1日	间	2	9500.00	200000.00		
1940年6月12日	轰炸	草药街	木器	1940年2月1日	件	400	180000.00	210000.00		本表务必据实填写，并注明详细地址，以便本府派员抽查
1940年7月16日	燃烧	草药街	房屋	1940年7月1日	间	2	220000.00	240000.00		
1940年7月16日	燃烧	草药街	木器	1940年7月15日	件	300	180000.00	200000.00		
1940年7月16日	燃烧	草药街	衣物	1940年7月1日	件	40	40000.00	50000.00		

受损失者：王子康　填报者：□□□　与受损失者之关系：同业　详细通讯地址：草药街27、55号

31）齐海清财产损失报告表

填送：三十五年五月

损失年月日	事件	地点	损失项目	购置年月	单位	数量	价值（国币元）购置时价值	价值（国币元）损失时价值	证件	注意
1940年6月12日	轰炸	草药街	房屋	1920年1月1日	间	1	4000.00	100000.00		
1940年6月12日	轰炸	草药街	木器	1940年5月1日	件	250	100000.00	120000.00		
1940年6月12日	轰炸	草药街	衣物	1939年7月1日	件	45	40000.00	60000.00		本表务必据实填写，并注明详细地址，以便本府派员抽查
1940年7月16日	燃烧	草药街	房屋	1940年6月15日	间	1	130000.00	140000.00		
1940年7月16日	燃烧	草药街	木器	1940年6月15日	件	200	130000.00	140000.00		
1940年7月16日	燃烧	草药街	衣物	1940年6月15日	件	20	20000.00	30000.00		

受损失者：齐海清　填报者：□□□　与受损失者之关系：同业　详细通讯地址：草药街44号

32) 戴洪兴财产损失报告表

填送：三十五年五月

损失年月日	事件	地点	损失项目	购置年月	单位	数量	价值（国币元）购置时价值	价值（国币元）损失时价值	证件	注意
1940年6月12日	轰炸	草药街	房屋	1920年1月1日	间	1	7000.00	180000.00		本表务必据实填写，并注明详细地址，以便本府派员抽查
1940年6月12日	轰炸	草药街	木器	1940年3月1日	件	300	120000.00	150000.00		
1940年7月16日	燃烧	草药街	房屋	1940年7月1日	间	1	160000.00	200000.00		
1940年7月16日	燃烧	草药街	木器	1940年7月1日	件	300	140000.00	150000.00		

受损失者：戴洪兴　填报者：□□□　与受损失者之关系：同业　详细通讯地址：草药街25号

33) 陈庆云财产损失报告表

填送：三十五年五月

损失年月日	事件	地点	损失项目	购置年月	单位	数量	价值（国币元）购置时价值	价值（国币元）损失时价值	证件	注意
1940年6月12日	轰炸	草药街	房屋	1939年5月6日	间	1	90000.00	180000.00		本表务必据实填写，并注明详细地址，以便本府派员抽查
1940年6月12日	轰炸	草药街	木器	1939年7月1日	件	250	70000.00	700000.00		
1940年7月16日	燃烧	草药街	房屋	1940年6月28日	间	1	110000.00	130000.00		
1940年7月16日	燃烧	草药街	木器	1940年7月1日	件	320	120000.00	140000.00		
1940年7月16日	燃烧	草药街	衣物	1939年1月5日	件	42	40000.00	60000.00		

受损失者：陈庆云　填报者：□□□　与受损失者之关系：同业　详细通讯地址：草药街1号

34)程荣书财产损失报告表

填送：三十五年五月

损失年月日	事件	地点	损失项目	购置年月	单位	数量	价值(国币元) 购置时价值	价值(国币元) 损失时价值	证件	注意
1940年6月12日	轰炸	草药街	房屋	1921年10月1日	间	1	40000.00	200000.00		本表务必据实填写，并注明详细地址，以便本府派员抽查
1940年6月12日	轰炸	草药街	木器	1940年4月6日	件	350	130000.00	180000.00		
1940年6月12日	轰炸	草药街	衣物	1939年2月2日	件	50	40000.00	80000.00		
1940年7月16日	燃烧	草药街	房屋	1940年7月1日	间	1	120000.00	130000.00		
1940年7月16日	燃烧	草药街	木器	1940年7月4日	件	350	130000.00	160000.00		
1940年7月16日	燃烧	草药街	衣物	1940年7月4日	件	55	60000.00	80000.00		

受损失者：程荣书　填报者：□□□　与受损失者之关系：同业　详细通讯地址：草药街13号

35)贺陈氏财产损失报告表

填送：三十五年五月

损失年月日	事件	地点	损失项目	购置年月	单位	数量	价值(国币元) 购置时价值	价值(国币元) 损失时价值	证件	注意
1940年6月12日	轰炸	草药街	木器	1940年5月10日	件	50	80000.00	110000.00		本表务必据实填写，并注明详细地址，以便本府派员抽查
1940年6月12日	轰炸	草药街	衣物	1932年7月4日	件	40	40000.00	50000.00		
1940年7月16日	燃烧	草药街	木器	1940年6月25日	件	200	120000.00	140000.00		
1940年7月16日	燃烧	草药街	衣物	1940年6月25日	件	30	30000.00	40000.00		

受损失者：贺陈氏　填报者：□□□　与受损失者之关系：同业　详细通讯地址：草药街43号

8. 兴记信义长经理萧权镒为具报该号7月30日被炸损失请勘查事呈重庆市所得税局文(1941年7月31日)

缘本七月三十日敌机来袭,惨将民报恩堂巷8号漆货屋完全炸毁,损失各货(抄粘另呈)价值实本计法币2800.00余元,惨状莫名,恭特报恩履勘查明备案存查,以肃功令。理合报请,如沐俛赐查核,民则深沾无暨。恭呈:

重庆市所得税局钧鉴

具呈恩履勘人　萧权镒
中华民国三十年七月三十一日于民生路148号

兴记信义长7月30日被炸损失清单

名称	数量	单价	合计金额
大写字台	2张	220.00元	440.00元
小写字台	8张	90.00元	720.00元
洗面柜	2个	60.00元	120.00元
灯柜	4个	30.00元	120.00元
小床	10间	42.00元	420.00元
三抽桌	10张	22.00元	220.00元
五抽桌	5张	48.00元	240.00元
小椅子	10把	11.00元	110.00元
方凳	5堂	22.00元	110.00元
柜子	2个	180.00元	360.00元
总计损失木器洋2860.00元			

附财政部川康直接税局重庆分局职员杨曙9月23日之调查报告于下:

查民生路148号信义长据报7月30日敌机袭渝,该号被炸,所报货物、家具等项损失计2860.00元,经职前往调查,该号确已被炸,准予列支。理合签请鉴核。职杨曙,九月十三日。

9. 协记美利坚木器公司为报告8月14日被炸损失情形请存查事呈财政部所得税局川康区办事处重庆分处文（1941年8月15日）

民厂今岁因空袭频仍，前后小损不计外，乃昨午后一钟，厂之前后左右落弹多枚，致震塌压毁房屋、生财等件，合计约值洋11500.00元整（花目列表详报）。此后只有续抱"愈炸愈强"之决心，努力本位为社会服务，尚希时加指导，俾尽我厂职期达抗建大业，至有我无敌而后快。肃此，此上。呈：

财政部所得税局川康区办事处重庆分处钧鉴

具报请存查人　协记美利坚木器公司
住址：临江门外黄花园街24号
中华民国三十年八月十五日

协记美利坚木器公司8月14日被炸损失详表

时间	地点	被损原因	物品及数目	时值	备考
8月14日午后1钟	黄花园24号	敌机袭渝，弹落厂之前后左右，致震塌压毁	详后	详后	详后
同上	同上	同上	震倒房屋2间	修理费总计洋2500.00元	按，房系美商美孚所有，但伊未照修理
同上	同上	同上	震毁各部墙壁、瓦梢	修理费总计洋3000.00元	同上
同上	同上	同上	楠木书柜计1只	800.00元	
同上	同上	同上	楠木双层圆桌计2只	三四百元	
同上	同上	同上	楠木新式写字台计2只	1000.00元	
同上	同上	同上	楠木椅凳	400.00元	
同上	同上	同上	楠木大镜台计1只	1200.00元	系一德国经理已购定货
同上	同上	同上	花绸单人沙发	1000.00元	同上
同上	同上	同上	楠木大衣橱	1200.00元	同上
上共合计约值国币洋11500.00元整					

附财政部直接税处一职员10月4日奉命调查之签呈于下：

  窃员奉派查勘美利坚木器厂，实查结果，该厂所呈损失详单，1、2两项系修理费，7、8、9三项，乃一德国商人已购寄货，不能列为损失，其余尚属符合，谨将各情签请钧长鉴核备查。谨呈主任王。

10. 森昌经理为报告5月3日被炸损失情形请派员查勘事呈财政部川康区直接税局重庆分局文（1941年5月5日）

  窃商在本市民权路119号门面发售零星纸烟，不料本年五月三日敌机大举袭渝，邻居中弹，商门面震倒，所有货物及生财、器具悉行损坏。商本小本营生，遭此摧残，实已无力复业。除报同业公会备查外，理合具文呈请钧局派员迅予查勘，并准备案，至为德便。谨呈：

财政部川康区直接税局重庆分局

具呈人　森昌经理邹纯□
地址：民权路119号
中华民国三十年五月五日

11. 重庆公记商号为报送5月9日被炸损失情形请派员查勘事呈财政部所得税局文（1941年5月14日）

  商公记商号于本年一月一日住陕西路门牌第177号经营纸烟业，殊于本月九日敌机袭渝投掷爆炸弹1枚，落至门前右侧，商之门面震倒，及纸烟、家具一并炸毁，损失甚巨。损失货品实值法币2002.10元，家具损失实值法币1169.00元整。是特具情，报请贵局俯赐鉴核，并派员前来查勘，实沾德便！谨呈：

财政部所得税局钧鉴

重庆公记商号谨呈
中华民国三十年国历五月十四日

12. 协记和成永为报告5月3日被炸损失请派员查勘并准予备案事呈财政部川康直接税局重庆分局文（1941年5月15日）

缘商店设于民权路121号，本年五月三日，敌机袭渝，邻居房屋中弹，将商店铺面房屋震坏，铺内所存各货，多数损毁，计损失单价40.50元双刀牌19条，又单价63.00元小大英12条，又单价52元老刀牌16条，共计损失2357.50元。又，家具、动用完全损坏，无法复业，惟以生活高昂，米殊薪桂，谋生艰窘，多方向各亲友借贷资本雇工修理中。商遭此损害，负债已深。为特具文呈请钧局鉴核，恳予派员查勘，准予备案，实纫公便！谨呈：

财政部川康直接税局重庆分局局长

具呈人　协记和成永

经理人　冉镜生

（年27岁，籍贯璧山，寄住民权路121号，业纸烟）

中华民国三十年五月十五日

十、重庆市服装、文化用品、油商、迁川工厂联合会及所属抗战财产损失

1. 重庆市服装商业同业公会为报送1941年6月以前各会员商号被炸损失表致重庆市商会的公函（1941年6月30日）

本年六月二十四日，案准大会（壹）商字第1683号通知后开："合行抄同原表式，通知贵会查照填报，并希照送一份来会备查为荷"，等由，附空袭损失表1份，准此。兹已将本年六月份以前各会员商号损失情形调查完竣，除呈报社会局外，相应连同损失调查表随函送请大会备查，是为至荷！此致：
重庆市商会

主席　何西根

中华民国三十年六月三十日

1）重庆市服装商业同业公会空袭损失调查表

民国三十年六月三十日

商号名称	主体人姓名	住址	损失情形 人 伤	损失情形 人 亡	损失情形 物 种类	损失情形 物 名称	价值总额（国币元）	被炸月日	营业状况 未炸前	营业状况 被炸后	备考
描身	顾才根	民权路55号			房屋、家具、电料		5000.00元	5月3日			①
上海永新	吴嘉宾	中一路276号			房屋、机车		600.00元	5月3日			

① 又于6月7日被炸二次，损失约1000.00元，共计6000.00元。

续表

商号名称	主体人姓名	住址	损失情形 人 伤	损失情形 人 亡	损失情形 物 种类	损失情形 物 名称	价值总额(国币元)	被炸月日	营业状况 未炸前	营业状况 被炸后	备考
汉口大新	熊万利	中二路53号			货物、家具		300.00元	5月3日			
复华	查正波	中二路67号			房屋、器具		1500.00元	5月3日			
宏昌	万士全	中二路132号			房屋、器具		500.00元	5月3日			
德成	侯恩兰	中三路			房屋、机车		700.00元	5月3日			
大礼	杨文先	中三路28号			房屋、器具		1000.00元	5月3日			
上海德昶	周兴利	中三路			房屋、器具		100.00元	5月3日			
大中	周治平	中三路119号			房屋、器具		200.00元	5月3日			
协记时装	戴治泉	中三路125号			房屋、器具		600.00元	5月3日			
德昶	萧树成	中三路128号			房屋、器具		800.00元	5月3日			
广邑善丰	范云廷	行街48号			房屋、器具		500.00元	5月16日			
玉全	吴玉全	行街68号			房屋、器具		500.00元	5月16日			
少年美	朱孔林	中二路122号			房屋、器具		2000.00元	5月16日			
巴黎	周何福	中二路123号			房屋、器具		500.00元	5月16日			
夏鑫源	夏金源	中二路166号			房屋、器具		500.00元	5月16日			
胜兴	周作孚	中二路167号			房屋、器具		200.00元	5月16日			

续表

商号名称	主体人姓名	住址	损失情形 人 伤	损失情形 人 亡	损失情形 物 种类	损失情形 物 名称	损失情形 物 价值总额（国币元）	被炸月日	营业状况 未炸前	营业状况 被炸后	备考
万昌	杨海珊	民生路			房屋、器具		1000.00元	5月24日			①
陪都大新	李春林	临江路			房屋		6000.00元	6月1日			
惠陆	李庆发	临江路127号			房屋、用具		500.00元	6月2日			
新康	闵瀛洲	中一路59号			房屋、用具		2000.00元	6月2日			②
国泰	卢钦悦	中三路129号			门面		200.00元	6月2日			
胜利	任庆和	中三路128号			门面		500.00元	6月2日			
大公	刘镇湘	民族路191号			全部损失		6000.00元	6月7日			
上海服装	徐文有	民族路157号			装修、器材		4000.00元	6月7日			
利记	刘炳森	民生路280号			装修、器材		500.00元	6月7日			
永祥	赵志成	民生路281号			装修、器材		800.00元	6月7日			
生生	刘炳森	民生路281路			装修、器材		100.00元	6月7日			
云翔	唐奕明	民生路37号			房屋、装修		1000.00元	6月7日			
顺泰	朱贵富	民生路283号			房屋、装修		1500.00元	6月7日			

① 又于6月1日被炸一次，全部损失如上述。
② 又于6月7日被炸焚二次，损失2000.00元，共计4000.00元。

续表

商号名称	主体人姓名	住址	损失情形 人 伤	损失情形 人 亡	损失情形 物 种类	损失情形 物 名称	损失情形 物 价值总额（国币元）	被炸月日	营业状况 未炸前	营业状况 被炸后	备考
荣森	刘树林	中一路74号			房屋、装修		700.00元	6月7日			
永贞	石坚贞	保安路158号			房屋、装修		500.00元	6月7日			
荣兴	黄代荣	新生路61号			房屋、装修		2000.00元	6月7日			
德盛	蒋德志	新生路64号			房屋、装修		500.00元	6月7日			
美廉	余文涛	保安路150号			房屋、装修		1000.00元	6月7日			
新新	高瑞安	新生路			房屋、装修		1000.00元	6月7日			
兴泰	余和德	民权路			房屋、装修		1000.00元	6月7日			
荣康祥	张哲明	磁器街48号			房屋、装修		2000.00元	6月7日			
益大	周鑫余	磁器街25号			房屋、装修		1000.00元	6月7日			
德生福	邹俊丰	林森路64号			房屋、装修		200.00元	6月15日			
恒泰	陈锡章	林森路58号			房屋、装修		200.00元	6月15日			
兆丰	费耀先	林森路80号			房屋、装修		800.00元	6月15日			

2) 重庆广大字号空袭损害调查表

三十年七月九日

商号名称	主体人姓名	住址	损失情形 人 伤	损失情形 人 亡	损失情形 物 种类	损失情形 物 名称	损失情形 物 价值总额	被炸月日	营业状况 未炸前	营业状况 被炸后	备考
广大	李云甫	原住下簧学22号	无	无	家具	各项家具、用具	略值4000.00余元	6月15日	营业不畅	营业不畅	中弹炸毁①

3) 重庆同德永商店空袭损害调查表

三十年七月十三日

商号名称	主体人姓名	住址	损失情形 人 伤	损失情形 人 亡	损失情形 物 种类	损失情形 物 名称	损失情形 物 价值总额	被炸月日	营业状况 未炸前	营业状况 被炸后	备考
同德永	朱绍先	中华路54号	无	无	房屋	全间	2500.00元	5月3日	日可售400.00余元	日仅售100.00余元	6月7日及28日均受震坏损失
					家具	全部货架、日常用具	650.00元				
					货品	布匹	820.00元				

4) 福利隆空袭损害调查表

三十年七月十四日

商号名称	主体人姓名	住址	损失情形 人 伤	损失情形 人 亡	损失情形 物 种类	损失情形 物 名称	损失情形 物 价值总额	被炸月日	营业状况 未炸前	营业状况 被炸后	备考
福利隆	戴一知	东正街23号	无	无	房屋	修整	1783.00元	6月5日	亏损万余元	继续进行，冀图填补亏折	中燃烧弹1枚,洞穿入地数尺,幸未爆发

---

① 又于6月7日被炸二次，[每次]损失约1000.00元，共计6000.00元。

5) 重庆森记字号空袭损害调查表

三十年七月四日

商号名称	主体人姓名	住址	损失情形 人 伤	损失情形 人 亡	损失情形 物 种类	损失情形 物 名称	损失情形 物 价值总额（国币元）	被炸月日	营业状况 未炸前	营业状况 被炸后	备考
森记字号	申以和	陕西路226号	无	无	货	三星圆盒蚊香	5440.00元	7月4日	经常营业	继续营业	打六八折
					货	三星方盒蚊香	5340.00元	7月4日	经常营业	继续营业	打八二折
					货	绢斜	3200.00元	7月4日	经常营业	继续营业	434码
					货	家具、文具	1720.00元	7月4日	经常营业	继续营业	

6) 重庆友康字号空袭损害调查表

商号名称	主体人姓名	住址	损失情形 人 伤	损失情形 人 亡	损失情形 物 种类	损失情形 物 名称	损失情形 物 价值总额（国币元）	被炸月日	营业状况 未炸前	营业状况 被炸后	备考
友康	汪裕梁	原住下簧学22号	无	无	家具	各项家具、用具	略值15000.00余元	6月15日	营业不畅	营业不畅	中弹全毁无余

7) 重庆和康布号和康空袭损害调查表

三十年七月十四日

商号名称	主体人姓名	住址	损失情形 人 伤	损失情形 人 亡	损失情形 物 种类	损失情形 物 名称	损失情形 物 价值总额（国币元）	被炸月日	营业状况 未炸前	营业状况 被炸后	备考
和康	富殿英	民族路184号	无	无	炸毁	器具	2800.00元	6月1日	稍可维持	难以维持	
					炸毁	房屋	4000.00元	6月1日			
					空袭被盗	绸缎	3700.00元	5月20日			警局有案可查
					炸毁	房屋	1700.00元	6月1日			

8) 陪都光大布店空袭损害调查表

商号名称	主体人姓名	住址	损失情形 人 伤	损失情形 人 亡	损失情形 物 种类	损失情形 物 名称	损失情形 物 价值总额（国币元）	被炸月日	营业状况 未炸前	营业状况 被炸后	备考
光大布店	董德彰	中华路32号	无	无	房屋	修理	1315.90元	5月3日	每月门售52000.00元	每月门售37500.00元	邻居30号被弹波及

9) 复昌布店空袭损害调查表

商号名称	主体人姓名	住址	损失情形 人 伤	损失情形 人 亡	损失情形 物 种类	损失情形 物 名称	损失情形 物 价值总额（国币元）	被炸月日	营业状况 未炸前	营业状况 被炸后	备考
复昌	贺旭东	中华路30号	无	无	房屋	修理	1450.00元	5月3日	1000.00元	800.00元	中弹炸毁

2. 洪盛长典衣庄王汉卿为报送7月31日被炸损失情形请转请赈济事呈重庆市警察局第三分局文（1939年8月2日）

窃民在段牌坊85号开设洪盛长典衣庄已近十年，在国难期中从事生产，不料于七月三十一日敌机投掷烧夷弹，竟将本号烧毁一空，计损失典衣约2000.00元，家具约500.00元。但本号损失当不计，及到将钧局段牌坊分所邱巡官暂放本号之青呢大衣22件烧毁，民亦抱惭。谨此申述，呈报钧分局并请将民困转请赈济，是沾德便。谨呈：

第三分局分局长李

民王汉卿呈
中华民国二十八年八月二日

附王汉卿为段牌坊分所存于洪盛长典衣庄青呢大衣7月31日被炸毁所开之证明：

窃民住段牌坊街58号（前文为85号，编者按）开设衣庄。前月三分局段牌坊分驻所邱巡官用敏来号商洽，房屋狭小，所有青呢大衣22件无地置放，拟将衣物暂放敝号内，民即允可。当日，贵所谢警长亲将衣物搬来，本应妥为保管，不料于七月三十一日夜九时许，被敌机投掷烧夷弹烧毁一空是实。特此证明。具证明人王汉卿，八月二日。

3. 重庆市服装商业同业公会为报送各会员商号8月19、20日被炸损失调查表请查照备查事给重庆市商会的公函（1940年9月30日）

查八月十九、二十两日，敌机狂炸，本市遭受空前大火，繁华街道，悉付一炬！各会员商号，因亦多患于难。惟其时各号，方忙于疏散迁徙，从事被灾善后，住址未定，仓促间殊难将损失情形作具体统计，故迄延未报。查现经加紧促急，所有被灾各号，已先后将损失情形填报来会，除分报外，相应将各家损失情形汇册，随文送请大会查照备查，并希□□□□！此致：

重庆市商会

附各会员商号被灾损失调查表1份

主席　何西根
中华民国二十九年九月三十日

重庆市服装商业同业公会会员商号空袭损失调查表

商号名称	经理人姓名	地址	资本额	被灾前月营业额	损失货物总值	损失生财器具总值	员工有无伤亡受伤	员工有无伤亡死亡	被灾日期	曾否保有兵险	备考
合记中兴	晏鸿鸣	新生路	2000.00元		1000.00余元	600.00余元			8月19日		
霓裳	王贵仁	新生路	1000.00元		200.00余元	500.00余元			8月19日		
时宜	谢升明	中正路	20000.00元		20000.00余元	5000.00余元			8月19日		
荣和	黄代荣	中正路	1000.00元		200.00余元	500.00余元			8月19日		
庆和	杨志中	中正路	1000.00元		200.00余元	500.00余元			8月19日		
积玉	周镛沛	中正路	1000.00元		1000.00余元	500.00余元			8月19日		
宏祥	李开祥	中正路	500.00元		1600.00余元	400.00余元			8月19日		
唯一	俞根苗	中正路	1500.00元		800.00余元	500.00余元			8月19日		
中孚	董雪竹		6000.00元		300.00余元	1000.00余元			8月19日		
全德	程秉全		1000.00元		300.00余元	500.00余元			8月19日		
协兴	贾文伯	中正路	1000.00元		500.00余元	700.00余元			8月19日		
□球									8月19日		

续表

商号名称	经理人姓名	地址	资本额	被灾前月营业额	损失货物总值	损失生财器具总值	员工有无伤亡受伤	员工有无伤亡死亡	被灾日期	曾否保有兵险	备考
三星	冉志清	中正路	1600.00元		1500.00余元	400.00余元			8月19日		
德康	李肇权	中正路	1000.00元		300.00余元	1000.00余元			8月19日		
万和	刘润之	中正路	5000.00元		2000.00余元	1000.00余元			8月19日		
贺吉祥	贺吉祥	新生路	500.00元		400.00余元	500.00余元			8月19日		
新丽	余秉章	新生路	1000.00元		300.00余元	600.00余元			8月19日		
中央	陈邦发	新生路	3000.00元			1000.00余元			8月19日		
南京中央	单文正	中正路	500.00元		400.00余元	200.00余元			8月19日		
泰康	张遴选	新生路	2000.00元		4000.00余元	2000.00余元			8月19日		
大明	熊树轩	中正路	500.00元		100.00余元	500.00余元			8月19日		
中美	刘玉廷	中正路	1000.00元		100.00余元	700.00余元			8月19日		
宜昌	龙跃沼	中正路	6000.00元		2000.00余元	1000.00余元			8月19日		
合记	彭述之	中正路	10000.00元		5000.00余元	20000.00余元			8月19日		
裕源	张洪源	老街	500.00元		300.00余元	400.00余元			8月19日		
青年	周历山	民生路	10000.00元			3000.00余元			8月19日		

续表

商号名称	经理人姓名	地址	资本额	被灾前月营业额	损失货物总值	损失生财器具总值	员工有无伤亡 受伤	员工有无伤亡 死亡	被灾日期	曾否保有兵险	备考
广记	宋仁林	民生路	1600.00元			800.00余元			8月19日		
兴荣	汤如寅	民生路	1000.00元		500.00余元	400.00余元			8月19日		
民生	但衡卿	民生路	1500.00元			500.00余元			8月19日		
兴泰	余和德	民生路	1000.00元		1000.00余元	500.00余元			8月19日		
益康	甘蔚如	新生路	7000.00元			1000.00余元			8月20日		
永益	徐仿杰	打铜街	9000.00元			1000.00元			8月20日		
宏开	何西根	林森路	8000.00元		1000.00余元	10000.00余元			8月20日		
德生福	邹俊丰	林森路	20000.00元		15000.00余元	8000.00元			8月20日		房产在外
永隆	陈锡章	林森路	6000.00元		10000.00元	8000.00元			8月20日		账据被焚
南山	阮长寿	林森路	20000.00元		8000.00余元	5000.00余元			8月20日		
香港	吴让之	林森路	15000.00元			5000.00余元			6、7、8三个月内		
隆康	刘尊旺		20000.00元		20000.00元	1000.00元			6、8两月		
万昌	杨海珊	武器街				1000.00余元			8月20日		
合计			242000.00元		130600.00元	100700.00元					

4. 重庆市服装商业同业公会为汇报会员商号8月19、20日被炸损失请鉴核备查事呈重庆市社会局文（1940年10月）

窃查八月十九、二十两日，敌机狂袭，本市遭受空前大火，繁华街，悉付一炬！各会员商号，因亦多患于难。惟其时各号，方忙于疏散迁徙，从事被灾善后，住址未定，仓促间殊难将损失情形作具体统计，故迄延未报查。现经加紧促急，所有被灾各号，已先后将损失情形填报来会，除分报外，理合将各家损失情形汇册，随文赍请钧局鉴核备查，并候指令只遵！谨呈：

重庆市社会局

附各会员商号被灾损失调查表1份

重庆市服装商业同业公会主席　何西根
中华民国二十九年十月

重庆市服装商业同业公会会员商号损失调查表

二十九年十月

商号名称	经理人姓名	地址	资本额	损失货物总值	损失生财器具总值	员工有无伤亡 受伤	员工有无伤亡 死亡	灾伤日期	备考
三星	冉志清	中正路	1600.00元	1500.00余元	400.00余元			8月19日	
德康	李肇权	中正路	1000.00元	300.00余元	1000.00余元			8月19日	
万和	刘润之	中正路	5000.00元	2000.00余元	1000.00余元			8月19日	
贺吉祥	贺吉祥	新生路	500.00元	400.00余元	500.00余元			8月19日	
新丽	余秉章	新生路	1000.00元	300.00余元	600.00余元			8月19日	
中央	陈邦发	新生路	3000.00元		1000.00余元			8月19日	
南京中央	单文正	中正路	500.00元	400.00余元	200.00余元			8月19日	
泰康	张遴发	新生路	2000.00元	4000.00余元	2000.00余元			8月19日	
太明	熊树轩	中正路	500.00元	100.00余元	500.00余元			8月19日	
中美	刘玉廷	中正路	1000.00元	100.00余元	700.00余元			8月19日	
宜昌	龙跃沼	中正路	6000.00元	2000.00余元	1000.00余元			8月19日	
合记中兴	晏鸿鸣	新生路	2000.00元	1000.00余元	600.00余元			8月19日	

续表

商号名称	经理人姓名	地址	资本额	损失货物总值	损失生财器具总值	受伤	死亡	灾伤日期	备考
霓裳	王贵仁	新生路	1000.00元	200.00余元	500.00余元			8月19日	
时宜	谢升明	中正路	20000.00元	20000.00余元	5000.00余元			8月19日	
荣和	黄代荣	中正路	1000.00元	200.00余元	500.00余元			8月19日	
庆和	杨志中	中正路	1000.00元	200.00余元	500.00余元			8月19日	
积玉	周镛沛	中正路	1000.00元	1000.00余元	500.00余元			8月19日	
宏祥	李开祥	中正路	500.00元	1600.00余元	400.00余元			8月19日	
唯一	余根苗	中正路	1500.00元	800.00余元	500.00余元			8月19日	
中孚	董雪竹	中正路	6000.00元	300.00余元	1000.00余元			8月19日	
全德	程秉全	中正路	1000.00元	300.00余元	500.00余元			8月19日	
协兴	贾文伯	中正路	1000.00元	500.00余元	700.00余元			8月19日	
合记	彭述之	中正路	10000.00元	5000.00余元	20000.00余元			8月19日	
裕源	张洪源	老街	500.00元	200.00余元	400.00余元			8月19日	
青年	周历山	民生路	10000.00元		3000.00余元			8月19日	
广记	宋仁林	民生路	1600.00元		800.00余元			8月19日	
兴荣	汤如寅	民生路	1000.00元	500.00余元	400.00余元			8月19日	
民生	但衡卿	民生路	1500.00元		500.00余元			8月19日	
兴泰	余和德	民生路	1000.00元	1000.00余元	500.00余元			8月19日	
汤华记	汤宝善	民权路	500.00元	800.00余元	200.00余元			8月19日	
现代	刘镇湘	民族路	5000.00元	5000.00余元	2000.00余元			8月19日	
亨利	刘海波	民族路	5000.00元	4000.00余元	2000.00余元			8月19日	
德森昌	李玉书	民族路	1000.00元	1000.00余元	500.00余元			8月19日	
上海公司	李永梧	民族路	10000.00元	8000.00余元	5000.00余元			8月20日	
镇昌	龚镇卿	机房街	800.00元	1000.00余元	300.00余元			8月20日	
兄弟	董伯梁	新街	3000.00元	800.00余元	500.00元			8月20日	

续表

商号名称	经理人姓名	地址	资本额	损失货物总值	损失生财器具总值	员工有无伤亡 受伤	员工有无伤亡 死亡	灾伤日期	备考
大同	肖鉴明	中正路	10000.00元	10000.00余元	3000.00余元			8月20日	
李顺昌	李宗标	中正路	5000.00元	1000.00余元	1000.00余元			8月20日	
祥森	李厚复	中正路	3000.00元	1000.00余元	1000.00元			8月20日	
孟康	甘蔚如	新生路	7000.00元		1000.00元			8月20日	
永益	徐仿杰	打铜街	9000.00元		1000.00元			8月20日	
宏开	何西根	林森路	8000.00元	1000.00余元	10000.00余元			8月20日	
德生福	邹俊丰	林森路	20000.00元	15000.00元	10000.00余元			8月20日	
永隆	陈锡章	林森路	6000.00元	1000.00元	8000.00元			8月20日	
南山	阮长寿	林森路	20000.00元	8000.00余元	5000.00余元			8月20日	
香港	吴让之	林森路	15000.00元		5000.00余元			6、7、8月	
隆康	刘尊旺	至诚巷	30000.00元	20000.00元	1000.00元			6、8月	
万昌	杨海珊	武器库			1000.00余元				

5. 大公商行为报告6月7日被炸损失情形请存查事呈直接税处重庆分局文（1941年6月11日）

缘商店开设本市民族路205号，经营呢绒服装业务，不幸于本月七日敌机袭渝时被炸，所有房屋及全部装修、家具概行炸毁，现正雇请泥木工修造简单临时平房，一俟秋凉再行正式建筑。理应报请钧局存查，无任沾感之至。

谨呈：

直接税处重庆分局钧鉴

具呈人　大公商行

经理　谢嘉陵

住址：民族路205号

中华民国三十年六月十一日

6. 重庆市油商业同业公会为8月19日会址被炸迁移新会址办公请备查事给重庆市商会的公函(1940年9月10日)

窃本会事务所,不幸本年八月十九日遭日寇空军狂炸市区滥投烧夷弹,将本会事务所延烧殆尽。除文件、印信早已疏散外,其余各项什物,焚毁殆尽。现本会事务所已迁移中华路158号(即旧日油市街)谢楠煊双江茶社楼上,继续办公。除分呈主管党政机关备查外,相应函达贵会,请烦备查为荷!此致:

重庆市商会

重庆市油商业同业公会

中华民国二十九年九月十日

7. 重庆群裕字号为报送6月14日被炸损失情形请备查并派员查验事呈财政部川康所得税重庆分局文(1941年6月19日)

窃查本月十四日敌机袭渝,商直接中弹被炸。当时因警报紧急,仅带走有关账据、印鉴各物,尚有一部分单据、发票等一时不及携出,事竣挖掘,业已毁坏无遗。除分别呈请市油商业公会查核外,理合具文呈请钧局备查,伏乞准予派员查验,实为公便。

再,商现暂移新生路129号营业,特并附呈。谨呈:

财政部川康所得税重庆分局

群裕字号

(原住四贤巷24号)

经理　谢子贤

中华民国三十年六月十九日

附财政部川康所得税重庆分局职员杨曙9月23日之调查报告于下:

查新生路129号群裕据报六月十四日敌机袭渝,该号被炸,所报单据及发票等项损失,经职前往调查属实。将调查情形,理合签请鉴核。职杨曙,九月二十三日。

8. 重庆万康上海酱园厂为报告6月1日被炸损失情形请备案事呈财政部直接税局重庆分局文(1941年6月9日)

窃本厂于六月一日上午十一时,敌机轰炸渝市,厂屋受炸,损失货物、原料计18000.00余元。理合呈请备案,实为德便。谨呈:
财政部直接税局重庆分局

重庆万康上海酱园经理　宣茂林　呈

证明人:第二保保长陈吉祥、第二保第六甲甲长董明贤

中华民国三十年六月九日

9. 春美祥记为报陈空袭损失经过并新建营业请备案事呈财政部所得税事务处川康办事处重庆区分处文(1941年2月24日)

窃商营业酱园经十余载,旧有资本额8500.00元,于二十八年八月另新建筑酿造科学酱油,增加资本额30000.00元,扩张营业。殊于二十九年七月八日,敌机临空肆虐,滥施轰炸,调查所受损失16529.00元整。突于十六日,敌机复又临空滥炸,解除后调查结果,又遭损失7274.00元,连同前次共受损失23803.00元。以上各情,已于二十九年七月十八日业经分别造具空袭损失统计呈报表备文赍请钧局鉴核备查在案。

值兹神圣抗战期中,正行努力生产,振兴实业,俾期多增一分抗战力量,故于二十九年九月复增加资本额32000.00元,连同两次损失所剩14697.00元,综计实有资本额46697.00元整,重新建筑,进货营业。理合备文报请钧局俯赐鉴核备案示遵。谨呈:
财政部所得税事务处川康办事处重庆区分处钧鉴

厂号　春美祥记
经理　陈宝生

住址：临江门外黄花园街128号

中华民国三十年二月二十四日呈

10. 百味村酱园为报送5月3日被炸损失情形请备查事呈川康直接税局重庆分局文（1941年5月6日）

窃本月三日，敌机袭渝，在菜园坝投弹，将商之铺面、作房、屋瓦、墙壁震毁一部，左边晒坝，所晒豆母豆瓣甜酱100余缸，被炸无存，蒙此灾害，亏耗甚巨，现虽继续营业，一时难复原状。理合缮具损失清单，赍呈钧局，伏乞鉴核备查！谨呈：

川康直接税局重庆分局

计呈清单1份

百味村酱园经理　张雅言　呈

住址：下南区马路82号

中华民国三十年五月六日

百味村酱园5月3日被炸损失清单

豆母	80缸	每缸135斤，共10800斤	每缸48.60元，共3888.00元
甜酱	20缸	每缸180斤，共3600斤	每缸72.00元，共1440.00元
豆瓣	10缸	每缸170斤，共1700斤	每缸102.00元，共1020.00元
盐水	40缸	每缸200斤，共8000斤	每缸9.00元，共360.00元
晒缸	150口		
木栅栏	左边晒坝四周木栅栏		
墙壁	铺面左右墙壁两槽		
屋瓦	铺面及后进住宅屋瓦震碎，桷领断折		
零星	零星用具缸钵等炸坏一小部分		
以上损失15000.00元左右			

附川康直接税局重庆分局职员杨曙6月5日之调查报告于下：

查下南区马路82号百味村酱园号五月三日空袭被炸所报货物损失

15000.00元，经职前往调查，核定7000.00元之谱。其所报家具修理费一项，应予剔除。理合签请鉴核。职杨曙，六月五日。

11. 天成美商号为迭遭空袭损失惨重停止营业请注销税务事呈重庆所得税局文（1941年7月13日）

窃民于去冬十一月份集资1000.00元，组织油蜡小贸营，牌名"天成美"，地址中营街（即保安路）244号，因六月七日敌机袭渝惨遭狂炸，并五月份敌机袭渝时连受破片损失，致将所有房屋、器具、生财、货品及有关字据、账目、图章等毁损无余。本宜早日呈报钧局鉴核，因股东意志不一，进行与停止未定决定，今已决议因空袭常临实行停止营业，事关考核，具呈备查。谨呈：
重庆所得税局鉴

具呈人 天成美
经理人 郑成德 押
中华民国三十年七月十三日

12. 森记留香园为报送1941年8月22日被炸情形请核减税额事呈财政部川康直接税局重庆分局文（1942年6月12日）

本（六）月十日，奉钧局三十一年六月四日甲字第2415号查定通知书，为饬于五日内缴纳所得税国币382.50元、利得税国币925.00元，并将税款如数缴送国库局，填具纳税报告书送呈备核，仰即知照由，等因。窃以商民营业萧条，人口众多，尤以于去岁八月二十二日惨遭敌机轰炸，震毁损失达数千元，全家生计维艰，前蒙钧局派员来店查询时，适值新任经理在店，未将损失情形陈报，理合将损失情形证明书1份备文赍呈，伏乞俯念下情，准予核减税额，以恤商艰，实沾德便。谨呈：
财政部川康直接税局重庆分局
附损失证明书1份

森记留香园谨呈
住小龙坎97号

中华民国三十一年六月十二日于小龙坎97号

附重庆市第十四区小龙坎镇第三保保长谭中孚证明书于后：

三十年八月二十二日敌机袭渝，小龙坎炸中数处，留香园附近亦中数弹，致将该店房屋震毁，糖、酒、玻璃等物亦飞震门前，以致损失数千元。该商店迄今尚未修复原状，事实可查，特为证明。谨呈财政部川康直接税局重庆分局。重庆市第十四区小龙坎镇第三保保长谭中孚，中华民国三十一年六月十二日。

13. 重庆市晴雨布店为报告6月12日被炸损失情形请派员查勘事呈重庆市社会局文（1940年6月21日）

具报告人晴雨布店经理彭在中（年龄38岁，巴县人，住重庆市民族路门牌第30号）。

民营业布匹生理，住民族路。殊于六月十二日因敌机袭渝，狂势轰炸，竟将民店悉行炸毁，计损失货品布匹500余匹，计值洋60000.00余元之谱，全堂家具及店员衣物等件，值洋8000.00余元，历年账据、图章等完全被焚，现欠各记存款及往来之货款计60000.00余元之谱，全部损失在70000.00元。民店系属钧局在非常时期之指定商店，任何情况不能停业，因此遭受巨大损失，无法支持，用特呈报，恳请钧局俯予鉴核外，并希派员查勘，以资抚恤而维商艰。荷沐所请，深沾德便。谨呈：

重庆市社会局钧鉴

具报告人　晴雨布店

经理　彭在中

中华民国二十九年六月二十一日

重庆市晴雨布店被炸损失货物报告表

名称	数量	名称	数量
美亭阴丹布	30匹	龙驹安安布	18匹
月美安安布	25匹	返五关府绸	15匹
雏鸡安安布	22匹	三羊调府绸	12匹
太公钓渭市布	72匹	双凤素府绸	24匹
丽丽阴丹布	16匹	双凤黄斜	46匹
美人鱼青斜	23匹	美人鱼标准布	12匹
竹亭花麻纱	57匹	金牌色布	8匹
竹亭花洋纺	43匹	九鸿派力司	11匹
美球白斜	7匹	棠图青布	6匹
大字灰斜	5匹	杨柳美人蓝布	13匹
金五塔市布	8匹	美人鱼草线斜	6匹
松鹤花府绸	4匹	三羊青百吱	3匹
三羊花百吱	9匹	松鹤直贡呢	2匹
恭喜发财皱纹呢	3匹	土帆布	6匹

以上共各色布匹506匹余200余丈,合计值洋60000.00余元整;全堂家具、衣物等件值洋8000.00余元整。合计值洋70000.00余元整[①]

14. 纶华布店为报告8月20日被炸损失情形请存查事呈重庆市社会局文(1940年8月7日)

具报告人纶华布店,住本市民族路156号。情因于八月二十日敌机袭渝,四面火起,无法施救,民房屋亦遭焚毁,所有铺内存货、二十九年账簿、票据及连年账据、印鉴、家具,悉被焚毁,现已停业。特此呈报钧局,以便存查,激沾德便。谨呈:
重庆市社会局钧鉴

具报告人　纶华布店　谨呈
中华民国二十九年八月七日

---

① 此处"余"和"整"的用法与语法不合,档案原文如此。

15. 重庆同益字号为报告8月20日被炸损失情形请存查事呈重庆市社会局文(1940年8月)

商贩运布匹,设店于本市五四路18号,不幸本月二十日敌机炸渝,投下多数烧夷弹,遍城起火。在警报解除之后,商铺已全部被焚,所存货物悉付一炬,计损失元青洋布20匹、织花哔叽40匹,共约值洋8000.00余元。为此呈报钧局,恳予备案存查,批示只遵,实沾德便。谨呈:
重庆市社会局

具呈人　重庆同益字号
经理　尹敬之
住南纪门外鱼鳅石1号
中华民国二十九年八月

16. 重庆市土布工业同业公会为报告8月19日该会会所被炸及新迁办事处等请查照事给重庆市商会的公函(1940年9月3日)

本会会所,毗连本业市场(较场坝布市),于八月十九日被敌机轰炸,全部焚毁。本会除图记、印信及一部重要文卷外,所有案卷、公物,悉付一炬。业经召集紧急会议,商定暂以本市陕西路火麻巷宝元渝为本会城内通讯处,另设办公处于江北龙溪乡(即香国寺坡上)嘉陵布厂内,照常工作。除关于恢复市场问题,正专案办理外,相应函达贵会,即烦查照为荷。此致:
重庆市商会

重庆市土布工业同业公会
中华民国二十九年九月三日

17. □□布店经理田少明为报陈8月20日被炸损失情形请鉴核事呈重庆市社会局文(1940年9月10日)

商贩运布匹,设店于水巷子23号,不幸前(八)月二十日敌机炸渝,投下多数烧夷弹,遍城起火。在警报解除之后,商店已全部被焚,所有货物悉付一

炬,计损失各布298匹,共约值洋47000.00元。兹特详抄花单,报请鉴核,恳予备案存查,批示只遵,实沾德便。谨呈:
重庆市社会局公鉴
附粘呈损失货物单1纸<原缺>

具呈人经理　田少明
现住千厮门下行街67号内
中华民国二十九年九月十日

18. 重庆仁丰呢绒绸布号为报告货物被炸损失情形及停业事请备查事呈直接税局重庆分局文(1941年7月)

　　查商号两月来三度遭空袭,震毁损失甚巨,曾于六月中旬具报在案。本月五号下午敌机肆扰,再将商号修建甫竣营业未到三天之号址全部炸毁,所有生财及一部商品并职工衣物等件,均成粉碎,或不翼而飞,估计此次损失约10000.00元以上。窃商号随炸随修,旋修旋炸,损失不支,只好准备暂行停业,城内营业俟雾季到来空袭减少时再行恢复。理合将损失情形及停业缘由具报备查,至祈鉴核,实深公感。谨呈:
直接税局重庆分局公鉴
附呈损失清单1份

具呈人　重庆仁丰呢绒绸布号
负责人　李晴澜
住址:民权路第11号
中华民国三十年七月

重庆仁丰呢绒绸布号被炸损失清单

名称	价值	备考
家具	6000.00元	
零货	2000.00元	
同仁衣物	3000.00元	
合计	11000.00元	

19. 重庆友谊布店为呈报6月7日账目被炸请鉴核备查事呈所得税局文（1941年10月29日）

窃本店于民国二十九年九月份开始营业，迄今已达1载。惟因暴日残横，我后方累被敌机任意狂炸，不料于本（三十）年六月七日敌机袭渝，本店被炸一空，所有店内一月至六月份账目，均为焚毁，故该项账目至今无从考查，理合具文呈请鉴核，准予备案，敬候批示只遵。谨呈：

所得税局

友谊布店呈

经手人　蒋炎樵

住中华路89号

中华民国三十年十月二十九日

重庆友谊布店被炸损失清单

1940年度		1941年度1—6月份账目	
总账簿	1本	总账簿	1本
进货草流	1本	进货草流	1本
售货草流	1本	售货草流	1本
银钞草流	1本	银钞草流	1本
伙食草流	1本	伙食草流	1本
		焚毁布匹	11匹
共计损失1907.00元			

20. 重庆联镒字号为报告被炸损失情形请备案存查事呈财政部川康直接税局重庆分局文（1941年11月）

窃商经营布匹业务，于本年度一月份成立，住居本市四贤巷22号，于本年六月十四日不幸被炸命中，致全部生财、器具及职员等之衣物、被盖等件损毁无遗。记遭此不幸之下，只得再接再厉，不为敌寇淫威所屈服，遂迁南岸下浩暂住，继续营业。于前月始迁返城内，住小较场16号。故特具呈钧局，祈俯赐鉴核，准予备案存查，实为德便。谨呈：

财政部川康直接税局重庆分局公鉴

具呈商号　重庆联镒字号

经理人　梁光斗

住小较场16号

中华民国三十年十一月

21. 重庆北新书局为呈报6月12日被炸损失情形恳予鉴核备查事呈财政部川康直接税局文（1941年2月1日）

窃民国二十九年六月十二日，敌机轰炸本市，民局不幸中弹，全部家具、书籍及文具一齐被炸，兹遵照钧局规定，将前民局损失书籍、文具除由书业同业公会转报外，理合具文连同敌机炸毁文具、图表损失表呈报钧局鉴核备查！谨呈：

直接税局钧鉴

北新书局呈

民生路170号

中华民国三十年二月一日

重庆北新书局于民国二十九年六月十二日造报敌机炸毁各家书籍损失表

牌号	金额（国币元）	牌号	金额（国币元）
北新总局	79695.11	新生书局	755.79
黎明书局	16226.70	求古斋	100.80
辛垦书局	401.80	三民图书公司	1103.10
天马书局	3150.00	亚东书局	583.80
学友图书社	7751.10	东亚书局	157.08
新亚书局	3784.20	新生命书局	1129.94
神州国光社	3800.00	光华书局	131.88
新中国建设学会	193.20	昆仑书局	160.58
良友图书社	416.50	商业书局	207.40
拔提书店	593.60	平化书店	760.90

续表

牌号	金额(国币元)	牌号	金额(国币元)
乐华图书社	409.50	合众书店	127.12
时事月刊社	436.80	陈友端	63.49
东方舆地学社	182.00	中华日报馆	82.46
合记	263.90	彭玉和店	364.50
新亚细亚	504.00	中华图书公司	467.74
中山文化社	66.15	形象艺术社	711.20
光明书店	593.60	新声书局	793.80
千秋出版社	171.50	东方文化社	144.90
两明斋	118.30	立达书局	389.20
百城书店	153.30	汉文正模书局	329.70
新中国书局	349.30	大陆书局	85.40
新光书局	382.90	教育编译馆	12271.00
中苏文化社	81.20	乡村书店	1061.20
民生水厂	150.50	外交评论社	121.80
中国科学化运动会	208.60	生产杂志社	157.50
中国科学仪器公司	123.90	民族书店	554.40
第一出版社	149.00	禹贡学会	140.00
延光室	372.40	国际科学公司	386.40
独立评论社	158.20	武汉大学出版社	209.72
国闻周报社	242.90	中央广播社	91.00
中外语文学会	70.00	时代图书公司	188.30
文化建设学会	176.40	北洋工学院	100.10
上海杂志公司	152.60	宇宙社	81.20
汗血书店	501.62	兴华书局	107.10
中华自然科学社	113.68	南华书局	152.32
农村合作出版社	193.90	大光书局	574.00
会文堂	1136.80	世界舆地社	4355.26
四川省府	1096.90	启新书局	159.60
农业书局	926.45	国粹图书社	134.50
周虎臣	509.18	知行工业社	94.98
长城书局	329.00		
新华书局	457.80		
合计		157707.40	

重庆北新书局于民国二十九年六月十二日造报敌机炸毁文具图表损失表

单价	货名	数目	金额(国币元)
12.00元	巨轮墨水	30打	360.00
10.00元	惠民蓝水	30打	300.00
6.00元	七七墨水	40打	240.00
40.00元	100号铅笔	10笋	400.00
6.00元	皮楷	20盒	120.00
40.00元	100号鸡牌铅	2笋	80.00
0.30元	蒋磁像	800只	240.00
0.30元	新生活章	200只	60.00
1.20元	信封	80封	96.00
1.50元	信笺	80本	120.00
0.40元	鸡皮毫	1000支	400.00
0.10元	铜笔套	1500只	150.00
0.30元	小楷羊毫	900支	270.00
20.00元	六件刀	8打	160.00
2.00元	相架	50只	100.00
3.00元	水瓶	200只	600.00
0.50元	新生活表套	100只	50.00
10.00元	铜号	30付	300.00
10.00元	球网	40只	400.00
15.00元	钢杆	20笋	300.00
15.00元	三角板	50付	750.00
40.00元	马牌包	4笋	160.00
7.00元	派克墨水	30瓶	210.00
12.00元	绘图墨水	24瓶	288.00
2.00元	丁字尺	100只	200.00
1.00元	直线尺	80只	80.00
0.30元	图书包	3000包	900.00
1.00元	图书本	300本	300.00
2.00元	速写簿	120本	240.00
1.20元	白墨	600盒	720.00
14.00元	复写纸	80盒	1120.00

续表

单价	货名	数目	金额(国币元)
14.00元	蜡纸	30筒	420.00
2.00元	钢笔架	200只	400.00
1.50元	图钉	1500盒	2250.00
40.00元	乒乓球	3箩	120.00
20.00元	电墨盒	8打	160.00
80.00元	铁丝篮	10打	800.00
25.00元	油墨	100打	2500.00
30.00元	笔尖	40盒	1200.00
70.00元	108铅笔	8箩	500.00
1.50元	铜墨盒	150只	225.00
1.50元	乒乓板	20付	30.00
40.00元	票夹	2箩	80.00
0.80元	订书钉	100盒	80.00
0.60元	米打尺	50只	30.00
2.00元	浆糊	20打	40.00
50.00元	大用钢笔	20打	1000.00
200.00元	铜鼓	2只	400.00
8.00元	书盘	20打	160.00
2.00元	书钉	30盒	60.00
3.00元	抄本	30打	90.00
0.20元	柏纸本	1000本	200.00
3.00元	结婚书	300份	900.00
1.50元	拜耳墨水	30打	450.00
3.00元	画片	1000张	3000.00
0.50元	文化画片	2500张	1250.00
4.50元	党国旗	70套	315.00
1.50元	总理像	800张	1200.00
1.50元	蒋座像	800张	1200.00
1.20元	小中山像	1200张	1440.00
1.00元	江浙冀察图	350张	350.00
1.00元	陕西全图	100张	100.00
1.00元	四川全图	450张	450.00

续表

单价	货名	数目	金额（国币元）
3.60元	袖珍中国图	246本	885.60
6.00元	现代中国图	24本	144.00
5.00元	中华形势图	86本	430.00
1.60元	广西全图	180张	288.00
1.60元	西南详图	170张	281.00
3.00元	巴县图	40张	120.00
0.50元	太平洋图	750张	375.00
合计		33638.20	

22. 中国联力商行为报陈6月2日被炸损失情形请派员勘查等事呈所得税直接税处重庆区分处文（1941年6月10日）

窃商中国联力商行开设于本市民生路97号为营业行址，经营文具业务。缘商行址房屋乃系临时建筑，故甚窄小，除营业外，关于商之账房并职员宿舍，则另佃于天生堂街第三号院内。不幸于本月二日敌机袭渝，至将该商行全院炸毁，商账房、宿舍当亦同患其难。商职员私人什物，并自开业迄今之单据及三十年一至五月份之现售簿等，悉付一毁，除当即在灰渣中找寻外，无一所获。商特将被毁情由具陈钧局，恳予派员勘查，俯赐备案，不胜戴德之至。谨呈：

所得税直接税处重庆区分处钧鉴

商　联力商行谨呈

中华民国三十年六月十日

23. 新生图书文具公司为报陈6月7日被炸损失情形请备案事呈所得税局文（1941年6月12日）

窃商民戴行遥创设新生图书文具公司于本市民族路216号，曾领护住商登记证第01457号，不幸于本月七日敌机狂炸市区时被弹毁损。虽未全部倾塌，但门市所有门板、橱窗及货物等项，或则坍倒破裂，或被毁于弹片。货物已残存无几，铺面已倾斜欲倒。综计损失数，已在国币20000.00余元，对今后营业影响实非浅鲜。所有损失各情，理合备文呈请查核，予以备案，实为公便。此呈：
所得税局

具呈　新生图书文具公司

住民族路216号

负责人　戴行遥

中华民国三十年六月十二日

新生图书文具公司6月7日被炸损失货物清单

1	全部房屋被震坏及炸毁者	约损失国币6000.00元
2	门市玻柜3只、壁橱3只	约损失国币5400.00元
3	书籍损失	约计国币8000.00元
4	文具损失	约计国币3200.00元
5	家具什物损失	约计国币1200.00元

以上5柱约损失国币23000.00余元

24. 复记德胜祥为报告6月1日被炸损失情形请备案事呈财政部川康直接税局重庆分局文（1941年6月28日）

窃商号开设于民族路127号，经营纸张生理，不幸于本年六月一日敌机袭渝，商号房屋与家具全部被炸毁，货物被炸毁一大部分，共计损失达3100.00余元（家具损失670.00元，货物损失2500.00余元），账据同时被炸坏。除函报公会转报备案外，理合具报钧局俯赐备查，实为公便。此呈：
财政部川康直接税局重庆分局公鉴

具报告商号　复记德胜祥

经理　汤伯轩

中华民国三十年六月二十八日

25. 永庆祥为报告5月28日、7月30日被炸损失情形请鉴核备查事呈财政部川康直接税局重庆分局文(1941年8月)

窃本号于本年五月二十八遭遇空袭,损失货物2680.00元,家具、房屋修理共计1340.00元,又于七月三十日损失货物1600.00元,家具360.00元,总计损失达5980.00元整。除呈报本业同业公会转报备查外,理合将历次空袭损失情形呈报钧局俯赐鉴核,准予备查,至感公便。谨呈:

财政部川康直接税局重庆分局

附呈货物损失表1份

具呈商号　永庆祥
经理人　　□□□
住址:机房街100号
中华民国三十年八月

永庆祥民国三十年五月二十八日第一次被空袭损失货物报告表

货物名称	数量	单价	合计	备考
□条纸	28刀	31.00元	868.00元	
连史纸	25刀	22.00元	550.00元	
贡川纸	1并	540.00元	540.00元	
川连纸	1并	170.00元	170.00元	
元粉	38斤	8.50元	323.00元	
其他零货			329.00元	其他零货,即账簿、书子、折子、笔墨、信封、信笺等
总计洋2680.00元				

永庆祥民国三十年七月三十日第二次被空袭损失货物报告表

货物名称	数量	单价	合计	备考
道林纸	480张	1.30元	624.00元	
连史纸	17刀	23.00元	391.00元	
梅红纸	13刀	13.00元	169.00元	
其他零货			416.00元	
总计洋1600.00元				

26. 重庆市纸张商业同业公会为证明会员天泰祥8月20日被炸损失请查照并准予证明事致财政部川康直接税局重庆分局文（1941年9月25日）

迳启者。顷据本会会员商号天泰祥函称："敝号于去岁八月二十日，不幸敌机惨炸本市，敝号货物、家具、账据、房屋完全燃烧，共值法币8090.00元整。前将损失呈报大会备查转呈社会局外，今直接税局调查敝号二十九年度之账，除上季账簿被焚无从清理外，受灾之后账已查明，其损失部分应请大会将敝号损失函转证明为荷"等由，到会。经查属实。相应检同原表函达贵局，即烦查照，准予证明，至感公谊。此致:

财政部川康直接税局重庆分局

附原表1份

重庆市纸张商业同业公会启
中华民国三十年九月二十五日

重庆天泰祥1940年8月20日被炸烧货物、家具损失表

价目	名称	数量	共计值洋	备考
	家具		合洋2000.00元	
640.00元	90磅道林纸	2令	合洋1280.00元	
400.00元	50磅道林纸	2令	合洋800.00元	
480.00元	80磅牛皮纸	1令	合洋480.00元	
300.00元	50磅牛皮纸	2令	合洋600.00元	
120.00元	新文纸	2令	合洋240.00元	
250.00元	白玻璃纸	2令	合洋500.00元	
260.00元	色玻璃纸	1令	合洋260.00元	
85.00元	色有光	2令	合洋170.00元	
7.00元	佛表	40箱	合洋280.00元	
8.00元	夹连史	55刀	合洋440.00元	
6.00元	粉广贡	40刀	合洋240.00元	
	书柬零货		合洋800.00元	
总共合法币8090.00元				

27. 重庆市纸张商业同业公会为转报会员同昌祥纸庄1939年5月4日被炸损失情形请查照赐转致重庆市商会文（1946年5月29日）

案据本会前会员同昌祥纸庄经理张显铭报称："窃本店前在本市五四路（原名鸡街）13号开设纸张生理，牌名'同昌祥'，于民国二十八年五月四日被日机大轰炸重庆时焚毁。彼时显铭服务华光坊消防队，任队长，出发他处救火未归，而本店遂被焚毁罄尽，依照现在市价，计损失共值法币350万元有奇。兹胜利已临，调查损失，用特据实列表，送请鉴核赐转，无任感祷"等情，经查属实，相应附原表3份，送请查照，赐转为荷！此致：

重庆市商会

附表3份

理事长　黄庄毅

中华民国三十五年五月二十九日

财产直接损失汇报表

机关名称：同昌祥纸庄

事件：五四轰炸

日期：二十八年五月四日

地点：重庆市五四路13号（原名鸡街）

分类	价值
共计	350万元零715.00元
建筑物	120万元
器具	60万元
现款	715元
图书	—
仪器	—
文卷	—
医药用品	—
原料	120万元
产品	50万元
其他	

28. 重庆善成堂书局傅用平为该书局抗战期间被炸损失致友人函（1948年5月25日）

惠公志兄伟鉴：前函谅早达到。已逾多日，未见复命，不胜盼念。敝书局于抗战期间渝、鲁、赣三处存积旧有书报，迭遭敌机炸毁，共计价值法币54亿元，已于三十五年冬国府返都时成立行政院赔偿委员会，弟即具文申请照数赔偿，以便恢复营业，救济全国书荒，业经前后主任委员翁文灏、王云五核准在案。公文往来将近两年，均由钧府统计室转核在案。

敝书局渝市两印刷所，炸毁书板约计34万块，每块以法币1万元合算，共计34亿元。三月十六日，复由钧府转来行政院赔委会公文一件，令饬改定书板价格。弟即请书业公会开会评议决议，记录通知书于本月中具文呈复，请求钧府核转行政院赔委会，并恳代催赔款从速光渝，以便就近领取复业。此项复呈，不知吾兄已否见到？代转南京否？即请示知为幸。

前函附外孙婿赵横波（住枣子岚垭菜市场96号）履历一件，拟请查核召见，量才录用，以观后效，未识已经实现否？甚念。敬已奉托，顺颂勋祺！

弟傅用平笔

中华民国三十七年五月二十五日

29. 行政院赔偿委员会为善成堂书局财产损失报告单内所列各项损失核有未合并附审查单请查照转知事给重庆市政府的复函（1948年6月）

案准贵市政府本年六月一日市统字第14号公函，以据转渝市图书教育用品商业同业公会公开评议在战前旧书木板，估计每块价值在5角至6角之间一案，嘱查照，等由。

查此案前准贵市政府本年一月三十一日市统字第89号函，转该善成堂总经理傅用平呈明书板价格暨附送财产损失报告单，嘱查照，等由。并另据该善成堂以案同前情，迳呈到会，当以原呈暨表内所列书板损失价值过昂，实有先行转请贵市政府查明之必要。

兹查原附公会通知核议价格，每块书板战前二十四五年间，估计仅值国币5角至6角，比之该善成堂书局前呈及附送表报内所列书板价值每块10.00元至100.00元，两相比较足证其列报数字显有未合。相应检还前送表报，并附审查单1份，复请查照转知，务须依照审查圈注各点，切实更正重报，以凭审核登记为荷。此致：

重庆市政府

附检还原表及审查单1份

行政院赔偿委员会
中华民国三十七年六月

30. 迁川工厂联合会为转报会员美艺钢器公司10月25日被炸损失情形请备案事给财政部直接税处重庆分处的公函（1941年2月5日）

迳启者。案据本会会员美艺钢器公司函称："本厂陕西街169号门市部，于二十九年十月二十五日敌机轰炸市区不幸弹落隔壁，致被波及，毁坏生财、装修、陈设及制成品等，共计国币6834.30元。恳为转函财政部直接税处重庆分处备案，俾便年终结账可予报销"等情，据此。查该公司所称其损失，系属实情，相应据情函达，即希查照，准予备案为荷。此致：

财政部直接税处重庆分处

主席委员　颜耀秋
中华民国三十年二月五日

美艺钢器公司二十九年十月二十五日被炸损失单

1	被炸后拍照费	计洋36.00元整
2	修理被炸写字台材料及工资	计洋63.20元整
3	修理全部电灯及添料	计洋475.30元整
4	修理厨房用具费	计洋67.50元
5	修理小器具及添补茶杯等	计洋28.80元
6	修理全部房屋及门面（由国泰营造厂承修）	计洋4000.00元整

续表

7	茶役黄炳卿被炸损失费	计洋100.00元整
8	执照费	计洋10.00元整
9	修补电灯添皮线	计洋51.50元
10	修理被炸银箱及手提箱	计洋2002.00元整
共计国币6834.30元整		

31. 迁川工厂联合会为转报会员美艺钢器公司7月30日被炸损失情形请备案事给川康区直接税局重庆分局的公函（1941年9月13日）

迳启者。据本会会员美艺钢器公司函称："本厂陕西路169号门市部，于本年七月三十日因敌机竟日袭渝，并轰炸市区，不幸弹落隔壁，同时对面民生公司起火，致被波及销毁，全部门面外所有生财、器具、陈设、制成品等均被毁坏，是以共计损失修理费国币7394.30元，附上损失单，恳请转咨川康区直接税局重庆分局备案，俾得年终结账可予报销"等情，附损失单到会。查该厂被炸损失深堪扼腕，相应检同损失单，函请查照备案为荷！此致：
川康区直接税局重庆分局

主席委员　颜耀秋

中华民国三十年九月十三日

美艺钢器公司三十年七月三十日被炸损失单

名称	金额（国币元）	名称	金额（国币元）
修理门面图样费	100.00	修理损坏银箱费	513.20
修理全部门面内部	3400.00	陈设银箱加漆	1486.80
漆补门窗工料	240.00	赔职工铺盖费	400.00
拍被炸后门面	70.00	茶役、厨役铺盖费	200.00
大写字台1张	60.00	木床4张	24.00
双人写字台1张	40.00	木床1张	8.40
大圆桌1张	13.60	木床1张	14.00
小圆桌1张	6.00	文具皮箱2只	13.00

续表

名称	金额(国币元)	名称	金额(国币元)
洗面架1只	7.00	人力包车1辆	200.00
方凳18只	16.30	吊风扇1只	240.00
12″台上风扇	100.00	16″台上风扇	120.00
小圆桌1张	28.00	椅子4把	44.00
平秤1杆	50.00		
合计国币7394.30元整			

十一、重庆市鞋帽业同业公会及所属抗战财产损失

1. 重京鞋帽庄为报告8月20日被炸损失情形并重添资本事呈四川省所得税局文（1940年10月）

商民重京鞋帽庄住民族路200号，于本年八月二十日因敌投掷烧夷弹，将民商店全部焚毁，一物无存，损失货品、账簿、字据、家具等件，共计法币11000.00余元。时惊惶无计，后邀众伙同商，现刻市区危险，停止办理，众有解出之意，因迟延未报，至十月份照股开会，商道之下，重添股本10000.00余元，工厂原存6000.00余元，继续开办，进行营业。其中不虚，俯祈查核。呈：

四川省所得税局

具呈人　重京鞋帽庄
经理人　邓树尧
中华民国二十九年十月呈报

2. 重庆市新记永盛帽鞋商店为报告8月20日被炸损失情形请备查事呈重庆市社会局文（1940年9月3日）

缘商号营业于林森路96号，于八月二十日敌机袭渝时不幸遭受波及，货物、财产付之一炬。将燃烧之时，商号职员于本保防空洞躲避者，即赶出抢救，奈因四周中弹，烟火猛烈，加之狂风忽作，火势愈烈，人已无可逼近，防护团及消防队亦周转不及，只得听其焚毁。

当第一批炸后，第二批接至，望龙门又告着火，于是本保防空洞之两端烟

火冲入,避难者当然不能支持,顿时秩序大乱。商号在该洞内之数职员,因拥挤剧烈,冀图逃出生命,将携带之账据、图记及营业税局收条全数遗失,且职员身负重伤,尤幸未能罹难。

事后,商号亦曾登报招寻遗失账据,备奖金400.00元,结果无人前来报领,是以一切往来账据无从清理。经召集股东等商议,所有损失以最低价值估计,确在14000.00余元以上。诚属商号之不幸,亦乃敌人之残暴,无法挽救。事关法令,理合将损失情形具实造册,呈报钧局鉴核,准予备查,实为德便。谨呈:

重庆市社会局钧鉴

附呈被炸损失货物财产清册1份

具呈商号 新记永盛帽鞋商店
现住地址:县庙街雅鞋庄内
中华民国二十九年九月三日

重庆市新记永盛帽鞋商店被炸损失货物财产清册

项别	名称	实值金额（国币元）	备考
营业用器具	货架、玻盒、电灯、文具等	1450.00	
营业动用家具	厨具、日常生活消耗品、杂件	420.00	
职员行李	被盖、缸子、衣服、盥具等	1120.00	在号住宿职员8人,每人被盖1床,毯子1床,衣服三四套,合计如上<左>数
货品	各式各料男女鞋	11560.00	
	合计	14550.00	

附注:商号货品派有负责人管理,每日皆清点一次,同业皆然。商号于燃烧之日存有货品1360双,以每双最低成本8.50元计,合计如上数。

3. 元元帽鞋分庄为具报1940年被炸损失货品呈财政部所得税重庆区分处文(1941年2月26日)

昨奉命将去岁轰炸损失具报,兹除所有一切门面家具全部尽毁,谨将货物损失略列于下:皮鞋232双,便鞋587双,瓜帽1031顶,合计值洋22000.00

余元整。谨呈：
财政部所得税重庆区分处钧鉴

        重庆市第二区大阳沟镇第八保保长　胡栋臣
        第五甲甲长　□□□
        具呈人　元元帽鞋分庄
        地址：民族路200号
        中华民国三十年二月二十六日

4. 青年鞋店为报告营业地址数次被炸情形邀请当地保甲证明并予备查等事呈财政部所得税川康区办事处重庆分处文（1941年3月）

具报告商民：青年鞋店，经理：张荣富，年31，籍江北，住本市民族路221号。

窃民店二十九年六月二十六日，敌机空袭本市，投弹轰炸，民店中弹，全业被毁，计损失国币15000.00余元，业经呈报在案。不幸同年八月十日敌机袭渝，投弹落于民店对面，民又被震毁击坏，计损失货品值法币2000.00余元；房屋、家具、玻片全被破片击坏，约损失法币3000.00元，此次被震击坏共损失法币5000.00余元。复遭敌机同月二十日袭渝，民店附近中弹燃烧，民店几被波及，此次火灾共损失法币1000.00余元。综计两次损失法币6000.00余元，连前报有案，损失总共法币22000.00余元。合将上次损失情形，呈报钧处鉴核备查，并请求当地保甲长负责盖章证明，伏乞钧处派员详察，准予列入损失类核算科税，不胜沾感之至！此呈：
财政部所得税川康区办事处重庆分处

      证明者：重庆市第二区大阳沟镇第八保保长　胡栋臣
        第八保四甲甲长　李锡辉
        具呈人　青年鞋店经理　张荣富
        中华民国三十年三月

5. 东亚鞋店为报告营业地址数次被炸情形邀请当地保甲证明并予备查等事呈财政部所得税川康区办事处重庆分处文（1941年3月）

具报告商民：东亚鞋店，经理：王时凤，年35，籍江北，住本市民族路215号。

窃民店于二十九年六月二十六日敌机袭渝，民店中弹，全业被损计国币14000.00余元，业经呈报在案。后于七月动工修复，不幸于八月十日敌机袭渝，民店对面投弹，又被震坏，计损失货品、家具、房屋计2000.00余元。复又修造完竣，正式营业。于八月二十日又遭空袭，民店中燃烧弹，全部房屋、生财、家具，悉被毁尽，共损失6000.00余元。总计民店被炸二次，燃烧一次，共计损失法币22000.00余元。合将上项损失情形呈报钧处鉴核备查，并请求当地保甲长负责盖章证明，伏乞钧处派员详查，准予列入损失类核算科税，不胜沾感之至！此呈：

财政部川康直接税局重庆分处

证明者：重庆市第二区大阳沟镇第八保保长　胡栋臣

四甲甲长　李锡辉

东亚鞋店经理　王时凤

中华民国三十年三月

6. 青年鞋店为报告6月1日、7日被炸损失情形请予鉴核存查呈财政部重庆直接税局文（1941年6月21日）

商民在本市民族路221号营贸青年鞋店业已数年，去岁曾遭敌机屡次轰炸，损失重大，但坚持"愈炸愈强"、"不怕牺牲"之精神，旋炸旋即复业，均经呈报在案。不幸本年六月一日与七日两次空袭，敌机投弹适落民铺间壁，致将民店铺房、门面、玻片、家具震毁击坏。头次（即一日）损失计值法币3000.00余元，二次（即七日）损失计值法币4000.00余元，两次损失共值法币7000.00余元。除呈报敝业公会外，合将损失情形具文呈报钧局鉴核，请予存案备查，实为公便！此呈：

财政部重庆直接税局

具报告人　青年鞋店经理　张荣富

中华民国三十年六月二十一日

7. 元元鞋帽庄为报告6月7日被炸损失情形及24日被压坏各货情形请查核备案事呈直接税局文(1941年6月25日)[①]

本月七日敌机袭渝,民族路207敝分店被炸全毁。兹将损失列后,敬希鉴核,赐予存案。

失踪被滥各货列后:男女皮鞋共124双,合计15700.00余元整;男女便鞋共187双,合计5700.00余元整;帽子共55顶,合计1030.00元整。

压坏损伤各货列次(照价5折计算):男女皮鞋共93双,合计洋5900.00余元;男女便鞋共79双,合计洋1180.00余元整;帽子共101顶,合计洋1000.00元整。

门面装修家具全部损失合计洋9000.00余元整。

以上各项损失,统计洋39400.00余元整。

再呈者,本月二十四日晨,倾盆大雨,海棠溪敦厚中段62号敝工厂房后石岩坍圮,将货窖压塌,全部货物俱遭掩埋,努力挖掘之结果,所有货物俱已狼狈不堪,损失至为惨重。除各项材料以及大部分货物尚无大妨,房屋、家具损失不计外,计被压坏水渍已无可用者,有男女皮鞋90余双,帽子20余顶,合计洋9000.00余元。谨呈:

直接税局钧鉴

具报告人　元元鞋帽庄

经理　何映平

地址:林森路55号

中华民国三十年六月二十五日

[①] 该文原文混乱,经编者整理而成。

8. 上海大中国帽行为6月29日被炸请补报陆地兵险事呈重庆市社会局文（1941年9月25日）

小店曾呈请所保陆地兵险在案,"申请书"第12955号、"保险单"第14246号。不幸于六月二十九号下午空袭时,在小店左右邻近落有数弹,被炸毁房屋10余间,飞片炸穿小店铺面,并炸坏门面、货橱及货橱玻璃等。事后即至中央信托局保险部报告,实查在案。特此备文,呈请补报。为此谨呈：
重庆市社会局鉴核

大中国帽行　周云呈

地址：民权路新生市场40号

中华民国三十年九月二十五日

十二、重庆市餐馆、饭店业同业公会及所属抗战财产损失

1. 重庆市中西餐食商业同业公会为呈报会员久华源等抗战财产损失请鉴核事致重庆市商会文（1947年11月30日）

案奉钧会本年十月二十二日（三十六）商四字第9379号通知，饬即造报会员抗战损失财产，务于本年十二月十五日以前汇集送会凭转，等因。当即遵照转知各会员去讫，兹据会员久华源等呈报前来，理合检同该会员等损失财产表，一并随文赍请鉴核，恳予汇转为祷！谨呈：

重庆市商会

附会员久华源等抗战损失财产表

重庆市中西餐食商业同业公会理事长　刘云翔
中华民国三十六年十一月三十日

陪都新记久华源餐馆财产损失报告表

损失年月	事件	地点	损失项目	购置年月	单位	数量	购价（国币元）	报时价值（国币元）	备考
1940年7月15日	敌机轰炸	复兴路3号	文具	1939年8月份	件	24	85.00	3400000.00	
			大小酒壶	1939年8月份	件	136	465.00	18600000.00	
			铁器	1939年8月份	件	128	843.00	33720000.00	

续表

损失年月	事件	地点	损失项目	购置年月	单位	数量	购价（国币元）	报时价值（国币元）	备考
			磁器	1939年8月份	件	2822	4672.50	186900000.00	
			木器	1939年8月份	件	539	3950.00	158000000.00	
			电器材料	1939年8月份	件	63	586.50	23460000.00	
			货品	1940年7月价	件	28	8878.00	355120000.00	
			合计			3740	19480.00	779200000.00	

中华民国三十六年十二月二十九日,报告人:李文彬,年38岁,四川安岳,现住沧白路33号

味腴菜社财产损失报告表

损失年月	事件	地点	损失项目	购置年月	单位	数量	购价（国币元）	报时价值（国币元）	备考
1940年8月19日上午11时	全部被炸烧毁	复兴路3号	电器等（内有吊扇、座扇45把）	1938年12月5日	全部		22500.00	9亿元	
			瓷器等（共120桌）	1938年12月5日	全部		31800.00	1227200000.00	
			木器等	1938年12月5日	全部		8560.00	342400000.00	
			厨房用具等	1938年12月5日	全部		4560.00	182400000.00	
			文具、账簿等	1938年12月5日	全部		120.00	4800000.00	

续表

损失年月	事件	地点	损失项目	购置年月	单位	数量	购价（国币元）	报时价值（国币元）	备考
			底货等数	1938年12月5日	全部		1200.00	48000000.00	
			合计					2704800000.00	

中华民国三十六年十二月三十日，报告人：味腴菜社，经理：陈明清

小洞天菜馆财产损失报告表

损失年月	事件	地点	损失项目	购置年月	单位[①]	数量	购价（国币元）	报时价值（国币元）	备考
1940年7月14日（古历）	被投燃烧弹	民族路复兴观	西洋瓷大鱼船	1938年1月份	8.00	110	880.00	35200000.00	
			西洋瓷小鱼船	1939年8月份	4.20	70	294.00	11760000.00	
			西洋瓷九寸盘	1939年8月份	5.00	300	1500.00	60000000.00	
			八寸窝盘	1939年8月份	0.60	48	28.80	1152000.00	
			舒碗、调羹、味碟	1939年8月份	3.50	80	280.00	11200000.00	
			七寸盘	1939年8月份	4.50	240	1080.00	43200000.00	
			木器	1940年7月份	5.50	24	132.00	52800000.00	
			合计			3740	19480.00	779200000.00	

中华民国三十六年十二月三十一日，报告人：小洞天菜馆

---

① 此列显为误填，实为单价，编者按。

2. 大三元酒家总店为报陈6月12日被炸受损请鉴核更正事实呈重庆市警察局文（1940年6月12日）

窃具呈人开设支店于本市民族路（即龙王庙街），本月十二日敌机袭渝，投掷烧夷弹，适中在具呈人支店邻居三四家之近，因是延及被难。当邻近燃烧时，本市警察局、消防队尚在具呈人屋顶喷水救火，且防护团亦在场目视，由邻居燃烧到楼上，次及楼下，计共损失房屋、装修、生财、器具11000.00余元，又货物7000.00余元。损失虽重，然具呈人为国为党之抗战决明，因此愈坚。

乃阅本日时事报、新闻报、扫荡报等新闻栏，载有中央社消息，内称"重庆防空司令部负责人员昨（十三日）接见本社记者时称，本市民象因屡经空袭之经验，对于防空常识困于相当之进步，惟此次敌机滥炸时，实有龙王庙大三元酒家及治平寺巷某号等处均未投弹而自行起火，事后调查，乃系避难时未对炉灶熄灭，致遭未谓之损失，殊属憾事"，殊深骇异。

查与上闻事实完全不符，受冤屈莫名，素仰钧部爱护市民无微不至，用敢具实陈明。除报告所受损失外，恳请鉴核更正事实，以免冤屈，实感公德两便。谨呈：
重庆市警察总局

具呈人　大三元酒家
右法定代理人　高坤伦　谨呈
住本市县庙街
中华民国二十九年六月十九日

3. 重庆市警察局第一分局局长李济中为报告遵查大三元酒家被难损失一案情形请鉴核事呈重庆市警察局文（1940年6月25日）

案奉钧局（行政科治安股）交下大三元酒家原呈一件，为被难损失，恳请更正事实，以免冤屈等情，批交第一分局查报，等因，奉此，遵即转饬龙王庙所所长曾一波负责详实查报去讫。

兹据该所长复称:"经职多方探访,查得结果如下:据当日(十二)敌机临空时尚未躲避之章华戏院管理戏箱之傅善之(现充防护团员)称,那天敌机投弹时,我在我们戏院亲见泰康公司四楼登时被炸毁,缓了许久,警报也解除了,我听见有人在喊大三元后面起火,我叫大三元把人去救,大三元的人说在我们后面救不到手等语,职赓即追问后面是那里,据答即系泰康公司四楼。复据章华演员王炳云称,我在戏院楼上眼见泰康公司四楼被炸。又据在泰康公司居住之商民朱顺富称,警报未曾解除,我回家一次,我见到泰康公司四楼被炸倒,槽门、墙壁亦有倒势,我不敢进门等语。查泰康公司(棉花街63号)槽门与四聚寄宿社(棉花街34号)及西南理发店毗连,而该公司之内部房屋又与四聚寄宿社及西南理发店及大三元(民族路64号)三家房屋之后部一同相连。傅善之所称之听见人喊大三元后面起火,所谓后面者,经职当场查考,确系泰康公司被炸之四楼。报纸所发表中央社消息所称该大三元未投弹起火,但泰康公司亦承认该公司之四楼系空中爆炸弹所炸毁,当敌机临空之时被炸,于解除警报之后中间相隔一时有余,泰康公司被难者均未返家,四楼居有散户人家,是否为炸塌后炉火引燃,殊足可资研究,证以章华戏院傅善之所见所闻,起火真相于兹可见。抑有进者,当日龙王庙一带交通早已断绝,居民不能轻易返家,如泰康公司,则不易发觉其公司有火种在闷烧,果为泰康公司四楼被炸倒起火,亦易误认为大三元起火,因大三元之房屋后部正与泰康公司之四楼紧紧相连也。迩来关于龙王庙街起火事件,自中央社发表消息以后,防空司令部乃引为谈话根据,于是大三元则成众矢之的,纠纷百出。该中央社访员于采访所闻时不知根据何在,苟以道听途说之传言,轻于发刊报端,则影响社会视听实巨。职奉令查报,当本求真实之态度为正确之呈明,庶不致冤抑良善,助长刁风。"等情,前来。奉令前因,理合检同原呈一扣,并将遵查情形据情转报钧局鉴核。谨呈:

局长唐

附原呈一扣

分局长　李济中
中华民国二十九年六月二十五日

附重庆市警察局局长唐毅之批复：

呈悉。所称遵查情形词多模棱（火种究起于何处？原呈人称该日火灾系敌机投掷烧夷弹所致，是否事实？均未肯定具复），该分局对交查案件如此敷衍塞责，殊属不合，已拟该分局长着予申斥，承查本案之龙王庙所所长曾一波着予记过一次，以示薄惩。仍仰将"火种起于何处？""该日大火是否烧夷弹所致？"切实查复，不得再作模棱词句为要！此令。局长唐，七月九日。

4. 大三元酒家经理高坤伦为补陈该店6月15日被炸损失情形请查核备案事呈重庆市社会局文（1941年9月9日）

窃敝公司于六月十五日敌机袭渝时，在县庙街连接投弹甚多，致敝公司生财、用具大部被毁，损失甚巨。嗣因手续不明，故未呈请贵局备查。兹特具呈前来，恳为查核，伏乞示遵，实为德便！谨呈：

社会局第二科兵险股

大三元酒家经理　高坤伦　呈
林森路56号
中华民国三十年九月九日

5. 郁园饭店为报告7月16日被炸损失情形请派员查勘并酌予补助等呈重庆市社会局文（1940年7月17日）

因本月十六日敌机分批袭渝，被炸街道较其惨者为磁器街、衣服街等地附近。本店门前被投一弹，即时爆发，所有店内碗、盘、桌、架、动用各物及房瓦、墙壁，均被震毁倒塌，楼上如空，仅四柱尚在，实不能营业。本店前奉钧局召集市区中西餐食店开会，在此空袭频传当中，不得藉故停业，仰各具结，如有被炸损失，本局酌予补助等语，记录在卷，本店谨遵勿渎。兹为被炸损失毫大，无法修整，不□□□合据情呈请□□□□赐鉴核，并恳派员查明，酌给补助费，以便修整复业。可否之处？伏候批示只遵。谨呈：

重庆市社会局

具呈人　郁园饭店

住磁器街第37号

中华民国二十九年七月十七日

6. 武凤成为其所开设之河南山东饭店6月份被炸歇业迁移新址复业请准予备案事呈重庆市社会局文(1940年7月25日)

窃商民武凤成前在本市中三路162号开设河南山东饭店，不幸于六月间先后被炸两次，并将原领营业执照亦炸毁，以致歇业。兹迁移民生路277号，仍就原牌复业。除呈报卫生局补发营业执照外，理合呈请钧局恳乞准予备案，以便开市，实为德便！谨呈：

社会局局长

商民　武凤成　呈

担人：重庆顺发祥号（民生路第283号）

七月二十五日

7. 重庆粉江饭店为8月20日被炸损失请登记事呈重庆市政府文(1940年8月)

窃粉江饭店设于五四路10号，于本月二十日被敌机烧夷弹全部焚毁，计损失全部生财、家具，总计42500.00元，合行呈请备案。谨呈：

重庆市政府

粉江饭店　呈

中华民国二十九年八月

重庆市粉江饭店8月20日被炸损失单

装修	10900.00元	木器	12500.00元
瓷器	9800.00元	布匹、棉絮	4700.00元
铁器	1300.00元	电料	3300.00元
总计国币42500.00元			

8. 重庆粉江饭店为8月20日被炸损失请登记备案事呈重庆市社会局文(1940年8月)

窃商二十七年冬组设粉江饭店于五四路10号,开贸营业。迄至二十八年,"五·四"敌机狂炸,所有都邮街、大阳沟一带,曾遭轰炸。因邻近之故,粉江亦被震坏。乃于八月初旬,冒险鸠工修复,期为增加后方生产之计,虽损失綦重,亦未呈报钧局。本月二十日,敌机投下多量烧夷弹,致全部尽付一炬,损失罄尽,总计损失42500.00元。除分呈损失数目外,理合呈请备案,伏乞鉴核批示只遵。谨呈:

重庆市社会局局长包

粉江饭店　谨呈
中华民国二十九年八月

重庆市粉江饭店8月20日被炸损失单

装修	10900.00元	木器	12500.00元
瓷器	9800.00元	布匹、棉絮	4700.00元
铁器	1300.00元	电料	3300.00元
总计国币42500.00元			

9. 裕记稻香村糖食糕饼生理为报陈历年被炸损失请鉴核备查事呈重庆市社会局文(1940年10月23日)

窃民历经商业,牌名"裕记稻香村糖食糕饼生理",曾佃得本市新街口(现即中正路第172号)铺房营业有年,即佃大梁子神仙口(即中正路第503号)铺面开设分店以来,于去岁"五·三"、"五·四"分店当被敌机轰炸,损失货品、家具,计洋1000.00余元。复于今年八月九日,敌机又将新街口营业铺房全遭炸毁,倒塌无余,并存放本市棉花公所内之账据等项悉被燃烧,连有货品、家具,共计损失洋八千数百余元之巨。原民营业以及同业经营糖食糕饼者,虽然纵有帮会组织,未见有人进行负责,致未加入商会,是此惟民不意,只得有将敌机连炸损失实情呈恳钧局鉴核,府准备查,以维营业,而恤艰苦,德无暨矣!

谨呈：

陪都市市政府社会局钧鉴

裕记稻香村糖食糕饼生理
中华民国二十九年十月二十三日

10. 傅治平为报陈其所开设之嘉鱼号迭次被炸情形请鉴核事呈财政部川康直接税局重庆区分局文（1941年5月）

窃商开设于中华路2号，牌名"嘉鱼"，不幸去前两年迭次被炸，及至二十九年八月十九日，竟将房屋、器具、账簿等项完全焚毁，商之损失可谓极矣。后于九月一日多方贷款，始将房屋略建数间，至二十九年九月十八日作为临时复业，以维生活。即以时间计，商只有三月余之营业，况物价飞涨，前后又复受灾三次，损失实为过巨，所谓得不偿失。理合据实呈明来案，恳祈鉴核，倘蒙恩准，实沾德便。谨呈：

财政部川康直接税局重庆区分局公鉴

商　傅治平
中华民国三十年五月

11. 邬德成为补报其所经营之德成源饭馆1940年9月25日被炸损失情形请免查账据事呈财政部川康直接税局重庆分局文（1941年6月）

商经理德成源饭馆，不幸于民二十九年旧历九月二十五日午前遭敌机肆虐，馆址全部炸毁，所有账据以及生财、器物悉化灰烬，情迫莫何，乃改营茶社，藉维生计。惟因忧愤过程，遂忘手续，未据情申报钧局查核，自知未合。但受灾事实昭然若揭，理合补报被炸损害，呈请钧局鉴核，请予免查账据，以恤灾情而示仁爱，无任深沾！谨呈：

财政部川康直接税局重庆分局公鉴

具呈人　邬德成

（年龄：47岁；籍贯：巴县；住址：中正路38号）

中华民国三十年六月

12. 中国饭店经理范伯溶为陈报该店7月29日被炸损失情形请派员勘验并准予备案存查事呈财政部川康直接税事务所文（1941年8月2日）

窃商民范伯溶于本市中二路23号开设旅馆一所，牌名"中国饭店"，不幸于七月二十九日午间中敌弹3枚，除后楼全部损失外，即前楼之屋瓦、门窗暨家具、什物等亦为震毁，其损失之大，一时难以详列，比较一二两次尤为过甚，约计复在50000.00元以上。理合具文报请钧所派员勘验，准予备案存查，实不胜感戴之至。谨呈：

财政部川康直接税事务所

具呈人　中国饭店经理　范伯溶
中华民国三十年八月二日

附杨曙9月16日之调查于后：

查中二路23号中国饭店报于七月二十九日被炸，损失家具、什物、屋瓦、门窗等，计50000.00元以上。经职前往调查，该店房屋系租居营业，除屋瓦、门窗之损失碍难准予列支外，所损失之家具、什物等类，经详查核定18000.00元之谱。否当？理合签请鉴核。职杨曙，九月十六日。

13. 凯歌归餐馆经理为报陈该餐馆6月29日被炸损失情形请鉴核备案事呈重庆市社会局文（1941年8月）

窃商于本市新生路92号经营之凯歌归餐馆，于本年六月二十九日午后一时，遭寇机投弹，将餐馆内房屋及厨房炸毁。商为供应社会人士需要，当经雇工将房屋修理完整，继续营业。除将器具损失国币5805.30元报请中央信托局保险部赔偿外，为此具文，理合报请钧局鉴核备案！谨呈：

局长包

经理　甘俊谷　呈
中华民国三十年八月

14. 广东大酒家经理刘冠海为报陈该店6月7日被炸及理赔情形请加盖局印事呈重庆市社会局文（1941年9月8日）

窃敝酒家前于本年六月七日中弹被炸，损失家私及生财、器具十分之六，业经开具清册，呈报中央信托局保险部审核，并蒙即日派员会同公益公平行人员至店查勘，验明属实，准予赔偿陆地兵险损失费国币□3184.50元。兹并奉该局产赔字第1□00号□函，并附陆地兵险赔偿第297□□□正副收据共三纸，饬送贵局盖印后来处领款，等因。理合将该原收据三纸，备文呈缴察核，敬祈准予加盖局印，发还具领，俾资持赴取款，实为公便。谨呈：

重庆市社会局局长包

广东大酒家经理　刘冠海
中华民国三十年九月八日

15. 上海五芳斋菜社经理张震国为陈报该店6月15日被炸损失情形请加盖印章及备案事呈重庆市社会局文（1941年9月11日）

窃民于本市林森路38号开设五芳斋菜社，曾蒙钧局谕令为指定商店，并特许向中央信托局投保兵险国币10000.00元在案。不幸民店于本年六月十五日被炸，全部损失无遗。经中央信托局派员查勘属实，允许赔偿损失国币9466.51元，并附到收条三纸。除收条已经呈送外，理合具呈钧局，请求备案，并予加盖印章，俾可持向领款，设法复业，以维生计，实为德便！谨呈：

重庆市社会局局长包

具呈人　经理　张震国
通讯处：本市林森路287号转交
中华民国三十年九月十一日

16. 吴佩球为补报奇美食品商店8月13日被炸损失情形请存案备查事呈重庆市社会局文（1941年10月6日）

窃商民吴佩球，籍浙江杭州，年39岁，开设奇美食品商店于上清寺街58号，前经钧局许可在中央信托局保有陆地兵险国币洋4400.00元整，领得14300号保险单1纸。于前八月十三日上午，敌机肆虐，民店门面、生财等被毁，已经中央信托局益中公证行调查确实。后重行添置生财、家具，装修门面复业，现由中央信托局承认赔偿国币洋1862.43元，出有赔款收据。上项情事，本应被炸时立即呈报钧局存案备查，实因商民不详手续，以致误事，恕民不知所为愿□，兹特重行呈报调查，以便领取赔款，□乞恩准，实为德便！此呈：

重庆市社会局钧鉴

商店　奇美

经手人　吴佩球

住上清寺街58号

中华民国三十年十月六日

17. 重庆汇利大饭店经理高治平为报陈该店迭次被炸损失情形请存案备查事呈重庆市社会局文（1942年2月19日）

窃查三十年六月一日、七日及七月三十日敌机袭渝时，本店门市部及餐室内部门窗设备并餐具等三次连遭损失，当时呈报警察局及承保保险公司备案。理合呈报钧局予以存案备查为祷。谨呈：

重庆市社会局

汇利大饭店经理　高治平　呈

中华民国三十一年二月十九日

十三、重庆市百货业同业公会及所属抗战财产损失

1. 重庆均益百货商行经理李百先为报陈该店6月24日被炸损失情形请鉴核备案事呈重庆市社会局文（1940年7月1日）

窃商行前蒙钧局指定为本市非常时期之营业商店，以供应社会日用之需要。本月二十四日，敌机滥炸本市，商行不幸被敌机投掷重量炸弹，致将房屋、家具全部及货物之一部分炸毁，损失达20345.61元，情实难堪。除积极办理善后一切事宜，并筹备复业外，理合将损失数目抄列详单，随文呈请钧局鉴核备案，实为公便。谨呈：

重庆市社会局

重庆均益百货商行

经理　李百先

中华民国二十九年七月一日

重庆均益百货商行6月24日被敌机炸毁之货物、家具损失清单

损失名称	数量	单价（国币元）	金额（国币元）
3000银龙门麻纱舞袜	49打	70.00	3430.00
320、370爽而薄男女纱袜	195打	37.00	7215.00
101、102龙门麻纱男女袜	247打	28.00	6916.00

续表

损失名称	数量	单价（国币元）	金额（国币元）	
各项样货	29打	不一	1210.00	80.00元女汗袜4打，22.00元男袜5打，26.00元男袜5打，72.00元纱舞袜5打，30.00元男袜5打，28.00元背心5打
生财家具			465.01	细目账载
借用家具			180.00	沙发睡椅1张，茶碗20套
店员损失			759.00	被盖、衣物等
装修			170.60	细目账载
合计损失国币20345.61				

2. 重庆均益百货商行经理李百先为报陈被炸损失情形请备案事呈重庆市社会局文（1940年8月25日）

窃商自六月二十四日遭敌机炸毁后，于本月十日在至诚巷第三号复业以来，不意于二十日再被敌机狂投烧夷弹，将房屋、家具、货物、总账及其他一切有关单据完全焚毁。前后损失极为惨重，一时难以估计。尚有号内职员郭君随身携带之小型皮箱1只，内计：日记账1本、销货账1本、售货发票1本、重庆均益商行腰圆形图记1只、现金1560.00余元，在左营街大隧道内躲避，不幸洞口被敌机投弹，死伤多人，一时秩序大乱，纷纷奔逃，致将皮箱遗失，所有内该外欠均无法清理。除分呈备案并登报声明悬赏招寻失物外，理合具文呈请钧局鉴核备查，实沾德便。谨呈：

重庆市社会局钧鉴

均益百货商行经理　李百先
中华民国二十九年八月二十五日

3. 同昌商号经理况治平为报陈该号9月16日被炸损失情形请存案备查事呈重庆市社会局文（1940年9月）

窃商同昌商号经理况治平，住本市小较场18号，贩运进口百货，营业一载无异。不料本月十六日午前二钟，日机夜袭，市区突遭轰炸，窃商住址全部被毁,店用家具一无所存,所有货物炸毁之外,因房壁破坏,复遭偷窃,仅挖出少许,其余损失货物总值国币4783.50元整(详单列后)。特此具呈各主管机关外,理应报呈钧局,恳予存案备查,实为德便。谨呈:
重庆市社会局钧鉴

具呈人　同昌商号

中华民国二十九年九月

同昌商号被炸损失货物名单

货名	数量	单价(国币元)	金额(国币元)
车轮真麻纱男袜	95打	30.00	2850.00
车轮真麻纱舞袜	20打	45.00	900.00
麻网衬衫	2打	180.00	260.00
华东鞋油	3笋	120.00	360.00
白熊雪花	半打	96.00	48.00
二号白熊香粉	半打	75.00	37.00
三号白熊香粉	半打	45.00	22.50
二号白菊香粉	半打	85.00	42.50
大号皇后香粉	半打	68.00	34.00
二号皇后香粉	半打	60.00	30.00
二号白熊胭脂	半打	36.00	18.00
三号白熊胭脂	半打	24.00	12.00
皇后胭脂	半打	28.00	14.00
牡丹胭脂	半打	25.00	12.50
玫瑰香粉	半打	85.00	42.50
合计			4783.50

4. 大庆百货号为报陈5月3日被炸损失情形请派员查勘并准予备查事呈财政部川康直接税局重庆分局文(1941年5月5日)

窃商店开设百货业于民权路15号,不冀本月三号敌机窜入市空滥施轰炸,城区受灾,惟民权路一段较烈。商店命中一弹,将房盖销毁净尽,楼盘为之洞穿，玻质货品多被震坏，生财损失尤甚。值此仓忙之际，正雇工整理房屋，一面清查货品、生财之实际损失。是以，先为具报贵局准予备查，并请派员临场察勘，赓即由商店将一切损失另行清点，列单呈报，俾于年终结算时得由贵局予以弥补，实为公便。谨呈：
财政部川康直接税局重庆分局公鉴

大庆百货号

中华民国三十年五月五日

附杨曙5月28日之调查于后：

　　查民权路15号大庆百货号五月三日空袭被炸，所报货物损失700.00元，经职前往调查属实。其所报修理费一项，应予剔除。有当？理合签请鉴核。职杨曙，五月二十八日。

5. 重庆益记商号为报陈5月3日被炸损失情形请备查事呈财政部川康直接税局重庆分局文（1941年5月）

　　窃于五月三日正午十二时敌机袭渝，商号前后左右被投重弹，所有日售商品暨营业上需用家具、玻片等物已被震毁一部，除当请直属保甲长莅临查勘并报本业同业公会暨社会局外，理合呈请钧局俯赐备查，实沾德便。谨呈：
财政部川康直接税局重庆分局
计附呈震毁商品单一支

具呈人　重庆益记商号

经理　王健熙

住民权路45号

中华民国三十年五月

重庆益记商号5月3日被炸损毁货物清单

单价（国币元）	品名	数量	金额（国币元）
365.00	2磅水瓶	3个	91.25
20.10	有盖玻杯	3打2个	63.65

续表

单价(国币元)	品名	数量	金额(国币元)
15.00	无盖玻杯	2打10个	42.50
9.16	大号白玉牙粉	4瓶	36.67
75.00	二号白玉牙粉	3瓶	18.75
120.00	大号新三星香水	9瓶	90.00
84.00	渝磁茶壶	4个	28.00
2.50	泥玩具人	3个	7.50
36.00	印花布毯	2条	72.00
3.96	大号玻瓷胆瓶	2个	7.92
103.08	各式荷叶玻瓷花瓶	33个	103.08
30.24	泡冰玻料杯	7个	17.64
2.90	玻料果盘	3个	8.70
56.40	渝磁奶缸	7个	32.90
38.00	小瓶密油	半打	19.00
3.00	渝瓷皂盒	1个	3.00
22.00	二号本地生发油	10瓶	18.33
14.00	三号本地生发油	8瓶	9.33
6.00	四号本地生发油	11瓶	5.50
72.00	玻料糖缸	4个	24.00
60.00	二号玻料糖缸	2个	10.00
198.00	二号明星香水	2瓶	33.00
3.50	旧发油	2瓶	7.00
40.00	星唛牙签	9盒	30.00
42.00	22寸锑锅	1个	42.00
3.50	大号多利发蜡	4瓶	14.00
2.35	二号多利发蜡	3瓶	7.05
6.00	电木皂盒	2个	12.00
180.00	花领带	7根	105.00

以上共29宗商品,计损失国币959.77元整

6. 永丰百货号为报陈 6 月 7 日被炸损失情形并宣告停业请派员调查事呈财政部直接税局重庆分局文（1941年6月）

窃本号坐落中正路416号，经营百货商业。六月七日敌机袭渝，本号前后房屋被炸，货物、家具损失甚多，除一部分货品于破瓦颓垣中捡出损失较少外，其余货品均皆损失，计约5000.00余元。查本号资本原即薄弱，此次被炸，损失过重，原有存款各户均于此时提取，本号金融枯竭窘迫，环生虽欲，勉力撑支，事实难于应付，不得已不于此时宣告停业，以资结束。本号春季曾在钧局申请之营业登记，请即准予注销并恳派员调查，不胜感祷。兹特备文呈请备案，敬祈鉴核。谨呈：
财政部直接税局重庆分局

永丰百货号谨呈
通讯地址：中正路405号
中华民国三十年六月

7. 重庆宝元渝百货商店为报陈迭次被炸损失情形请鉴核并准予提付空袭损失事呈财政部川康直接税局重庆分局文（1941年8月6日）

窃查商号陕西路218号房屋二院，全部佃与宪兵第三团团部租用。年来敌机肆虐，迭被轰炸，后院直接中弹，全行炸毁。前院及门市铺房三间均被震坏，修复后又因紧邻建设银行被炸，复受波及，内外墙壁、屋瓦，概受震毁，并有部分坍塌。截至现在，综计历次损失，共值国币72000.00元整。理合遵照规定，备文报请钧局俯赐鉴核，准予提付空袭损失，以恤商艰，实沾德便，并候示遵。谨呈：
财政部川康直接税局重庆分局

具呈人　重庆宝元渝百货商店
住址：陕西路214号
中华民国三十年八月六日

8. 重庆华茂百货商店为补报6月7日被炸损失情形请备案事呈重庆市社会局文（1941年9月6日）

窃商经营华茂百货商店于民族路212号，不幸于本年六月七日空袭被炸，全部毁灭。是时因不明手续，未经呈报钧局备案。兹因向中央信托局领取兵险赔款，乃悉行呈报。理合具文遵令补行呈报钧局备查。谨呈：
重庆市社会局

华茂百货商店经理　李道庄
暂住江北王家巷6号
中华民国三十年九月六日

9. 重庆西南百货商店为报陈6月2日被炸损失情形请鉴核备案事呈重庆市社会局文（1941年9月12日）

商于六月二日午前十一时敌机袭渝，隔壁命中炸弹波及，商损毁玻璃一部分（计每张价120.00元，3020玻璃5张；又价4012玻璃14张；价80.00元，18×12玻璃7张），统共损失法币洋2840.00元整。除当时报请信托局派员查勘，赓即料理赔款手续外，理应据实呈请钧局鉴核，并恳备案存查，以沾德便。谨呈：
重庆市社会局公鉴

陪都西南
经理人　郭佑单
地址：民权路89号
中华民国三十年九月十二日

10. 重庆宝元渝百货商店为报陈6月2日被炸损失情形请鉴核并准予提付空袭损失事呈财政部川康直接税局重庆分局文（1941年11月7日）

窃查商号民权路街房一处，尚未编定门牌号数，地址在重庆中国国货公司对面，现在佃与华丽绸布商行租用。该房原系佃与国货公司，于本年六月二日被炸，直接中弹，全部炸毁，嗣经重建，始另佃与华丽。所有六月二日被炸损失，以当时价值计算，应值国币32000.00元。理合遵照规定，具文报请钧局俯赐鉴核，准予提付空袭损失，以恤商艰，实沾德便，只候示遵。谨呈：

财政部川康直接税局重庆分局

具呈人　重庆宝元渝百货商店经理　黄凉尘

住址：重庆陕西路216号

中华民国三十年十一月七日

11. 重庆公记渝商号为呈报6月1日被炸损失情形及增资经过请鉴核备案事呈财政部直接税局重庆分局文（1941年11月28日）

窃商号原于本市临江路16号集资28000.00元，经营百货贸易，不幸本年春季先遭宝庆覆车损失（前已呈报有案），继于六月一日敌机袭渝时，商号房屋又被投中数弹，不独所有生财、器具悉毁无余，即存号货物亦被炸损失，以致全部资本几至消蚀罄尽。当时一以敌机不断来袭，再以剩余资本些微，不敷周转，只得率同店友，暂避江津，徐图恢复。历经周折，始于九月间仍由原股东等勉增资本60000.00元，连前共成88000.00元整，迁寓中正路258号怡康栈内继续营业。

查商号原屋被炸，迄今仍未修复，存货损失情形亦为同院广和号及上川公司等近邻目睹，不难据以查证。惟念商号在增资复业规模粗经就绪之初，因对法定手续未能明了，以致申请程序稍稽时日，钧局体恤商情，谅邀鉴原。所有上述被炸损失情形及增加资本经过，理合检附损失清单，具文呈请鉴核，准予备案，无任德便。谨呈：

财政部直接税局重庆分局

附被炸损失清单一份

具呈人　重庆公记渝商号

经理　艾龙齐

住址：中正路258号怡康栈

中华民国三十年十一月二十八日

重庆公记渝商号6月1日空袭被炸损失清单

名称	数量	单价（国币元）	总价（国币元）	备考
鹧鸪菜	149打半	19.20	2870.40	因受湿未售，系上次春季翻车货
大喜胶鞋	2打	150.00	300.00	同上
大喜力士鞋	3打半	135.00	472.50	同上
金刚钻鞋油	1箩4打	182.00	242.66	每箩12打计算，因受水湿未售
三星蚊烟香	35打半	35.00	1242.50	因途中间有震坏，待整理，适被炸尽
棕绷床	2张	30.00	60.00	
独睡铁床	1张	120.00	120.00	
大方桌	2张	35.00	70.00	
账桌	1张	28.00	28.00	
方凳	2张	5.00	10.00	
藤圈椅	2个	15.00	30.00	
衣箱	3个	250.00	750.00	皮箱2只，藤箱1只，内均放置衣服
行李	6床	110.00	660.00	
板凳	4件	5.00	20.00	
麻袋	10条	10.00	100.00	
油布	9张	15.00	135.00	
算盘	1把	30.00	30.00	
电灯	3盏		170.00	
文具		30.00	30.00	笔砚、印泥、墨水、打印台、水池等
面盆	2个	25.00	50.00	
热水瓶	1个	25.00	25.00	
茶壶	1把	5.00	5.00	
合计			7421.06	

12. 重庆市百货商业同业公会为证明会员三星牙刷厂被炸属实转请查照事致财政部直接税局重庆分局文(1941年12月3日)

案据本会会员三星牙刷厂报称："窃会员于二十九年八月二十日被敌机轰炸，损失3000.00余元，当时曾经报请大会备查在案。兹因所得税局查账，认为不确，特为函请大会转函证明，实沾德便"等由，到会。查三星牙刷厂于二十九年八月被炸属实，并经报请本会备查。兹据前由，相应函达贵局，希烦查照为荷。此致：

财政部直接税局重庆分局

重庆市百货商业同业公会启
三十年十二月三日

13. 重庆市百货商业同业公会为填报抗战损失报告表请查核汇转事致重庆市商会文(1945年10月3日)

案准大会本年九月十七日(三十四)工商字第639号通知开：略以抗战损失报告表迭经层峰催报一案，应迅予转知各会员填报，以凭汇转，等由，准此。自应照办。当经分别转知各会员，依限填报。兹仅有会员15单位填报来会，特造具清册1份，连同报告表26份，至请查核，并祈连同本会九月二十日造报会所损失表一并汇转为荷！此致：

重庆市商会

附财产损失清册1份、损失表26张

理事长　蒋恕诚
中华民国三十四年十月三日

重庆市百货商业同业公会抗战财产损失汇报表

民国三十四年十月二日,总务股制

商号名称	直接损失	间接损失	备考
建生行	10000000.00元		1943年柳州战役
勤丰贸易行	380000.00元	120000.00元	1939年被轰炸
小吕宋	4190000.00元	790000.00元	同前
德盛祥	2000000.00元	95000.00元	1940年被轰炸
童心公司	52000000.00元	1200000.00元	湘桂战事吃紧
协康商行	2300000.00元	62000.00元	1939年被炸
民新公司	133140000.00元	16000000.00元	同前
恒生百货号	800000.00元	1200000.00元	"七七"事变
集福商店	31562600.00元	13315200.00元	1939年被炸
华华公司	20000000.00元	15000000.00元	同前
华昌友记行	96000000.00元	17750000.00元	同前
遂庆	160000000.00元		
华蜀行		1335000.00元	
中国物产公司		67894.60元	
老马人和	440000.00元	856000.00元	1939年被炸
以上共15家,计直接损失数目为512812600.00元,间接损失为67791094.60元,总共损失为580603694.60元			

十四、其他

1. 王瑞霖等为报陈8月20日被炸损失情形请求抚恤事致重庆市干菜商业同业公会文（1940年9月）

敬启者。八月二十日，大批敌机挟其重量炸弹及烧夷弹狂炸本市，大会地址着火燃烧，所有公私什物悉被焚毁。而员役等多年劳苦心血所构成之衣物、书籍等件，同葬火窟。夫祸由敌寇所作，固应咬紧牙关，加强工作，争取胜利，向敌寇索债，夫复何言。唯员役等大都寒酸，所失无力购置，且暑尽秋来，瑟缩堪忧。窃思服务大会有年，棉力虽极微薄，忠贞尚可表白。

自去岁五月三日起，敌机时袭本市，满城风雨，逃走一空。兼以物价飞涨，生活逼人，处此双重威胁之下，仍安常工作，从无退意，良以感蒙诸公挚爱之殷与帮人推许之重，誓尽毕生力与大会共休戚也。不意祸遭非常，损失惨重，五中俱焚，莫知所措，迫不护已，协议各将损失略为开列，敬呈台座，即祈亮察。倘蒙念其微劳，悯其愚悃，酌加抚恤，则莫世不忘也。临款不胜惶悚，迫切待命之至，此上：

主席谭

常务杨、贺钧鉴

附呈损失略单一纸

秘书　王瑞霖

陈景陶

朱银发

胡炳卿

王瑞霖8月20日被炸损失衣物、书籍略单

名称	数量	名称	数量
皮挑箱	1担	铺陈	全套(计帐子、铺盖、枕头、毯子、篾草席)
长毛驼绒棉袄	1件	旧花毛呢大衣	1件
青毛哔叽下装	1件	中式汗小衣	2套
蓝布衫	3件	衬衫	5件
长短衬裤	4件	棉袜	5双
葛巾	3张	呢帽	1顶
草帽	1顶	小时钟	1个
参考文学小学书籍	约100余册	修胡刀	1把
毛线汗衣	2件	统绒汗衣	1件
黄黑皮鞋	各1双	黄灰哈机中山服	各1套
洋瓷盆盘	各1个	镜子	1面
剪刀	1把	梳子	1把
瓷杯	2个	瓷碗	3个
玻璃杯	1个	冲牙筷	2双
南腿	1双	蜂糖	2斤
砚台	1个	瓷笔筒	1个
绒线下装	1件		

陈景陶8月20日被炸损失略单

名称	数量	名称	数量
湖棉滚身	1件	青布马褂	1件
绒呢汗衣	2套	枕头	2对
蓝布衫	2件	马褂呢马褂	1件
鸭绒袜子	4双	白丝袜子	3双
织贡呢鞋	1双	冲织贡鞋	1双
青布鞋	1双	胶鞋	1双
青洋布夹裤	1条	新毛葛巾	2张
被盖	1床	棉絮	1床
葛纱袜子	1双	麻纱袜子	2双

续表

名称	数量	名称	数量
篾席	1床		

朱银发8月20日被炸损失略单

名称	数量	名称	数量
蓝布衫	1件	汗小衣	1套
被盖包单	1张		

胡炳卿8月20日被炸损失略单

名称	数量	名称	数量
木箱	1口	青布长裤	1条
青布中衣	2条	跑鞋	1双
皮拖鞋	1双	黄短裤	2条
白短裤	2条	冲华达呢西式下装	1条
被絮	1床	枕头	1个
柳条府绸衬衣	1件	黄斜纹衬衣	1件
牙膏	1瓶	青布棉袄	1件
青布夹衫	1件	蓝布衫	2件
缎帽	1顶	织贡呢鞋	1双
双骑马小圆形挂表	1只	电筒	1支
毛毯	1床	草席	1床
白布衬衣	1件	牙刷	1把
袜子	3双		

2. 重庆市理发商业同业公会主席为报告8月9日会址被炸毁及迁住地点情形请备查事呈重庆市商会文(1940年8月)

窃属会于本年八月九日午后十二钟,敌机空袭本市,投掷燃烧弹2枚,将会址全街焚毁,会内所有公文、卷宗、用具及职员衣被等,悉被焚毁。昨经执监会议决,暂将会址设住保安路126号,继续办公。合将会址被炸焚及迁住地点,具文呈报钧会,请予备查！谨呈：

重庆市商会

重庆市理发商业同业公会主席　潘肇卿

中华民国二十九年八月

3. 重庆市人力车商业同业公会为报告该会车辆被炸损失情形请查照备案事致重庆市工务局车务管理处文稿(1940年7月20日)

查本市自五月敌机肆虐以来,本会各会员车行车辆被炸甚多。截至现在止,除车行财屋损失另向有关当局登记外,所有炸毁或在混乱当中遗失之车辆共计65部。相应将各该车辆号数、牌名、损失情形、日期、地点册报贵处,请烦查照备案,并予补发号牌为荷。此致:

重庆市工务局车务管理处

计附损失车辆详册1份

重庆市人力车商业同业公会启

中华民国二十九年七月二十日

重庆市人力车商业同业公会各行车辆被炸损失统计册

(民国二十九年五月起至七月二十日止)

车行名车	车辆损失数目	车牌号数	损失块数	被炸地点	被炸日期	备考
禄记新生活	1	1025	1	南区公园	5月28日	
禄记新生活	1	1026	2	南区公园	5月28日	
禄记新生活	1	1036	1	南区公园	5月28日	
霜记同福	1	1218	2	南区公园	5月28日	
海记福临	1	1224	2	南区公园	5月28日	
海记福临	1	1226	2	南区公园	5月28日	
海记福临	1	1229	2	南区公园	5月28日	
王记美利时	1	1061	2	南区公园	5月28日	

续表

车行名车	车辆损失数目	车牌号数	损失块数	被炸地点	被炸日期	备考
利济	1	1774	2	南区公园	5月28日	
利济	1	1779	2	南区公园	5月28日	
卿记争先	1	525	2	南区公园	5月28日	
信记美利	1	539	2	南区公园	5月28日	
志记美利	1	506	1	南区公园	5月28日	
永记美利	1	549	2	南区公园	5月28日	
锡记道康	1	1414	2	南区公园	5月28日	
君记利威	1	559	1	南区公园	5月28日	
蒋记一三	1	627	2	南区公园	5月28日	
礼记驰川	1	1596	2	南区公园	5月28日	
符记美利时	1	1058	2	南区公园	5月28日	原是王记
公记进步	1	142	2	南区公园	5月28日	
简记兴泰	1	1672	1	南区公园	5月28日	
墙记大陆	1	1424	2	南区公园	5月28日	
荣记同裕	1	1743	2	南区公园	5月28日	
履泰	1	954	1	南区公园	5月28日	
纯记如如	1	1646	2	南区公园	5月28日	原是四记
银记如如	1	1634	2	南区公园	5月28日	原系光记
伯记蜀华	1	1696	2	南区公园	5月28日	
星记御风	1	267	1	南区公园	5月28日	
张记通远	1	1183	1	南区公园	5月28日	
简记益美	1	226	2	南区公园	5月28日	
霜记同福	1	1216	1	南区公园	5月28日	
周记陆通	1	1714	2	南区公园	5月28日	
鼎记安远	1	209	1	南区公园	5月28日	
祥记御风	1	1350	1	夫子池	6月11日	
祥记御风	1	1352	1	夫子池	6月11日	
胡记益州	1	1873	2	夫子池	6月11日	
张记平平	1	1435	2	牛角沱	6月10日	
墙记大陆	1	1426	2	牛角沱	6月10日	
醴记共和	1	814	2	石庙子	6月28日	

续表

车行名车	车辆损失数目	车牌号数	损失块数	被炸地点	被炸日期	备考
光记兴泰	1	881	2	石庙子	6月28日	
许记兴泰	1	198	2	石庙子	6月28日	
许记兴泰	1	199	2	石庙子	6月28日	
和记履泰	1	125	2	神仙洞	6月28日	
叶记吉利	1	1213	2	神仙洞	6月28日	
璋记进步	1	1680	2	神仙洞	6月28日	
南方	1	1264	1	金沙岗	6月10日	
杨记大铬	1	1011	1	神仙洞	6月28日	
明记念一	1	1014	2	安乐洞	6月24日	
王记同福	1	356	2	安乐洞	6月24日	
德记同裕	1	1841	2	安乐洞	6月28日	
刘记益州	1	1974	2	安乐洞	6月28日	
星记御风	1	265	1		6月10日	
星记御风	1	268	1		6月28日	
星记御风	1	269	1		6月28日	
保记车行	1	632	2		6月29日	
保记车行	1	639	1		6月29日	
李记争先	1	720	2		6月29日	
进记协成	1	178	2	安乐洞	7月9日	
淮记滋生	1	1821	2	枣子岚垭	7月8日	
撲记平安	1	317	1	南区公路	5月28日	
曾记利通	1	3	1	南区路	7月8、9两日	
曾记利通	1	6	1	南区路	7月8、9两日	
曾记利通	1	17	1	南区路	7月8、9两日	
易记履泰	1	952	2	南纪门	6月28日	
同记进步	1	1622	2	南纪门	6月12日	
共计65部						

4. 重庆永生号报陈被炸损失情形请彻查事呈财政部所得税事务处川康办事处重庆区分处文(1940年8月)

商于本年二三月份托祥记在麻柳场采办药材黄姜200包、渝买粉草大小9捆,共计成本17248.31元。除粉草售得2600.00余元尚未结账,至存堆之黄姜,不幸于六月十二号在三牌坊同德云被烧炸,损失22包。又于六月二十五号在兜子背陶光义堆栈烧炸,损失79包,余仅存谦泰隆99包。损失血本过重,对应上所得税品抵实得不偿失,是特声明被炸损失过重情由,报请钧所准予彻查,以资救济,实沾公便。谨呈:
财政部所得税三事务处川康办事处重庆区分处公鉴

具报告人　永生
经理　熊万林
住覃家岗同德荣内
中华民国二十九年八月

5. 重庆市颜料业同业公会为报陈8月19、20日该会会员被炸损失情形请查照事给重庆市商会的公函(1940年8月22日)

查本月十九号、二十号两日,敌机狂炸本市,本会会员商号,概居于中正路一带(即大梁子打铁街),不幸均被焚毁,损失惨重,不忍目睹。除通知各号迅将损失分别详细列表填报,以凭汇转外,相应先将受灾情形函请贵会烦为查照,至纫公谊。此致:
重庆市商会

主席　仇秀敷
中华民国二十九年八月二十二日

6. 美丽加布店经理蒋世忠为报陈8月21日被炸损失情形并停业请存查事呈重庆市社会局文(1940年8月31日)

美丽加布店,住民族路84号,于本月二十一日敌机袭渝,不幸中弹起火,民不得同店,无法施救,即将民店货物连年账据、印鉴、家具、店员衣服、行李等，一概烧尽。商民无法可设，即召集股东商议，现已停业，故呈报钧局，以便存查，激沾德便。谨呈：

重庆市社会局钧鉴

具呈人　美丽加经理　张世忠
中华民国二十九年八月三十一日

7. 世丰合号经理李慧亭为报陈厨工刘万全乘空袭拐走货物情形请鉴核备查事呈重庆市社会局文（1940年8月）

窃商世丰合，住林森路36号，营业川产绸缎货品，历有年所。近月以来，空袭频仍，商为保存物力，维持市面销场计，故每月于警报发生时，将所有重要货物随身带入防空洞内，以免无谓牺牲。乃七月九日发警报时，仍命厨工刘万全，将零货捆成一包，到防空洞躲避。当日敌机袭蓉，渝免于难，殊该刘万全昧良，竟将货物一包拐逃。查刘万全，系巴县太和场人，所拐逃货物共值法币2006.30元整，有账可查。当即登商务日报，悬赏寻拿。除报钧局鉴核，恳予备查，实沾德便。谨呈：

重庆市社会局

具呈商　世丰合
经理　李慧亭
中华民国二十九年八月

8. 苏州野荸荠号经理彭锦缘为报陈该号8月19日被炸损失情形请备案事呈重庆市社会局文（1940年8月）

商在民权路营业糖果业务，于前八月十九日惨遭敌机狂炸投掷燃烧弹，致将商号悉行毁烧，计损失生材在2500.00余元，货物损失在13000.00余元，并账据等项，因燃烧过猛，不及移出，以致一并被烧。用特呈报钧局，伏乞鉴核，以资备查。谨呈：

重庆市社会局钧鉴

具报告人　野荸荠　彭锦缘
中华民国二十九年八月

9. 民社总干事李炳卫为报告8月20日被炸损失情形呈重庆市政府文（1940年9月1日）

敬肃者。本月二十日午后三时，民社（临江路韭菜园2号）因空袭起火，同人避袭归来，无路无法抢救，将三楼上下公私财物以及年来收藏之图书均成灰烬。除呈报外，理合报闻。谨呈：

重庆市政府

民社总干事　李炳卫
通信处暂设道门口中央银行业务局李安民转
中华民国二十九年九月一日

10. 齐文玉为报陈其华光楼街房产8月20日被炸损失情形请备查事呈重庆市政府文（1940年9月3日）

窃原呈人先夫殁后，仅遗本市华光楼街门牌一二两号房产，招租粉江饭店经营旅馆。八月二十日，敌机袭我行都，滥肆狂炸，一切建筑焚毁一空，致将原呈人孤孀赖以生活之上述房屋概行毁尽。查此房系五层洋楼，计大小房舍80余间，建筑费用损失165000.00元。兹特具文呈请钧府俯赐察核，准予备查，批示只遵。谨呈：

重庆市政府公鉴

具呈人　齐文玉率子忠奎
现住江北鸳鸯桥千秋郭东水门石门坎傍义生
中华民国二十九年九月三日具呈

11. 重庆市面食商业同业公会为报陈8月19日会所被炸迁新址办公请查照事致重庆市商会文（1940年9月17日）

迳启者。本会尚武巷会所于八月十九日敌机轰炸本市时被焚，现暂迁于响水桥街56号继续办公。相应函达，即希查照为荷！此致：

重庆市商会

重庆市面食商业同业公会启

中华民国九月十七日

12. 重庆市棉花商业同业公会为转报会员协盛长、德记等被炸损失情形请查照备案事给重庆市商会的公函（1940年9月28日）

案据本会会员商号协盛长、德记等7家先后来函略开："窃以迩来敌机肆虐，滥施轰炸，投掷大批烧夷弹，酿成本市空前大火。会员等所有账簿、文据、图章及货物等件，俱因四面燃烧火网无法抢救，以致焚毁，有因损失过重无力恢复报请歇业者。除登报声明外，祈转呈有关当局备案存查"等情，到会。当经本会查明属实，相应汇案，缮造详细简明表1份，函请大会查照备案，并希见复为荷！此致：
重庆市商会
附表1份

主席　傅儒席

中华民国二十九年九月二十八日

重庆市棉花商业同业公会会员图章、账据被焚详细简明表

牌名	地址	被焚日期	损失事由	备考
协盛长	棉花街60号	1940年8月20日	图章、账据因四面燃烧，不及抢救，以致被焚	外又货物被焚损失过大，无力恢复，报请歇业
德记	棉花街	1940年8月20日	图章、账据因四面燃烧，不及抢救，以致被焚	外又货物被焚损失过大，无力恢复，报请歇业
义康	棉花街	1940年6月20日	公役张德全携账箱文件赴洪崖洞避空袭，洞口燃烧，无法携出，致遭损失	
瑞和	模范市场1号	1940年8月20日	携账箱文件赴白象街九保防空洞避难，该洞进出口同时着火，由火中冲出，无法携带，致遭损失	

续表

牌名	地址	被焚日期	损失事由	备考
永美花行	打铜街46号	1940年8月20日	账册、簿据因火势猛烈，四处包围，不及抢救，以致被焚	
祥兴	沙井湾	1940年6月12日	因宜昌失陷，迫不及顾，致损失图章、账据	
利顺成	棉花街35号	1940年8月20日	账簿、单据因火势迫促，不及携走，以致被焚	

13. 重庆市运输商业同业公会为报陈8月19、20日会所及会员被炸损失情形给重庆市商会的公函（1940年9月）

窃敌机轰炸渝市，燃烧以八月十九、二十两日为最烈，本会事务所、家具、文件、簿据悉被焚毁，仅保存少数文件及印信而已。查此次同业会员商号，亦被烧者，达16家以上，损失总额估计50000.00元之谱，详情另列表造报。兹本会为复兴业务，整理会务起见，特租定白象街第78号为会址，曾召开职员会，积极推进会务工作。相应函达贵会查照备案，以昭郑，而利会务，是为公便！

重庆市商会

重庆市运输商业同业公会主席　陈桂林
民国二十九年九月

14. 王绎齐为报陈南京永盛贸易行8月19日被炸损失情形请备案并予以救济事呈重庆市社会局文（1940年9月）

谨呈者。窃商号自二十六年随政府由京撤退即率领全体同人迁渝，营业三载以还，始终抱定调节供需、服务后方之宗旨，虽日在敌机狂炸之下，商号曾经数度震毁，但仍坚苦支持，不稍畏葸，随震随修，继续营业，期为社会大众服务。讵本年八月十九日，敌机袭渝，本市关庙街70号商号店址不幸中弹，全部被焚。店中存货、生财、装修损失殆尽，即二十九年度账簿、单据及同人行李、衣物等件亦均未获抢出。商民数年来辛苦经营之事业毁于顷刻，数十同人之食住生活顿感困难,伏念钧局为本市工商事业领导机关,对于商民疾苦向极关怀,理合沥陈下情,并检呈损失表一纸,仰祈鉴核备案,俯赐救济,并乞批示只遵,实为德便。谨呈:

重庆市社会局局长包

附被炸损失表一纸

具呈人　王绎齐
中华民国二十九年九月

南京永盛贸易行8月19日被炸损失表

种类	品名	数量	单位估值(国币元)	计值法币	附注
货物	百货			27000.00	
货物	布匹			16000.00	
生财装修	货架	18丈	120.00	2160.00	
	玻璃货橱	14只	180.00	2520.00	
	大门面橱	2座	2500.00	5000.00	
	四方玻璃橱	4只	400.00	1600.00	
	电灯	167盏	12.00	2004.00	
	写字台	12张	30.00	360.00	
	饭台	2张	24.00	48.00	
	直背椅	26只	10.00	260.00	
	木凳	18只	8.00	144.00	
	地上防空室	1座	1450.00	1450.00	
	各项用具			4000.00	
账据	各种账簿	8本			
	各种单据	编号至36704			

15. 群益拍卖行经理萧福春为报陈8月20日被炸损失情形请备案事呈重庆市社会局文(1940年10月)

窃商于民国二十三年约同亲友集资10000.00元,在龙王庙罗汉寺开贸群益拍卖行,曾报请重庆市政府注册有案。因生意清淡,开支繁重,历年皆有亏折,经所得税处派员查账无误。延至本年所余存货约值4000.00余元,又私人寄售货物约值20000.00余元。不意于八月二十日大批敌机狂炸本市,本行地址着火燃烧,所有全部货物悉被焚毁。在空袭警报发出时,商即将历年账据装置箱中,由福春内子钟世群携往临江门外滴水岩防空洞内躲避。该地亦同时四面着火,烟由洞外灌入,熏人欲死,纷往内奔,一时情景严重,秩序大乱,各顾生命,挤出洞口时敌机又在继续投弹无已。世群乃静伏墙角,迨警报解除后发觉所携箱物失掉,即返洞寻觅,毫无踪影。日来拜托亲友多方找寻,亦无着落。除将各种损失登报声明外,理合将损失情形报请钧局鉴核存案备查,实沾德便。谨呈:
重庆市社会局

群益拍卖行经理　萧福春
住罗汉寺街第1号
中华民国二十九年十月

16. 商民赵明森为报告10月26日商栈被炸损失情形请备案事呈重庆市社会局文（1940年11月6日）

具报告人赵明森,住通远门外上安乐洞第三号,商栈业务。为十月二十六日午后一时,敌机侵入渝市上空,商民商栈被炸毁殆尽,计损失被盖15床、茶碗20余套,及单夹棉衣、家常用具等件约值法币800.00余元。理合具文呈报钧局备案存查示遵。谨呈:
陪都市社会局鉴核

商民　赵云程、赵明森　呈
中华民国二十九年十一月六日

17. 重庆市警察局局长唐毅为报告中正路80号日商汉和洋行存物被炸焚一案调查情形请鉴核呈重庆市市长文（1940年11月15日）

案据本局外事股科员郭道熹呈称："窃奉钧长交下本市中正路日商汉和洋行存物炸毁一案，饬职前往查勘，以凭核办，等因。遵于本日（十三日）午前八时前往查勘，至则适保管人程明达外出。经多方间接调查得悉，该行查封仇货确于上月二十五日中弹燃烧殆尽，惟未见该保管人职。复于正午十二时前往一询，幸晤该保管人。谈次知该行存物于二十六年九月经市政府会同警察局第一分局长毕孔殷暨当地保长刘健民、甲长李敬之等查封，当委派程明达看管（程明达曾在汉和洋行任职）。年来市政府常派人查察，尚无异动情事。讵意上月二十五日，敌机来袭时，在该行附近投弹甚多。该行两侧同庆楼、醉湖春两酒馆当时炉火未熄，以致酿成大灾，附近房屋悉付一炬。据查，该行封存仇货纯为理发用具，并货柜数个，因付焚如，无从察看。所有奉命查勘经过情形，理合备文呈请鉴核备查"等情，据此。理合据情转呈钧府鉴核示遵！谨呈：

市长吴

重庆市警察局局长　唐毅
中华民国二十九年十一月十五日

18. 商民王资德为报告华兴利钟表行迭遭轰炸损失及复业增资等情形请鉴核备案事呈财政部所得税局重庆办事处文（1940年11月19日）

窃商民于今（二十九年）一月份接盘本市民族路217号华兴利钟表行，当以5000.00元为资本，业经呈报钧处在案。旋因百货高昂，如5000.00元之资本，实感周转不灵，乃又增加5000.00元，两共资本10000.00元，自本年一月份起即行营业。

讵知于本年六月二十六日，因遭敌机轰炸，全部炸毁，自此遂告停业。惟商民出身商人，当以生意为本，赖以为生，故招雇泥木匠仍在原址兴工建筑，以图复业。将欲工竣,逆料又遭敌机炸毁,幸未完全震塌,乃继续建筑,加添工料,并装置□部,如门橱、平橱及一切设备等等。

时甫竣工,商民正拟复业,不料于八月十九、二十两日,我陪都市区□□敌机焚烧,一时火势蔓延,以致商民新建之店铺及一切之装置,皆付之一炬,而货色亦遭损失最多□□即挂钟、座钟,因笨重而未能携出故,悉数被毁无存。商民营业时日如此六个月之短,而营业收入亦不佳,但损失迭遇,不独将原出资本10000.00全数用罄,即存货尚不足抵偿债务。处境如斯,商民本无力复业,俯思同人等之生计,且为服务社会计,抱着再接再厉之精神,依然力图复业。遂续筹资本10000.00元,并在原址复建筑店面,业于九月二十五日复业矣。

兹将一月份至九月二十四日营业收入及资本与停业后损失开支等造具收支对照表、损失报告表各一份,理合具文一并呈请钧处鉴核备查,实为公便。谨呈:
财政部所得税局重庆办事处
附呈收支对照表、货色损失报告表各一份<原缺>

具呈人　商民　王资德
商号华兴利钟表行
住址:民族路217号
中华民国二十九年十一月十九日

附戴群12月23日之调查于下:

奉查华兴利钟表行被炸损失事。至该处调查,确被炸两次。该店之进货账均已算过,如所报之数,尚相符合。谨呈鉴核。职戴群呈,十二月二十三日。

19. 大同商店为报陈8月20日被炸损失情形请备案事呈直接税处文稿(1941年1月)

窃商于二十九年八月二十日敌机袭渝时不幸全店被焚,所有一切生财、用具,以及一部分货均遭焚毁,理合开具损失清单,呈请钧处鉴核,恳请准予备案,实为公便。谨呈：

直接税处

附呈被焚损失清单1份

商　大同商店谨呈

住中正路263号

中华民国三十年一月

大同商店8月20日货物被焚损失清单

物名	数量	单价	共计	备考
缝衣机脚架	7部	70.00元	490.00元	
空军纽	20筌	8.00元	160.00元	
黑线辘	4打	4.50元	18.00元	
白线辘	5打	4.50元	22.50元	
灰线辘	2打	4.50元	9.00元	
50号线辘	半打	8.00元	4.00元	
草黄线辘	4打	4.50元	18.00元	
袄前扣	2打	7.00元	14.00元	
黑西装大纽	12筌	4.00元	48.00元	
黑西装小纽	12筌	3.00元	36.00元	
黄黑灰袄纽	20筌	6.30元	126.00元	
空军帽带	79.8码	1.50元	119.70元	
黄纺绸	半匹		70.00元	
灰纺绸	半匹		70.00元	
黑纺绸	半匹		70.00元	
浅灰纺绸	半匹		70.00元	
白老布	半匹		60.00元	
白洋布	半匹		80.00元	
法西寸	半匹30码	4.00元	120.00元	
夏布	4匹	20.00元	80.00元	
土法西寸	1匹40码	12.50元	50.00元	

续表

物名	数量	单价	共计	备考
家私用具			700.00元	
装修、生财、橱窗、玻璃等			2500.00元	
合计洋4935.20元整				

附直接税处调查于下：

　　查中正路263号大同年服店（即大同商店）去年八月敌机袭渝时遭炸受损失，呈请□查。按该店虽附有损失清单，但无证明文件，所称损失似未便予以承认。前经刘铭厚先生嘱其提出证明未果，后职迭次前往，始提出保甲长证明文件一件。但该证明文上既无乡镇公所盖印，又无住址，当即嘱其完毕以上手续。现为时已逾两月，虽经催促，尚未将该文件交来，似此未便再予搁置。理合签请鉴核只遵。职□大□，六月三日。

20. 韦绍农为报告其堆放于大石盘之杉条被炸损失情形请备案事呈财政部所得税重庆区分处文（1941年5月16日）

　　窃本月十六日午前十一时许，敌机袭渝，于黄沙溪大石盘投弹多枚，将商堆放该盘之杉条炸毁157根，理合具文呈请钧处俯赐鉴核，勘验备查。谨呈：
财政部所得税重庆区分处

经理　韦绍农
住黄沙溪竹帮街26号
中华民国三十年五月十六日

21. 重庆建都贸易商行为报陈5月3日被炸损失情形请备案事呈财政部川康直接税局重庆分局文（1941年5月19日）

　　窃商民住民权路74号，于五月三日正午十二时敌机袭渝，商民前后被投重弹，所有货物及货架、玻片等物被震毁一部。除当请直属保甲长莅临查勘并报本业同业公会暨社会局外，理合呈请钧局俯赐备查，实沾德便。谨呈：
财政部川康直接税局重庆分局局长公鉴

计附呈震毁货物单

具呈人　重庆建都贸易商行

中华民国三十年五月十九日

重庆建都贸易商行5月3日被炸震毁货物单

玻片	共计值洋2000.00元之谱	化妆	约值600.00余元
货架		棉织	约值400.00余元
陈设	约值600.00余元		
以上合共值法币3600.00余元			

22. 重庆信孚寿衣部为报陈6月1日被炸损失情形请派员踏勘并备案事呈财政部川康区重庆市所得税局文（1941年6月2日）

商信孚营寿衣业，于六月一日被敌机袭渝民族路一带乱施轰炸，商信孚不幸后面储货室前中弹一枚，致将该室炸毁。又附近街面中弹一枚，营业室、瓦桷、墙壁亦经震坏，家具、货物多被损伤，综计全部损失约12000.00余元。除暂停营业并赶工修葺以期复业外，理合报请钧局俯予派员踏勘备查，实为公便。谨呈：

财政部川康区重庆市所得税局

具呈商号　信孚号

经理　陈华峤

住民族路194号

中华民国三十年六月二号呈

重庆信孚寿衣部6月1日被炸损失清单

绣花男女靴	14双	461.00元
帽枕被袜毯	16样	687.00元
损失寿衣类	28件	2700.40元

续表

损失寿被类	18床	1615.00元
损失本机布蓉丝货	2包	3579.50元
应补修各费		542.00元
应添补家具		2500.00元
综计损失国币12084.90元		

附所得税局崔永树、沈耀邦之调查签呈于下：

查民族路信孚寿衣部呈称，于六月一日遭敌机投弹，将货室炸毁，营业室震坏，家具、货物多被损伤，综计损失有12000.00余元，等语。现经查勘，货室及营业室确系炸毁或震坏，所损货物一部分当有毁后之价，生财、器具以该号经营有年折旧数额几和生财数额相近，故，据职估计其损失应约为8500.00元之间。用以签条，谨请鉴核。职崔永树、沈耀邦合签，七月二十二日。

23. 重庆知行记为呈报6月2日被炸损失情形请备案事呈直接税局文（1941年6月5日）

窃商号不幸所租小梁子蓝家巷房屋于三十年六月二日惨遭炸毁，损失奇重，流迁可悯。除房屋暨私人用品不计外，所有生财、器具、伙食用物、文具用具等，一扫而空。兹特将损失各物造具表册，随文赍呈，恳请钧局俯赐鉴核备案。谨呈：

直接税局

附被炸损失明细表1份

商号　重庆知行记

现住千厮门行街68号

中华民国三十年六月五日

重庆知行记6月2日被炸损失清单

名称	数量	单价（国币元）	总值（国币元）	备考
写字台	3	50.00	150.00	

续表

名称	数量	单价(国币元)	总值(国币元)	备考
圆桌	1	50.00	50.00	
方凳	10	5.00	50.00	
广藤椅	3	34.00	102.00	
沙发	1	580.00	580.00	共4件
木床	2	35.00	70.00	
皮箱	2	30.00	60.00	
时钟	1	180.00	180.00	
笔墨	26	2.00	52.00	
墨水	3	7.00	21.00	
算盘	2	5.00	10.00	
墨盘	2	2.00	4.00	
水壶	4	5.00	20.00	
打印台	1	5.00	5.00	
钢尺	2	6.00	12.00	
钢尖	60	0.60	36.00	
复写纸	80	0.80	64.00	
铁锅	1	16.00	16.00	
碗柜	1	30.00	30.00	
米坛	1	24.00	24.00	
水缸	1	28.00	28.00	
铁炉	2	10.00	20.00	
笸架	1	120.00	120.00	
木盆	8	6.00	48.00	
伞	1	10.00	10.00	
钢锁	7	2.00	14.00	

24. 和记炭号为报陈6月7日被炸损失情形请备案存查事呈财政部川康直接税局重庆分局文(1941年6月15日)

商号于本年三月开始营业,曾经依法呈报在案。不幸六月七日敌机袭渝,保安路一带横遭残炸,商号适当其冲,被祸尤烈,房屋全部塌毁,店中堆存各种煤焦200余挑,事后挖掘,仅获少数,连同生财、器具损失约在3000.00元之谱。事实俱在，未敢欺蒙。现在从新建筑原址房屋，即可恢复营业，为此具文报请钧局鉴核，伏乞存查，庶纳税时有所考核。是否有当？并候批令只遵！谨呈：
财政部川康直接税局重庆分局

具呈人　和记炭

经理　黄仁礼

住址：保安路特12号

中华民国三十年六月十五日

25. 大同商号为报陈5月3日、6月7日被炸损失情形及损失清单请备案事呈财政部川康直接税局重庆分局文（1941年6月18日）

窃商自三十年二月十九日开设大同商号于保安路248号，不幸于五月三日敌机袭渝时门口中一弹，房屋全部震坏，计损失生财、器具、货品等，计值法币4876.15元，当与事后即行招工修理，继续营业。孰知六月七日敌机再度袭渝，又遭波及，计损失货品等计法币2457.00元整。理合开具二次损失清单，具文呈请鉴核备案。谨呈：
财政部川康直接税局重庆分局
附呈损失清单2纸

具呈人　大同商号

经理　陈宝泉

保安路248号

中华民国三十年六月十八号

大同商号5月3日被炸损失单

名称	数量	总值（国币元）
玻璃窗	全部	1700.00元
玻璃瓶	50个	250.00元

续表

名称	数量	总值(国币元)
四方电瓶	5个	150.00元
装修门面、招牌		325.00元
货架	1部	121.80元
椅	4张	8.00元
帆布椅	1张	13.00元
玻璃杯	4只	8.00元
茶壶	1只	6.00元
开水壶	1只	15.00元
洋瓷面盆	1个	16.00元
纸盒	150个	30.00元
面粉	1包半	60.00元
糕	72斤	168.00元
辰子	63斤	201.60元
桔子水	2打半	53.00元
肉松	24斤	268.00元
藕粉	10斤	30.00元
牛肉干	13斤	104.00元
牛奶糖	3斤半	22.40元
香蕉糖	3斤	9.00元
小桃酥	24斤	76.80元
花生糖	5斤半	168.00元
无馅饼	108个	54.00元
礼饼	145个	145.00元
软油	73个	73.00元
包袱饼	163个	326.00元
水晶	134个	268.00元
杏仁饼	88个	176.00元
花生糕		26.00元
大秤	1个	26.00元
小秤	1个	13.00元
铁锅	1口	13.00元
碗、杯、盘		20.00元

续表

名称	数量	总值(国币元)
刀	2把	12.00元
饼干铁箱	12个	118.00元
小缸	4个	24.00元
算盘	1架	3.00元
白洋盘	6个	12.00元
饼糟	10个	100.00元
桔子糖	4斤4两	12.75元
蛋黄	13斤	31.20元
饼干	74斤	63.80元
花生米	4斤	19.20元
麦花	17斤	68.00元
金钱饼		32.00元
花生糖	5斤半	17.60元
莲檬糖	6打	18.00元
薄荷糖	3斤	19.20元
夹心三甲糖	3斤半	12.80元
芝麻糖		27.00元
绿豆糕		14.00元
青云条		21.00元
共计		4876.15元

大同商号6月7日被炸损失单

名称	金额(国币元)	名称	金额(国币元)
红漆玻璃柜	560.00元	货架横柜	180.00元
玻璃瓶	200.00元	大小秤	37.00元
电表	148.00元	白盘	100.00元
玻璃片	270.00元	饼干莉	112.00元
货	850.00元		
共计		2457.00元	

附杨曙9月15日之调查签呈于下：

查保安路248号大同号据报五月三日敌机袭渝，该号被炸二次，第一次五月三日，第二次六月七日被炸，所报货物、家具、生财等项损失共计7217.15元，经职前往调查，该号所报之损失已按现所报，故于核定5000.00元之谱。合将调查结果签请鉴核。职杨曙，九月十五日。

26. 华府商场经理吴子承为报陈6月1日被炸损失情形请备案事呈川康区直接税局文(1941年6月19日)

窃商在民族路开设华府商场，附设溜冰、饮食，不幸于本月一日敌机袭渝时后院中一烧夷弹，门面、商场部房屋全部震塌，损失生财、物料共计44045.33元。兹特列表附呈，敬请予以备案，实为德便。谨呈：
川康区直接税局

具呈人　华府商场

经理　吴子承

中华民国三十年六月十九日

华府商场轰炸损失明细表

民国三十年六月七日

名称	数量	金额(国币元)	备考
门面、商场部房屋	全毁	26873.43	全部房屋价值共80620.30元
三抽桌	3张	75.00	
藤椅	1张	18.00	
台布(大)	5块		
台布(小)	72块		
茶布	100块		
号衣	38件	1138.20	以上4项之和
磨子	1付	90.00	
女号衣	6件	123.00	
竹台	4只	45.00	
长凳	16只	36.80	

续表

名称	数量	金额（国币元）	备考
三叠木床	4叠	167.60	
竹床	33只	294.90	
汽油灯	2只	286.50	
地毯	1条	200.00	
电泡	24只	594.00	200支6只，100支12只，25支6只
二节电棒	1只	12.00	
秤	2支	45.00	
各式玻杯	21打	773.40	
粗细饭碗	90只	65.00	
桔汁空瓶	200只	160.00	
小毛巾	22打	206.80	
溜冰鞋	59双	8670.00	单轮2双，双轮57双
修溜冰鞋工具	全套	148.20	
白咖啡杯	25套	87.50	
蓝咖啡杯	5套	45.00	
银汤碗	63套	945.00	
银果盘	2只	60.00	
刀	13把		
叉	24把		
匙	24只	124.00	以上3项之和
大菜台板	2块	189.60	
圆桌	2只		
靠椅	9只		
方凳	2只	109.80	以上3项之和
灰毡	1条	22.00	
痰盂	2只	6.80	
水箱	1		
烧盘	4只	200.00	以上2项之和
葡萄酒	3瓶	12.00	
香槟酒	2瓶	24.00	
白米	2石半	625.00	货房
猪油	18斤	108.00	

续表

名称	数量	金额（国币元）	备考
生油	6斤	16.00	
洋油	17斤	102.00	
盐牛肉	2听	9.00	
沙田鱼	5听	60.00	
咸肉豆	1听	20.00	
糖油	1听	20.00	
黄豆粉	1听	16.00	
白脱油	10磅	80.00	
白醋	1瓶	2.00	
11磅咖啡	半听	80.00	
麦管	80扎	88.00	
牛奶	2听	22.00	
香菇	3斤	42.00	
西洋菜	2两半	70.00	
盐	10斤	11.60	
酱油	10斤	9.00	
芥末	1瓶	3.00	
红茶叶	6斤半	58.50	
绿茶叶	2斤半	20.00	
<后缺>			

27. 重庆荣记三合长商店为报陈5月16日被炸损失详情请鉴核并豁免所得税事呈重庆市直接税处文（1941年6月20日）

窃商民于水巷子30号开设三合长商店，历久无异，殊于五月十六日敌机袭渝，大肆轰炸，本店适中一爆炸弹，损毁楼上下房舍共六七间，右壁火墙倒塌，其余房舍均遭震毁，瓦桷零乱，板壁破坏，败瓦颓垣之状，实属难以罄述。且右邻顺余旅店中弹燃烧，幸经抢救得力，本店虽幸免回炉之殃，然而救火情急，屋面瓦桷已拆卸过半矣。所有店内一切家具、什物亦已悉数毁损，约计损失至少在10000.00元以上。

商店受此灾害，即于是日起停止营业，以待修振，一俟修振完竣，再行复业。但商店遭此重灾，创巨痛深，一家生活已经感觉困难，所有本店应行完缴之所得税更属无力措办，是以详陈受灾情形，理合具文呈请钧处鉴核，准予豁免所得税，以示体恤，是否之处？批示只遵。谨呈：

重庆市直接税处公鉴

商民　三合长商店

经理　张树荣

地址：水巷子30号

中华民国三十年六月二十日

28. 天诚字号经理刘汉章为报陈天诚夏布庄6月15日被炸损失情形请鉴核备查事呈财政部川康直接税局重庆分局文（1941年6月30日）

查本月十五日敌机袭渝，在市区东水门、县庙街一带投弹。商店右侧及后方紧邻遭其轰炸，复被燃烧，致商号所租下层房屋门市部分受撼震及破片袭击毁损坏货物，共值法币8453.00元整。理合抄录清单，具文呈请钧局鉴核备查，实为公便。谨呈：

财政部川康直接税局重庆分区

附呈清单1份

天诚字号

经理　刘汉章

住址：林森路36号

中华民国三十年六月三十日

天诚夏布庄空袭损失货物清单

品名	数量	单价（国币元）	合计金额（国币元）
1400扣白大夏布	4匹	85.00	340.00
1200扣白大夏布	5匹	65.00	325.00
1000扣白大夏布	5匹	50.00	250.00

续表

品名	数量	单价(国币元)	合计金额(国币元)
900扣白大夏布	6匹	42.00	252.00
800扣白大夏布	10匹	35.00	350.00
720扣白大夏布	30匹	30.00	900.00
480扣白大夏布	35匹	24.00	840.00
3磅夏布	21匹	50.00	1050.00
罗纹帐料	18匹	22.00	396.00
津庄帐料	9匹	26.00	234.00
颜色帐料	54件	24.00	1296.00
玻柜	2个	500.00	1000.00
货架	2列	360.00	720.00
桌椅家具杂物	数十件		500.00
总计			8453.00

附杨曙9月13日之调查签呈于下：

　　查该号被炸歇业，已往他去，无以讯查。当否？理合签请鉴核。职杨曙，九月十三日。

29. 合记巴渝印刷所为报陈6月1日、2日、7日被炸损失情形请派员踏勘事呈财政部川康区直接税局重庆分局文（1941年6月）

　　窃商所营业部住本市中一路82号，本年六月一二两日敌机袭渝，在中一路一带投弹多枚，商所前后附近各中一弹，屋瓦门窗震坏颇多，当即添购材料赶工修葺，支出修葺费数百元方始竣工。

　　旋于六月七日复受空袭，虽得幸免延烧，但全部屋瓦及门窗、板壁无一完好，计非5000.00元以上不克修理完善。除一面雇工购料上紧培修外，所有损失情形，理合报请钧处俯赐鉴核，派员踏勘备查，批示只遵。谨呈：
财政部川康区直接税局重庆分局

合记巴渝印刷所呈

经理　蒲俄生

中华民国三十年六月

附杨曙9月16日之调查签呈于下：

查中一路82号巴渝印刷所报六月一二两日被炸损失，屋瓦门窗震坏，购料修理完竣，费5000.00元以上。经职兹往调查，该号提不出购料发票及雇工收据。经核定3000.00元之谱，否当？理合签请鉴核。职杨曙，九月十六日。

30. 商号宝元渝为报陈5月16日被炸损失情形请鉴核并准予提付空袭损失事呈财政部川康直接税局重庆分局文（1941年6月）

窃商号中正路184号门市，自去年十月被炸后，重建新屋，于本年三月落成开幕营业至今。五月十六日，敌机轰炸陪都，商号门市部右前方街心及左后方水巷子均中弹，相距不过丈许。幸房屋新建，未致倒塌，但墙壁涂□以及玻窗玻柜，全部震毁，又凡玻质瓶装之香水、香粉、发油、发水之类，亦大部受损。事后核算，计全部损失共值法币7990.30元。除仰体政府"愈炸愈勇"之意旨，已迅速恢复继续营业外，理合遵照规定，造具损失清单，备文赍请钧局鉴核，准予提付空袭损失，用维商艰，实沾德便，并候示遵！谨呈：

财政部川康直接税局重庆分局

附损失清单一份

具呈商号　宝元渝

住址：重庆上陕西街火麻巷内50号

经理　樊均齐

中华民国三十年六月

宝元渝1941年5月16日空袭损失清单

货名	数量	价格（国币元）	合计（国币元）	备考
3号白衣人香水	22瓶	5.20	114.40	
2号白衣人香水	43瓶	3.40	146.20	

续表

货名	数量	价格(国币元)	合计(国币元)	备考
1号白玫瑰香水	15瓶	5.40	81.00	
2号白玫瑰香水	31瓶	3.80	117.80	
1号阵阵香水	15瓶	9.40	141.00	
大号三星香水	18瓶	10.00	180.00	
1号明星香水	56瓶	24.20	1355.20	
2号超日香水	25瓶	3.50	87.50	
2号千日香水	23瓶	3.50	80.50	
4号杂味香水	14瓶	10.00	140.00	
1号胶头香蜜	15瓶	3.50	52.50	
1号美容香蜜	15瓶	2.70	40.50	
2号美容香蜜	13瓶	1.30	16.90	
素馨香水	24瓶	2.70	64.00	
3号安保发水	36瓶	8.00	288.00	
B安保发水	41瓶	10.00	410.00	
明星白发油	12瓶	15.00	180.00	
月美白发油	12瓶	8.00	96.00	
七七白发油	6瓶	7.00	42.00	
椰子白发油	35瓶	22.50	787.50	
1号多利发浆	22瓶	3.50	77.00	
2号多利发浆	31瓶	3.00	93.00	
水瓶	61个	32.00	1952.00	
玻片			455.00	
玻砖			610.00	
修整房屋				
泥木工			160.00	
木料			156.00	
石灰			52.00	
什用			13.50	
合计			7990.30	

31. 重庆春和商店为报告6月2日被炸损失情形请派员查勘并准予备案事呈直接税处重庆分处文（1941年6月）

窃住商春和铜器号住中正路326号，因于本年六月二日上午十一时许敌机袭渝时，铺面门口及附近均落中炸弹，商号铺屋货物及其全部货架、玻璃均被炸毁，共计此次被灾损失约在3000.00元以上，理合开明损失清单一纸，随文报请贵处鉴核派员查勘，并准予备案为祷。谨呈：

直接税处重庆分处

附损失清单1纸

经理人　汪斌臣

住商　重庆春和商店谨呈

住址：中正路326号

中华民国三十年六月

重庆春和商店6月2日被炸损失清单

48×18玻砖	4块	笔架	40只
30×20玻璃	36张	铜笔盒	15只
铜烟袋	20支	铜洋号	3对
铜盆	14只	铁熨斗	4只
铜帐钩	22对	大小剪刀	40把
铜茶壶	4把	木纱线	10篓
洋锁广锁	54把	布信卡片	47盒

外修理货架、门面添工料，共用去420.00元

32. 同德瓷号经理徐勤俊为报告6月7日被炸损失情形申请备案事呈直接税局重庆分局文（1941年7月5日）

窃商号同德瓷店开设磁器街32号，不幸于六月七日被炸，房屋损失洋7500.00元，生财、家具损失计洋1600.00元，货物损失洋6800.00元，赔偿店员衣物等件洋1200.00余元，理合申报。特此。谨呈：

直接税局重庆分局局长钧鉴

同德瓷号

经理　徐勤俊

中华民国三十年七月五日

附调查员沈耀邦、崔永树7月19日之调查签呈于下：

　　查磁器街32号同德瓷店报称于六月七日空袭时，将房屋炸毁，损失7500.00元，生财、器具1600.00元，货物6800.00元，赔偿店员衣物1200.00余元，等情。兹经往查结果，该店系租地造屋建筑费约为3000.00元，生财约为800.00元，货物约为5000.00元。赔偿店员之损失应剔除，故合计约为8800.00元之间。理合呈请鉴核。调查员沈耀邦、崔永树同签，七月十九日。

33. 大同公寓胡素芳为报告7月29日被炸损失情形申请停业事呈财政部所得税川康办事处重庆市第二区办事处文（1941年7月5日）

　　民在本市来龙巷丝架子27号营贸大同公寓，于本月二十九日敌机肆虐，将全部炸毁，因此不能营业，特具呈申明，恳请钧处准予停业，以维生计，伏祈偿准。谨呈：

财政部所得税川康办事处重庆市第二区办事处查核

大同公寓胡素芳呈

来龙巷丝架子

中华民国三十年七月五日

附聂质楷1月16日之调查签呈于下：

　　查大同公寓为被炸停业报请备查一案，当即赴该处调查。该寓来呈后，即已迁走，迭经往查，均未复业，亦不知迁移地址，理合签请鉴核！职聂质楷，一月十六日。

34. 重庆瑞诚商行为报告6月7日被炸损失情形请备案存查事呈财政部川康区直接税局重庆分局文（1941年7月16日）

窃商行不幸于六月七日遭遇敌机空袭，致将全部房屋焚毁，所有货物、账据原放行内石洞中，亦被延烧殆尽。因当时用水灌救，尚有残余物件。一月以来，切实清理，仅银钱进出各账得免损失，其余存货、进货、售货之各种账簿以及单据，均完全付之一炬。理合取具贾玉印、李子谦等证明书，呈请钧局鉴核备查，伏候批示只遵。谨呈：

财政部川康区直接税局重庆分局

附呈：区长李子谦等证明书1件＜原缺＞

瑞诚商行谨呈

经理　王建高

住中一路第39号

中华民国三十年七月十六日

重庆瑞诚商行6月7日被炸损失清单

刹车油	10听	可雨线	10圈
几耳沙	11盒	冷补胶	12听
火补胶	24听	大小改刀	66把
比士登林	1堆	漆包线	20磅
沙包线	38磅	三角锉刀	9把
刹车油管	4把	汽油软管	5只
汽针	68盒	汽盖	6盒
保险管	71盒	滑油邦浦	1只
马其多发电机	1只	马达开关	8只
弹子盘	1只	雨刮子	5只
花线	4500尺	后灯	1只
福可而	8只	道奇可而	1只
道奇变电器	3只	雪变电器	3只
道奇分电刷	31只	大小锉刀	19只
刹车弹簧	10只	撬胎片	1只

续表

道奇链条	3根	雪电表	1只
道奇连杆瓦	17付	福大瓦	4付
道奇发电机心子	2只	雪发电机心子	2只
大小普罗	18只	道奇白金	28只
汽车灯开关	1只	福白金	1只
刹车凡耳	1只	福汽油邦浦	1只
雪分电盖	4只	电小摇头	1只
司蒂培克白金	9付	推动器（福特）	2只
套筒搬头	7只	六件搬钳	6只
雪分电刷	10只	千分尺	1把
道奇软油管	6根	内滚珠	1只
变齿X子	1只	马达弹簧	26只
弹子门锁	1只	圆炳门锁	2只
道奇几耳	3只	引擎扣子	4只
伏油针	12只	水邦油瓦斯	33只
松木□	8只	几耳簧	4只
引擎坐垫	2只	伏马达开关	1只
伏电表	2只	轮轴螺丝帽	2只
反光镜	1只	转向盘舌头	84只
水邦浦螺丝	1只	驾驶盘螺丝	2只
前钢板销子	2只	几耳真空模具	1只
后钢板布司	1只	轮壳帽	1只
锯皮	132打	前轮滚珠心	1只
舌头	2只	红纸板	1张
三寸明弹子链	45只	三寸双暗弹子链	13只
四寸单暗弹子链	20只	四寸双暗弹子链	11只
三寸单暗弹子链	9只	伏电表	1只
粗细螺丝	若干	水邦浦垫	1只
比士登林	若干		
尚有喷漆、香水、轮胎、塞车带、胶皮水管、刹车皮碗、补胎生胶稽考打等大件，均无遗骸存留，致无法查出数量			

35. 重庆市警察局第四分局局长李子谦等为证明瑞诚商行6月7日被炸属实呈财政部川康区直接税局重庆分局文（1941年7月16日）

查六月七日敌机空袭，通远门至七星岗一段马路两旁房屋因中弹起火，悉被烧毁。瑞诚商行货物、账据存放屋内石洞，亦遭焚如，当经多方抢救，仅存残余货件，但大部货物及账据均已付之烈焰。事实俱在，共见共闻。特为证明如上。谨呈：

财政部川康区直接税局重庆分局

      证明人　重庆市警察局第四区区长　李子谦

      重庆市警察局第四分局观音岩镇派出所所长　贾玉印

      第四区观音岩镇第十五保保长　赵树林

      中华民国三十年七月十六日

36. 重庆和记商行为报告7月18日被炸损失略情请派员查勘事呈川康直接税局重庆分局文（1941年7月19日）

窃商设堆栈于本市菜园坝天星桥侧，昨七月十八日午刻，敌机袭渝投弹，炸毁商堆存该地杉条1100余根，杉桷数百余匹，柏木寸板数十余丈。特为呈报钧局，请即立予派员查勘，所有炸毁各货详细数目，一俟清理就绪，另行呈报。此呈：

川康直接税重庆分局

      菜园坝镇第十五保长刘子君

      商民　和记商行

      负责人　石少荣

      住民族路176号附8号

      中华民国三十年七月十九日

附杨曙9月13日之调查签呈于下：

查民族路176号和记商行，该号货物堆存菜园坝天星桥，据报七月十八日敌机袭渝，该行货物被炸，所报货物之损失计30800.00元，经职前往讯查，该行确已损失,准予列支。理合签请鉴核。职杨曙,九月十三日。

37. 重庆生记炭号为报告6月8日、7月8日被炸损失情形请鉴核并予扣算税款事呈四川省财政局直接税局文(1941年7月19日)

具呈人:生记炭号冉德云,年33,巴县,住保安路街第48号,煤炭业。

窃商煤业营贸,住店零销,不幸前月六月八日敌机袭市,本店炸失块煤20挑,计洋400.00元,又南煤10挑,洋220.00元,连炭30挑,洋330.00元,谢洪章欠洋450.00元,陪都饭店欠洋530.00元,周济之欠150.00元,众均乘炸去乡,此外欠之账难以收入。业因本店被炸,修理完竣复业,突于七月八日又遭轰炸,乃将店内岚煤炸失30挑,块煤20挑,连炭35挑,三计值洋1540.00元,先后统计损失3620.00元,家具等项炸失在外。故此顿时重大,是以呈报前来,呈请钧局鉴核,恳予备查,嗣后可符税款扣算缴税。谨呈:

四川财政局直接税局钧鉴

具呈人　生记

经理　冉德云

地址:本市保安路48号

中华民国三十年七月十九日

38. 重庆德生福为报告6月15日被炸损失情形请鉴核备查事呈川康直接税局文(1941年7月)

窃商号林森路94号营业部不幸于六月十五日被敌机轰炸,邻近中弹多枚,房盖、门面、玻砖、玻片、电灯、时钟等项悉被震毁,损失约计5424.00元。为维持营业起见,随即雇工装修,并设备一切必须物品。特具装修一切费用抄电,呈请钧局鉴核备查。谨呈:

川康直接税局公鉴

具呈商号　德生福

经理　邹俊丰

林森路94号

中华民国三十年七月

重庆德生福6月15日被炸损失清单

分板	10合	90.00元
桷板	60块	210.00元
石灰	60挑	720.00元
青瓦	5000	350.00元
纸筋	50斤	100.00元
铺板	20块	120.00元
广片	4张	180.00元
损银光玻镜	2方	500.00元
电灯材料		285.00元
饭锅	2口	70.00元
时钟	1架	120.00元
大小土碗		78.00元
茶瓶		90.00元
沙发几	2只	300.00元
工资	38	456.00元
地毡		115.00元
广片	36张	1638.00元

附杨曙9月12日之调查签呈于下：

查林森路90号德生福据报六月十五日敌机袭渝，该号被炸，所报家具、生财等项，损失计5424.00元。经职前往询查，该号房屋略受波及，故于核定2000.00元之谱。理合签请鉴核。职杨曙，九月十二日。

39. 成都德孚渝分号周克俊为报告7月5日被炸损失情形请备案事呈财政部川康直接税局重庆分局文（1941年7月）

窃商民于七月五日因敌机袭渝时，当率本号员工同往本市十八梯观音岩木炭业防空洞避难，不幸该洞被炸，一时秩序紊乱异常。当时除商民略受微伤外，并遗失白皮账箱1只，内计商民经手成都驻渝德孚分号账簿4本，并商民代办成都驻渝集光分号账簿3本、同积永分号账簿4本、协记分号账簿3本、同记分号账簿3本，共17本，又成渝各号票据及渝号杂支单据，共100余张，并现钞2000.00余元。除已在国民公报登载启事三日，并出重奖招寻外，理合具实备文呈请鉴核，准予备案，实为德便。谨呈：
财政部川康直接税局重庆分局

具呈人　周克俊
牌名　成都德孚渝分号
住址：本市文化街第51号
中华民国三十年七月

40. 复兴祥磁器店为报告7月30日被炸损失请登记备案事呈重庆市所得税局文（1941年8月3日）

于七月三十日上午第一批敌机袭进市空投弹，小记附近陕西街、姚家巷、中正路等处均被中弹。小店对面正中1弹，炸动大小蛮石及炸片数块飞进小店，炸毁货物损失若计2600.00元外，房屋、门面俱已震坏。特恳请钧局怜恤商艰受灾难苦情，乞请查验损失，以便登记为荷。此致：
重庆市所得税局钧鉴

复兴祥磁器店谨呈
重庆市中正路82号
中华民国三十年八月三日

复兴祥磁器店7月30日被炸货物及房屋修理呈报表

名称	数量	单价（国币元）	金额（国币元）	备考
细磁	2担半	600.00元	1500.00元	
粗磁	4担	300.00元	1200.00元	
木料				
石灰				
瓦			1683.00元	
洋钉				
木泥工工资				
外亮柜广片玻璃	4块	60.00元	240.00元	

附杨曙9月3日之调查签呈于下：

查中正路82号复兴祥确于七月三十日遭受敌机狂炸，该号所报货物、家具等项损失共计2600.00元，经职前往询查属实，理合签请鉴核。职杨曙，九月三日。

41. 富源商行重庆运输部经理杨述之为报告8月10日被炸损失情形请查核备案事呈财政部川康直接税局重庆分局文（1941年8月）

窃商行前本年三月内在千厮门水巷子89号经营运输业务，已向钧局登记有案，不幸于八月十日午后四时，敌机肆虐，将所住房屋炸毁，生财、器具全损（另抄损失单），外有在休息时间将文件箱一口随人提出休息，内装采购物品发票，以及其他单据。休息未久，忽然红球落地，且以接连整日警报，早已心虚仓皇，致将携出皮箱忘却带转，致被炸毁。次日，仍然整日警报，不能挖掘，即遇大风雨，土墙复又倒塌，致将箱内单据完全渍滥损毁。特此呈报钧局派员查核备案示遵。谨呈：

财政部川康直接税局重庆分局

具报人　富源商行重庆运输部

经理　杨述之

中华民国三十年八月

富源商行重庆运输处 8 月 10 日被炸损毁公私物品清单

(一)公物方面之损失			
名称	数量	单价(国币元)	金额(国币元)
办公漆桌	1张	100.00元	100.00元
西式木椅	半堂	130.00元	65.00元
藤坐睡椅	4把	40.00元	160.00元
宝顶衣架	1个	40.00元	40.00元
漆木凳	4根	8.00元	32.00元
各种挂屏	16块	15.00元	240.00元
电座风扇	1把	280.00元	280.00元
温水3磅水瓶	1个	65.00元	65.00元
文件皮箱	1口	32.00元	32.00元
广豆木算盘	2把	36.00元	72.00元
打印台	1个	36.00元	36.00元
报税单	350份		150.00元
捆货篾席	160张	2.20元	352.00元
大油布	9根	16.00元	144.00元
捆货油席	550张	0.30元	165.00元
(二)杨述之私人损失			
名称	数量	单价(国币元)	金额(国币元)
被毯	全套		
布长衫	2件		
铁行军床	1架		
皮鞋	1双		
零物	3件		
(三)彭济华私人损失			
名称	数量	单价(国币元)	金额(国币元)
皮箱	2口		
汗衣	1套		
被毯	全套		
长衫	2件		
毛贡鞋	1双		

续表

(四)孟良臣私人损失

名称	数量	单价(国币元)	金额(国币元)
衬衫	1套		
零物	4件		

(五)文绪臣私人损失

名称	数量	单价(国币元)	金额(国币元)
零物	3件		

说明:1. 所有被炸情形损失物件均以主要物品造报,其有难于计数之零星器具均未列入;

2. 私人损失栏计约值700.00余元;

3. 所有床帐系福记旅馆损失,商行因在该店住客号,共住六七八号房间一院,所有旅馆物品概未列入。

42. 重庆市竹商业同业公会为转报会员永大竹木行8月9日被炸损失情形请派员查勘并予备案事呈重庆市所得税局文(1941年9月4日)

案据本会会员永大竹木行经理韦道生呈称:"呈为敌机袭渝房屋家具货料被炸恳予鉴核备案事。窃查八月九日午后三时许,敌机袭渝,于黄沙溪竹邦街投掷炸弹,当将商于本年二月与光裕厚记木厂、泉清木号三家伙建房屋(计大小12间,每户4间)全部炸毁,计每股损失建筑洋5561.23元,家具用品计值洋1320.00元,河滨竹筏一张炸毁,计楠竹94篆,每篆成本洋80.00元,共计损失成本及建筑费洋14401.23元。除分呈本管镇公所派员查勘外,理合填就空袭损害调查表,随文赍呈钧会,俯赐鉴核,转有关机关查勘备查。谨呈。"等情,据此。

查该永大竹木行与本会密迩咫尺,当日被灾情形本会曾目睹不虚此。兹据前情,相应函达贵局,即希查照,予以派员查勘备存,是为公纫。此致:

重庆市所得税局

附永大竹木行空袭损失报告表1份

主席　郑成之

中华民国三十年九月四日

重庆市竹商业同业公会会员永大竹木行空袭损失报告表

商号名称	永大竹木行	姓名	韦道生	被炸日期	8月9日	被炸地址	黄沙溪竹邦街37号	炸后复业计划	备考
损失项目		单位	数量	价值（法币元）		总计（法币元）			
房屋		间	4			1561.23		于8月18日召集股东开会，议决现有未被炸之货继续营业	表内价值系照成本额列入，特此声明
楠竹		篓	94	80.00		7520.00			
白瓷碗杯						160.00			
搽漆厂床		间	4	60.00		240.00			
搽漆衣柜(架)		个	各1			145.00			
写账漆桌		张	1	60.00		60.00			
茶几		套	2			167.00			
黑漆圆桌		张	1			205.00			
方凳		个	10						
水瓶		个	1			40.00			
白瓷茶杯		个	10						
锅		口	1			54.00			
瓦水缸		口	1						
漆方桌		张	2			78.00			
文件箱		口	1						
家具及小用品等						171.00			
合计						14404.23			

43. 义泰和经理习竹钦为报告6月15日被炸损失情形请备查事呈重庆市社会局文（1941年9月8日）

敬启者。小记因投保兵险，已于本年二月三日呈报钧局盖印成立保单在案。其所保之生财、家具等件，原系保定3814.00元，不幸于本年六月十五日被敌机将生财、家具等件炸毁，损失甚重。除一面报请中央信托局查明赔偿外，理合备文呈请钧局准予备查。谨呈：
社会局局长、第二科公鉴

         小记 义泰和
         经理人 习竹钦
       通讯处：中正路251号
       中华民国三十年九月八日

44. 重庆三益公商号为报陈7月30日被炸损失详单请查照备案事呈财政部川康直接税局重庆分局文（1941年9月）

商号不幸于七月三十日被敌机全部炸毁，当即具文呈报在案。兹将损失各件详列一单，随文粘呈，恳祈查核备案。谨呈：
财政部川康直接税局重庆分局公鉴

        具呈人 三益公商号
        中华民国三十年九月

重庆三益公商号被炸损失花单

\(一\)赔偿借用家具			
名称	数量	金额	备考
大账桌	1只	260.00元	12抽
立账箱	1只	160.00元	8抽
搽漆大圆桌	1张	130.00元	
大方凳	4个	40.00元	
磅秤	1只	60.00元	
货柜	1只	300.00元	
衣架	1只	50.00元	
字画	2堂	300.00元	
厂床	1间	200.00元	
木凳	8个	64.00元	
玻砖柜	1个	600.00元	
挂钟	1只	500.00元	

续表

名称	数量	金额	备考
写字台	1只	120.00元	
小圆桌	1张	60.00元	
货架	1堂	1200.00元	共计4044.00元

(二)自制家具

名称	数量	金额	备考
木椅靠桌	半堂		
洋漆椅子	2把		
洋漆靠桌	1只	60.00元	以上三项之和
立柜	2个	70.00元	
木床	3间	27.00元	
竹床	2间	23.00元	
藤椅	2把	36.00元	
麻布椅	2把	33.00元	
开錾	1只	5.00元	
榔头	1只	5.00元	
斧头	1只	8.00元	
厨房用具	齐全	600.00元	共计867.00元

(三)损失货物

名称	数量	金额	备考
拳牌鞋油	1箩另8盒	120.00元	每箩120.00元
耳带	8打半	136.00元	每打16.00元
漆皮	1张	405.00元	
黄黑粒皮	2打	11000.00元	共计12380.00元

(四)赔偿职员损失被盖衣物

职员姓名	赔偿金额	备考
田三益	1200.00元	
钱宝成	900.00元	
宋伯霖	900.00元	
潘光璧	700.00元	
田银山	500.00元	
田海泉	200.00元	
现金	517.47元	共计4917.47元

45. 大华商店秦毓昶为报告8月13日被炸损失情形请示续保兵险事呈重庆市社会局文（1941年9月25日）

窃大华商店于民国二十九年五月奉钧局指定为非常时期之营业商店，曾将全部家具、生财向中央信托局投保兵险，不幸于本年八月十三日敌机袭渝时中弹起火焚毁无遗，店基划辟马路。本店既为钧局指定商店及为生活所系，现迁中一路272号设店复业，所有新制生财，因人力物力困难，总值1万数千元。兹为减轻万一损失计，仍拟向中央信托局续保兵险。既为指定商店，应先呈请钧局批示，再送中央信托局办理，恳请钧局体念商艰，准予续保兵险，实为德便。谨呈：

重庆市社会局局长包

大华商店秦毓昶谨呈

于重庆中一路259号

中华民国三十年九月二十五日

46. 重庆市银楼商业空袭损害调查表（1941年11月30日）

民国三十年十一月三十日

商号名称	主持人姓名	住址	损失情形				被炸月日	未炸前	被炸后	备考
			伤	亡	种类	名称 价值总额（国币元）				
景昌	罗时昌	民权路	1		全部被炸	1700.00	6月23日	差可	停业	
景昌	罗时昌	民权路	1		新屋被炸	13700.00	7月9日	差可	复业	
复兴	李成章	民权路			被炸震坏	300.00	6月2日	差可	停业	
复兴	□□	民权路			被炸震坏	2000.00	6月21日	差可	暂停	
恒孚	黄子栋	民生路			房屋□□	4000.00	7月30日	差可	暂停	
老同震	邱志涯	民族路			房屋全部	3000.00	6月1日	差可	暂停	
老庆和	陈宝叁	林森路			震坏全部	1500.00	6月15日	差可	复业	
老凤祥	陈祖贤	民族路			门面内部	2000.00	6月1日	差可	复业	
老庆华	蒋玉顺	民权路	1		房屋炸坏	3000.00	6月20日	差可	复业	
信源	吴正芳	民权路			房屋生财	4000.00	6月7日	差可	复业	
兴丰	董沛林	中正路	1		房屋震坏	2000.00	7月30日	差可	停1月	

续表

商号名称	主持人姓名	住址	损失情形				被炸月日	未炸前	被炸后	备考
			伤	亡	种类	名称	价值总额（国币元）	被炸月日	未炸前	被炸后
天家成	张德三	中正路	1		房屋被焚		15000.00	8月19日	差可	停闭	
□□□	□□□	民生路	2		附近损失		6000.00	6月5日	差可	复业	
□□□	□□□	民生路			房屋被炸		3700.00	6月1日	差可	暂停	

47. 金山公司总店黄正光为报告7月29日被炸损失情形请准予续保兵险事呈重庆市社会局文（1941年10月16日）

窃敝店原在中一路265号营业，苦心经营，以服务社会维持生活为宗旨，于二十九年五月奉钧局指定为非常时期之营业商店，曾将全部生财向中央信托局投保兵险。不幸于本年七月二十九日被炸，复于八月十三日中弹起火，所有生财付诸一炬，损失惨重。炸后店址划成马路，经两月之筹备，现迁中一路216号，于十月五日复业。新置生财，因人力物力困难，总值15000.00余元，仍拟中央信托局续保兵险。只因指定商店应先呈请钧局鉴核，再交该局办理，恳请钧局体恤商艰，准予续保，实为公便。谨呈：

重庆市社会局局长包

金山总店　黄正光

中华民国三十年十月十六日

48. 重庆积成公字号为报告被炸损失情形并设临时办公处等请备查事呈财政部川康直接税局重庆分局文（1941年11月）

窃敝号原住民生路37号内，早已申报在案。时值敝号执事王克诚因整理号事赴蓉未返，殊六月五日隧道惨案发生，同时号址被炸，各职员得虎口之余生，惊恐万状，置号事而不顾，纷纷自行离渝。加以政府严令疏散，更无人阻止，不然存货售尽，手续已清。现空袭较轻，赓续分催各职员陆续来渝，并理号内应办事务，拟将存货尽量出售，以办一切未了手续，刻暂设临时办事处于本市中一路四德里9号内。兹将各由具陈，理合申请钧局存案备查，是否

有当,批示只遵。谨呈:
财政部川康直接税局重庆分局

积成公经理　王克诚

住址:中一路四德里9号内

中华民国三十年十一月

49. 重庆瑞记报关行为报告迭遭轰炸损失等情请备查事呈财政部川康直接税局重庆分局文(1942年2月4日)

前岁八月二十日,行址被炸焚烧,付之一炬,于是岁十二月一日起开始建修,于是月三十日始告落成,共付洋3170.00元整。去岁六月十五日又被炸毁,是月十六日开始建筑,七月二日完成,共付洋3148.40元整。七月三十一日复被炸毁,八月一日开始建修,二十五日完竣,共付洋3784.15元整。十月份培修费1389.39元整。以上四次共计洋11491.94元整。兹特据实具报前来钧局,备查为感。谨呈:

川康直接税局重庆分局公鉴

重庆瑞记报关行

中华民国三十一年二月四日

50. 重庆荣庆祥雨伞店为报陈被炸损失情形请豁免税款维持救济事呈财政部川康直接税局重庆分局文(1943年1月)

窃民于民国二十九年八月二十九日被敌机临空投弹炸烧,致将货物及家具等项损失罄尽。惟民身居异地,自被炸烧之后,营贸无资,告贷维艰,阖家老幼,情惨绝生,苦不堪言。于去岁业经官府强制执行严令疏散,刻不容缓,民之阖家均被疏散到乡,惨达极点,恳赏调查民在乡间生活无着。于本年始向亲友多方借贷,仍在原地小贸谋生,以维现状。营业执照可核,街邻可查。昨奉钧局通知,民应纳三十年一月至十二月所得税洋200.00元,利得税洋605.00元,共计应纳805.00元,限五日缴纳税款,通知在案,应遵毋渎。惟民于去岁阖家疏散到乡,均未营业,街邻可查,处此贫困,实无能力缴纳税款,只

得据陈苦衷,恳请钧局鉴原悯恤,恩准豁免税款,维持救济,实沾德便。谨呈:
财政部川康直接税局重庆分局公鉴

具申请人　荣庆祥
住本市十八梯124号
经手　郑子清
中华民国三十二年一月

51. 重庆市粮食商业同业公会为转报龢丰米厂被炸情形请查核备案事给重庆市商会的公函(1945年9月26日)

案准本会会员龢丰米厂经理汪泚洄公函开:"迳启者。昨奉大会转下市商会(三十四)工商字第290号通知,并附市府报告表2件,兹遵照详填,附函送请转报市商会汇转市府查核敌国损害赔偿,实为公便。"等由,准此。

查本市在民二十九年空袭严重,本市各机米厂经农本局会同社会局严令全体机米厂等代政府加工军公民粮,不得私擅疏散于咎,等因,在案。惟龢丰经理汪泚洄当时任本会主席,自应为国效劳,更应为同业表率。且该厂规模宏大,设备健全,夙夜工作,碾米最多。讵料于民二十九年六月内经敌机炸烧,该厂并另有大院4间,小院1间,合计厂房相连为5院,又一小院原有门牌,自5号相连至10号米厂止,完全化为灰烬。经市警察局消防队队长李□率全队往救,俱难扑灭,而成焦土。彼倾家失业,迄今尚无力建复。此为当时之农本局、市政府、社会局及警察局所亲见、惋惜。兹将该厂于二十九年因公破产倾家失业之直接损失及间接损失,暨三十年再遭空袭炸烧十八梯厚慈街口之铺面6间、大院一向,及较场口支店铺面1间、鼎新街铺面4间、打铁街铺面3间俱遭炸烧,并有地方证明,特分别列表,合并随函,迳送大会,即希汇转市府查核,以备赔偿,实为公便。此致:

重庆市商会

附表2份<原缺>

理事长　刘君藩
中华民国三十四年九月二十六日

52. 安纪建筑公司1940年6月12日被炸财产损失报告单（1945年12月13日）

事件：被炸

日期：民国二十九年六月十二日上午十一时半

地点：龙王庙街金银巷口8号

填送：三十四年十二月十三日

损失项目	单位	数量	价值（国币元）
晒图玻砖架	架	3	现值100000.00
蜡纸	卷	8	现值800000.00
晒图纸	卷	7	现值700000.00
花呢西服	套	5	现值150000.00
铺盖	床	6	现值60000.00
衬衣	件	8	现值40000.00
写字台	只	3	现值150000.00
木棕绷床	只	2	现值20000.00
小件木器(椅、桌、柜)	件	18	现值360000.00
洋钉	桶	10	现值500000.00
留声机	只	1	现值200000.00
四书(工程上用)	本	10	现值□□□□
台钟	只	1	现值50000.00
<后缺>			

受损失者：安纪建筑公司王天善

证明者：安纪商行

53. 天府营告公司1940年7月20日被炸烧财产损失报告单（1945年12月14日）

事件：被敌机空袭炸毁及燃烧

日期：民国二十九年七月二十日

地点：民国路20号

填送：三十四年十二月十四日

损失项目	单位	数量	价值 （国币元）
二层楼洋房	幢	1	8000000.00
蔡司经纬仪	付	1	1000000.00
家具、生财（被焚毁）		全部	1000000.00
木料	桷	100	1850000.00
附注：以上价值系以最近市价估计			

受损失者：天府营告公司

证明者：怡和字号

54. 重庆市承揽运送商业同业公会为填报该会抗战财产损失报告表请转报给重庆市商会的公函（1946年4月23日）

案准大会（三十五）商三字第2886号通知，嘱填报抗战财产损失报告表，以便汇转，等由，准此。自应照办。兹经填就本会财产直间接损失报告表各3份计6份，随函送请查照汇报为荷！此致：

重庆市商会

附表6份

理事长　颜文轩

中华民国三十五年四月二十三日

1）重庆市承揽运送商业同业公会财产直接损失汇报表

事件：被炸烧

日期：二十九年八月二十日

地点：白象街

分类	价值（国币元）
共计	85000.00
建筑费	—
器具	20000.00
现款	—
图书	16000.00

续表

分类	价值(国币元)
仪器	30000.00
文卷	10000.00
医药用品	—
原料	—
产品	—
其他	9000.00

2) 重庆市承揽运送商业同业公会财产间接损失汇报表

分类	数额(国币元)
共计	38000.00
迁移费	16000.00
防空设备费	8000.00
疏散费	4000.00
救济费	10000.00
抚恤金	—
可能生产额减少	—
可获纯利额减少	—

55. 重庆市浴池商业同业公会为补报抗战财产损失报告单请备查事给重庆市商会的公函(1946年5月22日)

案查前准大会本年五月十五日(三十五)商三字第3229号通知,嘱为补造抗战损失表一份,以凭查考一案过会,自应照办。兹特依式补缮抗战损失表1份,随文附上,即请惠赐备查为荷! 此致:

重庆市商会

附抗战损失表1份

理事长　刘云翔
中华民国三十五年五月二十二日

1) 重庆市浴池商业同业公会财产直接损失汇报表

分类	价值（国币元）
共计	498437700.00
建筑费	150000000.00
器具	319200000.00
现款	2000000.00
图书	400000.00
仪器	—
文卷	45000.00
医药用品	48500.00
原料	5964200.00
产品	11800000.00
其他	8980000.00

2) 重庆市浴池商业同业公会财产间接损失汇报表

分类	数额（国币元）
共计	91810000.00
迁移费	18200000.00
防空设备费	8560000.00
疏散费	9850000.00
救济费	4250000.00
抚恤金	11500000.00
可能生产额减少	29450000.00
可获纯利额减少	10000000.00

56. 重庆市玻璃商业同业公会为补报抗战财产损失报告表以备查照给重庆市商会的公函（1946年5月27日）

案准大会五月十一日（三十五）商三字第3167号通知开：案准贵会函送抗战损失报告表7份，请予汇转，等由，准此。本会业已转请市社会局核转矣，惟应补造一份送会，以备查照为荷。此致：

重庆市商会

附损失报告表7份

理事长　程镜朴
中华民国三十五年五月二十七日

1)重庆市同庆余玻璃号财产直接损失汇报表[①]

　　事件:轰炸

　　日期:民国二十九年七月十六日

　　地点:中正路上大梁子6号

分类	价值(国币元)
共计	2695000.00
建筑费	250000.00
器具	320000.00
现款	125000.00
图书	—
仪器	—
文卷	—
医药用品	—
原料	500000.00
产品	1500000.00
其他	—

2)重庆市同庆余玻璃号财产间接损失汇报表

分类	数额(国币元)
共计	537000.00
迁移费	200000.00
防空设备费	60000.00
疏散费	120000.00
救济费	—
抚恤金	—
可能生产额减少	—
可获纯利额减少	157000.00

[①] 即原同茂荣玻璃号,编者注。

3）利华玻璃号财产直接损失汇报表

　　　　事件：炸烧

　　　　日期：三十年七月

　　　　地点：南纪正街56号

分类	价值（国币元）
共计	1800000.00
建筑费	500000.00
器具	800000.00
现款	—
图书	—
仪器	400000.00
文卷	—
医药用品	—
原料	—
产品	—
其他	100000.00

4）利华玻璃号财产间接损失汇报表

分类	数额（国币元）
共计	2550000.00
迁移费	300000.00
防空设备费	50000.00
疏散费	200000.00
救济费	—
抚恤金	—
可能生产额减少	1000000.00
可获纯利额减少	1000000.00

5) 瑞华企业股份有限公司玻璃制造厂财产直接损失汇报表

事件：日机轰炸

日期：民国三十年农历六月二十一日午后三时

地点：重庆化龙桥正街18号

分类	价值（国币元）
共计	2169365.00
建筑费	805000.00
器具	269000.00
现款	92000.00
图书	62000.00
仪器	—
文卷	141卷
医药用品	62345.00
原料	—
产品	—
其他	879020.00

6) 瑞华企业股份有限公司玻璃制造厂财产间接损失汇报表

分类	数额（国币元）
共计	59368500.00
迁移费	265000.00
防空设备费	983400.00
疏散费	534600.00
救济费	321500.00
抚恤金	264000.00
可能生产额减少	43500000.00
可获纯利额减少	13500000.00

7) 程记北川玻璃号财产直接损失汇报表

事件：日机轰炸

日期：三十一年至三十三年

地点：中华路20号

分类	价值（国币元）
共计	20200.00
建筑费	5000.00
器具	3000.00
现款	200.00
图书	—
仪器	—
文卷	—
医药用品	—
原料	3000.00
产品	6000.00
其他	3000.00

8) 程记北川玻璃号财产间接损失汇报表

分类	数额（国币元）
共计	330000.00
迁移费	3000.00
防空设备费	15000.00
疏散费	20000.00
救济费	1000.00
抚恤金	5000.00
可能生产额减少	200000.00
可获纯利额减少	200000.00

9) 晶精玻璃厂财产直接损失汇报表

事件：日机轰炸

日期：二十八年五月十二日下午六时

地点：江北水月巷10号

分类	价值(国币元)
共计	9493290.00
建筑费	8109000.00
器具	702100.00
现款	78790.00
图书	—
仪器	—
文卷	—
医药用品	191200.00
原料	—
产品	—
其他	309000.00
衣物	103200.00

10) 晶精玻璃厂财产间接损失汇报表

分类	数额(国币元)
共计	83918588.00
迁移费	293560.00
防空设备费	807000.00
疏散费	378510.00
救济费	257000.00
抚恤金	382518.00
可能生产额减少	67000000.00
可获纯利额减少	14800000.00

11) 义昶玻璃厂财产直接损失汇报表

事件：日军侵沪被毁

日期：二十七年十一月十七日

地点：上海南市微宁路迎动口25弄1—21号

分类	价值（国币元）
共计	1565034.00
建筑费	912000.00
器具	334000.00
现款	75870.00
图书	—
仪器	—
文卷	—
医药用品	83164.00
原料	—
产品	—
其他	—

12) 义昶玻璃厂财产间接损失汇报表

分类	数额（国币元）
共计	74549800.00
迁移费	345300.00
防空设备费	983400.00
疏散费	534600.00
救济费	386500.00
抚恤金	400000.00
可能生产额减少	54400000.00
可获纯利额减少	17500000.00

57. 重庆市仓库商业同业公会为补送会员美丰银行第一仓库抗战财产损失表请查照事给重庆市商会的公函（1946年6月18日）

案准本会会员美丰银行第一仓库三十五年六月十六日总编字（二五）字第2006号函略以："接准贵会六月十日仓总字第1161号函，嘱补报本库抗战直间接损失报告表1份，以便转送存查。自应照办。兹特补送上表各2份，随函附送并希查照转送为荷！"等由，附件，准此。相应随函附送抗战直间接损失报告表各1份，即希查照为荷！此致：

重庆市商会

重庆市仓库商业同业公会理事长 顾干臣

中华民国三十五年六月十八日

1) 美丰银行第一仓库房屋损失清单

名称	数量	单价（国币元）	总额（国币元）
青瓦屋面	25英平方	100000.00	2500000.00
屋架	5品	1200000.00	6000000.00
砖墙	27英平方	200000.00	5400000.00
楼板	15英平方	100000.00	1500000.00
60×60玻璃广片	37堂	50000.00	1850000.00
40×30玻璃广片	8堂	40000.00	320000.00
30×20玻璃广片	74堂	20000.00	1480000.00
柏木门	3堂	200000.00	600000.00
玻砖门	1堂	200000.00	200000.00
共计			19850000.00

2) 美丰银行第一仓库器具损失清单

名称	数量	单价（国币元）	总额（国币元）
楠木椅	4把	18000.00	72000.00
楠木茶几	2把	15000.00	30000.00

续表

名称	数量	单价(国币元)	总额(国币元)
楠木方桌	2张	24000.00	48000.00
时钟	1座	200000.00	200000.00
共计			350000.00

58. 重庆市板车商业同业公会为填报抗战公私损失调查表请查照汇转事给重庆市商会的公函(1948年1月19日)

案准贵会三十六年十二月二十九日(三十六)商四字第10260号通知,为奉令补发抗战公私损失调查表式,嘱转知各会员商号赶速遵照填报,以凭汇转一案,等由,附调查表式一份,准此。自应照办。当经本会于三十六年十二月三十一日,以总字第126号通知各会员商号遵照办理去讫。兹据各会员先后填报到会,相应检附杨会员汉林等调查表13份,函请贵会查照,惠予汇转为荷! 此致:

重庆市商会

附抗战公私损失调查表13份

理事长　周德侯
中华民国三十七年元月十九日

抗战公私损失调查表

损失单位或姓名	损失物品	数量	损失时间	损失地点	损失详情	备考
杨汉林	汽胎板车	3辆	1940年5月5日10时许	牛角沱正码头	敌机轰炸毁损全部无遗	
协成板车行(经理:周德侯)	汽胎板车	6辆	1940年8月19日	重庆正阳街18号	敌机投掷烧夷弹焚毁无余	
协泰板车行(经理:梁少成)	汽胎板车	15部	1941年8月13日	重庆神仙洞街防空洞对门(无号)	敌机轰炸全部无余	
廖思毅	汽轮板车	3辆	1940年5月5日10时许	牛角沱正码头牌坊对面	敌机轰炸毁损全部无遗	

续表

损失单位或姓名	损失物品	数量	损失时间	损失地点	损失详情	备考
王濂舫	汽胎板车	3辆	1940年古历5月5日11钟	牛角沱码头牌坊正对面	敌机炸后毁损无遗	
敖炳堂	汽胎板车	3辆	1940年古历5月5日10时许	牛角沱正码头牌坊对面	敌机轰炸毁全部损失无遗	
尹鑫泉	汽胎板车	2辆	1941年8月13日	神仙洞街石板坡石厂运石	敌机轰炸毁损全部无遗	
同利板车铁工厂（经理：宋海荣）	汽轮板车	12部	1940年古历4月22日	重庆中二路小园口	被敌机炸毁	
新华板车行（经理：段青云）	汽轮板车	2部	1940年	重庆水塔新街21号	被敌机炸毁	
新华板车行（经理：段青云）	汽轮板车	2部	1940年	重庆干卫新村50号	被敌机炸毁	
	房屋、器具	全部	1940年		被敌机炸毁	
杨少文	汽轮板车	3部	1941年8月13日	重庆纯阳洞26号	被敌机炸毁	
	房屋、家具	全部	1941年8月13日	重庆纯阳洞26号	被敌机炸毁	
唐玉文	汽轮板车	2部	1940年5月7日9点40分	失路坝	敌机轰炸毁损全部	
	汽轮板车	1部	1940年6月1日	南区马路	敌机轰炸燃烧全部无存	
	汽轮板车	4部	1941年4月17日	模范市场拉渣子	敌机轰炸燃烧全部无存	
	汽轮板车	3部	1939年4月10日	中二路川师口派出所坡上	敌机轰炸燃烧全部无存	
品富板车行（经理：邓吉祥）	房屋	1间	1941年5月4日	菜园坝天星桥	炸毁	
三六九板车行（杨树云）	汽轮板车	2部	1941年4月17日	模范市场拉渣子	敌机轰炸燃烧无存	

附

重庆市营业税处为呈送重庆市被炸商户清册致重庆市政府文(1940年11月14日)

查本市自今年入夏以来,迭被敌机滥施轰炸,市区商户,或则财产货物荡为灰烬,或者营业铺户,被炸震毁,此项被灾商户欠缴营业税款,案查接管卷内,前经四川省营业税局拟具豁免办法:"1.凡铺户货物,尽被炸毁焚毁之重灾商户,其以前各月欠税,无论多寡,概予免征;2.凡震毁或延烧,致货物尽受损失之较重灾商户,其以前各月欠税,仍予豁免;3.凡部分震毁或炸毁及铺户略有折卸,并无重大损失之轻灾商户,其以前各月欠税,仍应分别追收,以重税款。"并呈奉四川省政府核准施行有案,本处自应依照办理,除于每次空袭以后,督饬调查人员,查明各商灾情轻重分别追收豁免外,理合具文,检同被炸商户清册1份,赍请钧府俯赐鉴核备查,指令只遵!谨呈:
重庆市政府
计呈清册1份

重庆市营业税处处长　张镜明

副处长　涂重光

王志忠

中华民国二十九年十一月十四日

重庆市营业税处造呈城区被炸商户清册

商号名称	营业人姓名	营业地点	门牌号	业类	分业号数	被炸日期	被炸情形	备考
周福美	郑鹤龄	千斯行街	32	糖业	82	8月9日	全部炸坏	查至5月份止
永盛	王徽犹	同	32	糖业	48	8月9日	同	查至5月份止
永美	胡守吾	同	10	棉花行栈	74	8月20日	同	应纳5至8月份资本税款
合记新新	李汉如	同	20	服装	123	8月9日	同	查至5月份止
春森泉	张松如	中正路	151	棉花	40	7月12日	同	查至5月份止
存心寿板处	刘洪如	东正街	71	棺材		8月20日	炸弹颇重	
福同丰	刘缙芬	东正街	58	糖纱		8月20日	全部被炸	
德盛祥	赵斌武	东正街	48	油蜡		8月20日	炸弹烧坏	
典记	江恩堂	东正街	42	油蜡		8月20日	全部被炸	
荣华	杨炳荣	东正街	41	饭馆	33	8月20日	同	
惠中公司	彭向真	望龙门	18	匹头		8月20日	全部烧坏	
黄玉顺	黄玉顺	望龙门	27	木器	133	8月20日	全部烧坏	
蒋绍馀	蒋绍馀	望龙门	28	木器	132	8月20日	同	
宏泰	宋道宏	望龙门	30	制造	14	8月20日	同	
树林祥	何树槐	王爷庙	3	油蜡	423	8月20日	同	
陈世洲	陈世洲	元通寺	16	油蜡	115	8月20日	同	
夏绍清	夏绍清	元通寺	13	油蜡	114	8月20日	同	
华康	邹道村	元通寺	4	熟药		8月20日	同	
益合祥	冯肖氏	豆茅塝	2	油蜡		8月20日	同	
怡和祥	施伟棠	金沙岗	23	糖果		8月20日		
泰来	胡云琼	同	25	同	73	同		
积祥	熊松龄	新街口	35	纸张	27	同		
稻香村	刘谱全	同	6	糕点罐头	95	同		
汇源	杨资训	打铜街	3	棉纱	86	同		
泰昌裕	王溥澄	中正街	181	同	87	同		
祥盛	熊松林	同	179	纸张		同		
泰记	周资生	新街口	36	棉纱	40	同		

续表

商号名称	营业人姓名	营业地点	门牌号	业类	分业号数	被炸日期	被炸情形	备考
周资记	周资生	同	36	匹头	95	同	同	
泰记	王溥澄	新街口	36	钱庄	10	8月9日	全部被炸	
松柏厅	陈昌业	打铜街	27	餐席	62	同	同	
渝华	徐炎中	同	29	广货洋扎	169	同	一部被炸	
渝华	徐炎中	同	29	鞋帽	60	同	同	
洪德渝	杨资训	同	26	棉纱	14	同	全部被炸	
廖广东	廖显文	同	25	铜铁锡	52	同	同	
汉口绸缎商店	罗鑫廷	同	24	匹头	31	同	同	
义生长	王润棠	同	1	五金		同	同	
中兴	邹楠	同	24	匹头	38	同	同	
蜀光	张雨涵	同	7	棉花		同	同	
华新	辛燮阳	棉花街	73	熟药	24		全部被炸	
成记	李春山	同	71	棉花	36		同	
福臻	郭永柱	同	71	棉纱	20		同	
荣盛祥	郭海清	同	38	棉花	28		受灾甚重	
义记	周维新	同	39	棉纱	7		同	
合记	赵乐三	同	40	棉花	29		同	
义和荣	陈载三	同	42	棉纱	9		二分之一	
惠生欲	陈炳炎	同	43	同	8		一部	
盛德	邓锡同	同	92	同	27		受灾甚重	
德裕	萧泽生	同	44	同	13		同	
源丰裕	陈润生	棉花街	67	棉纱	19		受灾甚重	
万利生	刘兴忠	同	70	棉花	41		二分之一	
厚记	谭益三	同	34	同	26		受灾甚重	
泉济	王香泉	同	41	同	54		受灾一部	
义康	李植垾	同	69	同	55		同	
义生福	任均全	同	82	药材			同	总号未编
荣茂祥	易狄荣	同	33	棉花	53		受灾甚重	
荣泰	陈少武	同	94	同	21		同	
福盛隆	陈复初	同	93	棉纱	26		同	

续表

商号名称	营业人姓名	营业地点	门牌号	业类	分业号数	被炸日期	被炸情形	备考
荣大	张子良	同	73	同	55		受灾一部	
健身	罗伯臣	金银巷	34	浴室	145		全部被炸	
泰康	唐根年	同	33	糕点罐头			同	
四聚	江明德	同	34	旅栈			同	
宏开	何西庚	县庙街	11	服装	79	8月20日	全部损失	
亿利	田春舫	同	11	匹头	44	同	同	
鑫记	张重振	同	12	五金	18	同	同	
和记	龚云清	同	12	旅栈	73	同	同	
同声	李宏达	同	13	匹头	116	同	同	
天禄	王时恺	同	14	糕点	87	同	同	
中华	杨荣森	同	15	制革	81	同	同	
环球	张子均	同	15	新药	49	8月20日	全部损失	
利昌	吴书侬	县庙街	16	山货	24	同	同	
利昌	同	同	16	货易部	12	同	同	
利昌	同	同	16	代办	11	同	同	
利昌	同	同	16	保险	6	同	同	
利昌	同	同	16	运输	23	同	同	
协庆成	卓吟畅	同	17	木器	116	同	同	7月收入未查填
源记	何海清	同	18	茶馆	142	同	同	
九园	范培基	同	18	餐席	63	同	同	
大中原	熊树培	同	18	制革	83	同	同	
吴品珊	吴品珊	县庙街	19	食品	250	8月20日	全部损失	
新兴	冯玫君	同	20	洋广杂货	171	同	同	
晶石斋	彭洒钦	同	21	修理业	47	同	同	
大丰永	胡昌美	同	22	匹头	142	同	同	
巴克	骆允升	同	23	新药	36	同	同	
三星公司	刘洪亮	同	12	纸张	175	同	同	
同记	李用之	同	13	头布	16	同	同	
川南	彭炳昭	同	12	纸业	173	同	同	
民丰	李文衡	莲花街	23	山货		8月9日	同	

续表

商号名称	营业人姓名	营业地点	门牌号	业类	分业号数	被炸日期	被炸情形	备考
格玫	罗玫三	同	14	新药	66	同	同	7月份收入未查填
联立	曾梦英	莲花街	34	匹头	167	8月9日	全部损失	
霖记	陈晓锺	模范市场	47	五金	195	8月20日	同	
蜀华	邱荣廷	龙王庙	4	匹头	222	同	全部焚毁	
西蜀	周子常	同	7	国药	174	同	同	
新盛德	张议卿	同	8	食品	303	同	同	
永兴隆	罗清溪	同	8	匹头	221	同	同	
利源	戴文祥	同	10	鞋帽	104	同	同	
同大	常仲书	同	10	杂货	375	同	同	
青年	周运瑞	同	10	修理钟表	55	同	同	
和兴祥	林燧明	同	11	杂货	283	同	同	
十园	赖图南	龙王庙	12	3	243	8月20日	全部焚毁	
泰昌	陈昭馀	同	13	电料	60	同	同	
泰昌代记	陈昭馀	同	13	同	63	同	同	
万云楼	蔡海川	同	14	饭馆	226	同	同	
锦城	杜伦波	同	15	同	31	同	同	
郑百昌	李骏藩	同	16	纸烟	3	同	同	奢侈
晴雨布店	彭在中	同	17	匹头	40	同	同	
协怡	黄德成	同	18	茶	180	同	同	
永华	郭志臣	同	19	鞋帽		同	同	
源泰	谢源盛	同	19	电料	9	同	同	
和礼	蒋国安	龙王庙	20	匹头	6	8月20日	全部焚毁	
利盛祥	张锡之	同	21	衣箱	7	同	同	
南记庆新	文治南	同	23	匹头	183	同	同	
永和	郑银清	同	24	修理钟表	46	同	同	
同心	黄世才	同	24	电料	95	同	同	
渝新	沈文峰	同	25	旅栈	48	同	同	
爱惠来	张孝先	同	44	糕点	123	同	同	
密园	张文修	同	25	食品	128	同	同	

续表

商号名称	营业人姓名	营业地点	门牌号	业类	分业号数	被炸日期	被炸情形	备考
群贤	陈关氏	同	25	茶馆	48	同	同	
利成公	向化成	同	26	肥皂	81	同	同	
成记	邓炳权	龙王庙	27	匹头	54	8月20日	完全焚毁	
益友	向汉清	同	28	茶馆	43	同	同	
鸿乐	毛文彬	同	29	匹头	53	同	同	
同心	谭克谦	同	30	匹张	33	同	同	
北平	张文皋	同	31	匹头	79	同	同	
章华	魏香廷	同	32	娱乐	2	同	同	
章华贩卖部	何健奎	同	32	食品	75	同	同	
西南	徐少臣	同	33	理发	65	同	同	
大三元	高坤伦	同	34	餐席	35	同	同	
大三元	同	同	34	同	91	同	同	奢侈
蜀光	王伯成	龙王庙	35	茶馆	42	同	同	
梦生	挂罷祥	同	36	文具	42	同	同	
长兴	蒋树森	同	37	匹头	52	同	同	
福荣	陈清安	同	38	同	80	同	同	
张吉甫	张吉甫	同	39	杂货	164	同	同	
凤宝	徐大章	同	40	银楼	9	同	同	
刘麻子剪刀店	郝仲明	同	41	铜铁	25	同	同	
宏永	周荣宣	同	42	电料	41	同	同	
扬子江	黄华峰	同	43	旅栈	107	同	同	
西门子	徐可丰	同	43	修理钟表	26	同	同	
湖南	夏开鹏	龙王庙	43	面馆	103	同	同	
美的加	蒋仕荣	同	44	匹头	81	同	同	
裕新	冯恒源	同	49	制革		同	同	
大亨	马瑞图	同	50	杂货	314	同	同	
大亨	同	同	50	同	170	同	同	奢侈
燮记	罗子东	同	51	同	57	同	同	
永安	杨瑞麟	同	51	同	363	同	同	奢侈

续表

商号名称	营业人姓名	营业地点	门牌号	业类	分业号数	被炸日期	被炸情形	备考
美亚	张林宪	同	51	制革		同	同	3月份已报停
联昌	孟良湘	同	51	同		同	同	3月份已报停
文德	游文俊	同	53	匹头	84	同	同	
清源	柯清源	同	54	熟药		8月20日	全部焚毁	
德泰祥	刘寿轩	同	55	陶瓷	25	同	同	
德泰祥和代	同	同	55	同	24	同	同	
协成	薛文卿	同	56	五金杂货	51	6月	同	
铭成	毛祥林	同	57	食品	110	同	同	
中盛	陈百中	同	58	杂货	151	同	同	
浚德	张艺如	同	59	同	149	同	同	
郑同人药房	汤俊安			新药	34			
湖北	杨殿臣	龙王庙	59	餐席	21	同	同	
义和	陈伸荣	同	59	火柴	121	同	同	
义和	陈伸荣	同3	59	纸烟		6月	全部焚毁	奢侈
徐哲民	徐哲民	同	59	同		同	同	
徐哲民	同	同	59	火柴	13	同	同	
欲沅代和	王治文	同	59	棉纱		同	同	
天林春	王福祥	同	60	面馆	62	同	同	
吕植卿	吕植卿	同	65	杂货		同	同	
三合园	李高陞	同	61	食品	192	同	同	
义记	戴敬川	同	62	杂货	197	同	同	
汉光	殷志铨	同	63	电料	73	同	同	
铨盛祥	舒润泽	同	63	衣箱	6	同	同	
王兴陶磁店	游张氏	同	63	陶瓷	20	6月	全部焚毁	
真记乐露春	谢文章	同	64	餐席	20	同	同	
七七商店	王沛然	同	65	杂货		同	同	
华亚	陈家光	同	65	新药		同	同	

续表

商号名称	营业人姓名	营业地点	门牌号	业类	分业号数	被炸日期	被炸情形	备考
源盛和	喻洪章	同	66	衣箱	5	同	同	
裕丰荣	徐汝酌	同	67	油蜡		同	同	已报停
和生正	熊志铭	同	70	同	121	同	同	
永祥	严健鸣	同	71	杂货	150	同	同	
裕光	李汉如	同	72	匹头	134	同	同	
美滴店	金审寿	同	73	杂货		同	同	
南京新都会	姚长眷	同	74	餐席		同	同	
九伦	毛爱常	同	75	匹头		同	同	
强民	赵吉甫	同	76	新药	33	8月20日	同	
天元合	王元吉	同	76	衣箱	4	同	同	
荣发生	罗周氏	同	78	冥器	10	同	同	
荣盛	叶树荣	同	79	糕点	50	同	同	
衡一	张荣方	同	80	修理钟表	27	同	同	
华盛顿	张本梓	同	81	钟表	28	同	同	
兴盛长	吴吉林	同	82	油蜡	120	同	同	
裕诚	李华卿	同	83	纸张	48	同	同	
瑞裕	杨卸南	龙王庙	83	纸张	126	8月20日	全部焚烧	
嘉陵	雷永福	同	84	匹头	249	同	同	
同心恒	郑汉章	同	84	同	160	同	同	
三星	达伟明	同	85	糕点	99	同	同	
大陆	陈其中	同	86	新药	17	同	同	
大陆代和	同	同	86	同	58	同	同	
集森荣	陈佩森	同	87	干菜	58	同	同	
同	同	同	87	同	17	同	同	奢侈
彭克为	同	同	90	服装	143	同	同	
唐炳清	同	同	90	匹头	245	同	同	
康记	刘寿轩	同	55	棉纱		同	同	
汉口老天宝	周约甫	同	67	银楼		同	同	
通达	傅启祥	打铁街	5	汽车胎	11	同	同	

续表

商号名称	营业人姓名	营业地点	门牌号	业类	分业号数	被炸日期	被炸情形	备考
祥森	李厚俊	同	6	服装	52	同	同	
裕顺源	曹银安	同	2	藤器	56	同	同	
双发祥	王德发	同	7	同	57	同	同	
复兴永	陈明枢	同	8	冶金	12	同	同	
同心祥	李银光	同	9	漆器	58	同	同	
位昌荣	王位之	同	14	冶金	22	同	同	
清和祥	刘清廷	同	15	漆器	59	同	同	
庆和祥	陈其中	打铁街	17	颜料	38	8月20日	全部焚毁	
祥兴	冯文落	同	25	玻璃	37	同	同同	
永大	黄道永	同	26	木器		同	同	
庆云	唐庆云	同	75	冶金	30	同	同	
鸿鑫祥	喻锡清	同	77	藤器	54	同	同	
鸿昌祥	费鸿州	同	78	杂货	258	同	同	
隆泉	殷森荣	同	89	茶馆	124	同	同	
金谷香	乐钟堂	同	80	饭馆	148	同	同	
隆光	殷森荣	同	81	玻璃	26	同	同	
表瑞兴	表自光	同	82	铜铁锡器	79	同	同	
仁义长	龚寿全	同	84	铜铁锡器	69	同	同	
荣记	高光友	同	85	冶金	29	同	同	
和昌	苟公服	同	85	颜料	55	同	同	
仁和	楼品方	同	86	同	7	同	同	
泰济	杜尧勋	同	88	同	48	同	同	
周德泰		同	89	茶馆	122	同	同	
周兴和	钟洪清	同	90	铜铁锡器	68	同	同	
协记	周召南	同	91	油蜡	398	同	同	
荣华	萧登丹	同	92	冶金	28	同	同	
华通	颜荣根	同	92	五金	75	同	同	
罗万发	罗万发	打铁街	93	伞	4	8月20日	全部焚毁	
蔡海州		筷子街	1	面馆	1	同	同	
罗青林		同	9	饭馆	47	同	同	
杨海清		同	3	铜铁锡器	66	同	同	

续表

商号名称	营业人姓名	营业地点	门牌号	业类	分业号数	被炸日期	被炸情形	备考
胡表氏		同	2	同	67	同	同	
利顺	张永康	同	9	饭馆	218	同	同	
集义生	同	同	9	同	360	同	同	
华德	谢子才	同	11	同	224	同	同	
萧树清		同	13	冶金				
德茂盛	李锡清	同	21	1①	350	同	同	
蒋银山		同	28	铜器	205			
协兴	杨步云	同	30	棉纱	70			
礼园	易步云	同	32	茶馆	139			
吴锡林		同	35	油蜡	329			
庆和永	唐树煊	同	36	铜器	125			
金山	韩燮生	同	36	茶馆	218	同	同	
杏花材	李子云	同	61	饭馆	223			
张炳云		同	64	面馆				
和川馆	蔡海全	同	66	饭馆	219			
裕和通	刘逢元	同	67	匹头	41	同	同	
恒庆	康文彬	筷子街	67	旅栈	76	8月20日	全部焚毁	
川南	彭炳昭	同	67	纸张	173	同	同	
协泰	马季芳	同	67	匹头				
周铭鑫		药王庙	4	铜器	126			
王桂林		同	5	同	127			
李树清		同	7	同				
隆和代扣	张栋臣	同	10	棉纱	54	同		
谦裕	周达三	同	10	同		同		
和德	陈子征	同	10	匹头	168	同		
联利	刘茂宣	同	48	匹头	32	同		
复兴	朱德全	同	48	匹头	148	同		
德康	卓德全	同	10	同				
王银州		同	53	铜器	77			
志和	钟渊若	罗汉寺	11	绸缎	189	同	同	
和通	周巨康	同	11	匹头		同	同	

① 档案原文如此,下同。

续表

商号名称	营业人姓名	营业地点	门牌号	业类	分业号数	被炸日期	被炸情形	备考
周心长	熊林森	同	7	食品	247	同	同	
怡大	蒋志忠	同	2	匹头	190	同	同	
兴泰	蒋子荣	同	37	旅栈	171	同	同	
民生	张载云	同	37	匹头	157	同	同	
利胜	杨王泉	同	37	同	155	同	同	
和昌	郑宝卿	罗汉寺	37	匹头	171	8月20日	全部焚毁	
群益	萧福春	同	38	信托	3	同	同	
明心	申支邻	同	38	棺材	11	同	同	
昌新	曾志叔	冶平寺	2	建筑	5	同	同	
美丽	金净佛	同	7	21	12	同	同	
福兴隆	张福田	正阳街	1	食品	275	同	同	
胡炳森		同	14	木器	276	同	同	
树辉祥	周树辉	同	35	油蜡	181	同	同	
谭树成		同	2	食品	397	同	同	
许光兴		同	41	同	同	同	同	
同和	胡国章	正阳街	42	油蜡	400	同	同	
钟树林		同	44	竹棕	67	同	同	
曾心如		同	45	茶馆	168	同	同	
聚福荣	冯玉成	同	47	油蜡	401	同	同	
上海	致成玻璃厂	同	51	玻璃	55	同	同	
李老成		同	52	饭馆	247	同	同	
蔚丰	汪绍荣	同	53	油蜡	399	同	同	
鸿发沅	丁顺清	同	55	食品	270	同	同	
何全州		同	58	面馆	210	同	同	
云泰	官雨苍	同	59	杂货	324	同	同	
傅炳章		正阳街	61	食品	306	同	同	
廖树清		同	61	面粉	61	同	同	
大有	彭银州	同	62	茶馆	164	同	同	
王子清		同	64	纸糊	62	同	同	
李锡珍		同	64	食品	273	同	同	

续表

商号名称	营业人姓名	营业地点	门牌号	业类	分业号数	被炸日期	被炸情形	备考
刘洪武		同	65	同	274	同	同	
复兴昌	李仲豪	同	7	油蜡	303	同	同	
义利	余义成	同	16	雕刻	29	同	同	
盗记万顺	严卿	同	18	建筑	17	同	同	
大美	梅香泉	同	19	印刷	30	同	同	
福寿	聂静如	同	24	熟药		同	同	
炳鑫	李炳成	同	40	电镀		同	同	
同记	李新安	同	45	杂货	178	同	同	
谦泰	张培根	同	45	旅栈	74	同	同	
康达	刘伯勋	同	45	杂货	307	同	同	
华通	李致中	同	6	布匹		同	同	
辑瑞	叶炳南	同	6	糖		同	同	
绿记	李少辅	同	45	运输	30	同	同	
国泰	余庚昌	同	54	新药	16	同	同	
上海美滴	沈培坤	同	39	食品		同	同	
周天顺		同	31	理发		8月20日	同	
胜兴	周卓天	同	32	服装		同	同	
同顺元	刘树清	同	43	饭馆	267	同	同	
重庆电器行	张鑫权	同	48	电料	100	同	同	
同生福敬记钱庄	彭笔嘉	小梁子	24	钱庄			烧毁	
协大绸布号	杨震风	民族路	特	匹头			同	
隆泰制革厂	郑少贵	同	特	皮革			同	
陈少江	陈少江	同	特	食品			同	
四明	叶鸿刚	同	88	餐席			炸毁	
西南旅馆	李机三	同	81	旅栈澡堂			同	
厚记	祝厚方	同	91	杂货			同	
一乐也	蒋朝璜	同	93	理发			同	

续表

商号名称	营业人姓名	营业地点	门牌号	业类	分业号数	被炸日期	被炸情形	备考
苏州	梅刚吾	同	95	餐席			同	
心心咖啡馆	田常松	同	96	食品			同	
联记国际照相馆	刘覆之	同	96	照相			同	
百草堂	王荣光	同	97	药材			同	
青年会宿社	王名洁	同	98	旅栈			同	
国际弹子房	刘覆之	同	96	娱乐			同	
义和永	熊瑞麟	同	99	糖果罐头			同	
新新印刷公司	厉无咎	同	107	印刷			炸毁	
宝兴银楼	钱孟洪	民族路	100	银楼			烧毁	
冠生园	谢冠生	同	109	糕点			同	
开达贸易商行	孙克均	同	133	西药			同	
新生	陶启明	同	133	文具			同	
新生营造厂	同	同	133	建筑			同	
老文元	盛世荣	同	134	银楼			同	
成都味	张骏	同	134	餐席			同	
明星	达善炳	同	135	钟表			同	
安泰福	陈云杰	同	135	苏货			同	
新明	代肇明	同	137	电料			同	
新中国	张文华	同	137	皮鞋			同	
文通	王槐三	同	138	纸张			同	
环球百货公司	李文彬	同	139	洋广杂货			同	
环球帽业公司	乌一飔	同	139	帽鞋			同	

续表

商号名称	营业人姓名	营业地点	门牌号	业类	分业号数	被炸日期	被炸情形	备考
标集社	胡导源	同	141	钟表眼镜			同	
中央药房	冉燮六	同	141	新药			同	
德丰	冉德耀	同	141	百货			同	
花关咖啡	黄少怀	同	145	咖啡			同	
留真相馆	黄少怀	同	145	照相			同	
大香槟	徐文达	同	145	皮革			同	
都锅生	蔡子孚	同	146	杂货			烧毁	
原昌	姚刚民	同	149	皮革			同	
飞鸿堂	张九龄	同	110	雕刻			同	
合记文具	刘紫卿	同	110	文具			同	
华成	徐子猷	同	111	皮革			同	
天泰祥	何申祥	同	112	纸张			同	
集明茶社	张集明	同	114	茶馆			同	
协记	贺泽沛	同	115	匹头			同	
克利食品商店	刘远慈	同	116	餐席			同	
新昌	潘明安	同	116	杂货			同	
义记松鹤楼	倪国清	民族路	118	餐席			同	
步佳	嵇嘉生	同	119	皮革			同	
加里食品公司	王荣华	同	129	糕点罐头			同	
新川饭店	高裕农	同	122	旅栈澡堂			同	
中国	郑冠曾	同	123	皮革			同	
永记上海食品商店	金洪发	同	125	糕点罐头			同	
上海青年社和厂	王志成	同	126	洋广杂货			同	
德胜祥	汤伯祥	同	121	纸张			同	
新光照相	吴竹石	同	129	照相			同	
华森	杜少之	同	129	匹头			同	

续表

商号名称	营业人姓名	营业地点	门牌号	业类	分业号数	被炸日期	被炸情形	备考
双巾牌梁新记牙刷	朱羡之	同	131	杂货			同	
南华	郑松皋	同	132	钟表			同	
广华	魏重孚	同	148	绣货			烧毁	
南京庐山照相馆	徐清如	同	150	照相			同	
美利坚	黎特生	同	150	木器			同	
周三益	周辅兴	同	151	文具			同	
宝成	施济普	同	152	银楼			同	
四川银耳商行	萧玉书	同	154	药材			同	
金台宾馆	刘纯笃	民族路	154	旅栈			同	
温泉浴室	同	同	154	浴室			同	
华安	陈荣琦	同	155	杂货			同	
纶华布店	文良臣	同	156	匹头			同	
上海公司	朱联苏	同	157	服装			同	
巴黎理发店	赵永茂	同	159	理发			同	
仁记商店	袁候仁	同	161	杂货			同	
钢笔大王	林亨一	同	162	文具			同	
民族布店	朱叔安	同	163	匹头			同	
荣森裕	蒙义祥	同	163	苏货			同	
三友实业社	乐景毅	同	165	洋广杂货			烧毁	
远大布庄	舒希哲	同	165	匹头			同	
中原制革厂	邓兴发	民族路	166	皮革			同	
大中袜厂	谢仪文	同	166	袜			同	
四川国货商	徐智良	同	166	袜			同	

续表

商号名称	营业人姓名	营业地点	门牌号	业类	分业号数	被炸日期	被炸情形	备考
周长兴	何元顺	同	167	铜铁锡器			同	
北平书场	富少舫	同	168	娱乐			同	
祥义	金济川	同	170	匹头			同	
恒和祥	龚利成	同	171	药料			同	
李德成	李德成	同	173	食品			同	
光国商店	郑祖骏	同	175	匹头			同	
西南国货公司	马积祚	同	177	杂货			同	
同生福	蓝襄臣	同	144	匹纱			同	
盛华	张仁豪	同	56	糕点罐头			烧毁	
惠尔登	陆志良	同	99	饭食			同	
永华	朱汉臣	同	140	匹头			同	
永义源	熊瑞麟	同	79	干菜			同	
利昌		同	128	皮革			同	
大中原		同	128	同			同	
民族皮鞋公司	郑治贵	同	169	同			同	
大同	常仲书	同	111	杂货			同	
中央皮鞋		同	90	皮革			同	
李崇泉	李崇泉	观阳巷	2	成衣			烧毁	
陈海荣	陈海荣	同	3	食品			同	
裕成香	王福禄	机房街	85	糕点		8月20日	全部烧毁	
镇昌		同	68	成衣		同	同	
新竹林		同	61	茶馆		同	同	
波南	赵义和	丁字口	91	理发		同	同	
中兴	贺治佃	机房街	100	茶馆		同	同	
胜中香		白龙池	1	油蜡		同	同	
天昌	梁伯玄	机房街	5	茶		同	同	
广生	田楚安	机房街	47	国药		同	同	
华中	李志成	机房街	53	洗染		同	同	
生美	张志明	同	14	火柴		同	同	

续表

商号名称	营业人姓名	营业地点	门牌号	业类	分业号数	被炸日期	被炸情形	备考
康乐	张裕良	复兴观	5	体育		同	同	
顺城园	罗安全	丁字口	95	食品		同	同	
中华	翁谁道	白龙池		玻璃		同	同	
美伦	龚志高	复兴观	8	皮革		同	同	
小洞天	周月廷	同	12	餐席		同	同	
和祥		机房街	1	匹头		同	同	
文清成		同	特	成衣		同	同	
源成斋	周李氏	同	7	油蜡		5月	同	
周庆满		机房街	12	头		8月20日	全部焚毁	
全发服装	刘春廷	同	12			5月	同	
李世兴		同	21	食品		8月20日	同	
同福桃片厂	温照林	同	22	同		同	同	
裕茂长	杨少清	同	24	油蜡		6月	同	
刘全盛油漆	张树思	同	28	油漆		同	同	
刘玉廷		同	35	食品		同	同	
明月汽灯店	刘有成	同	37	煤气		7月	同	
美丽坚	耿兴发	同	50	理发		6月	同	
雨春公	蔡有光	同	53	旅栈		同	同	
同仁药房	曾定章	同	56	熟药		同	同	
陈寿康		同	58	铜铁锡器		同	同	
荣森	曾荣森	同	59	饭馆		同	同	
协兴祥	陈寿康	同	50	面粉		5月	同	
东升	五银月	同	62	油蜡		6月	同	
卫生豆腐	金根宝	同	69	食品		同	同	
艾义成		同	81	油漆		同	同	
萧清泉		同	81	成衣		同	同	
华腾工业化	谢义毫	同	90	冶金		同	同	

续表

商号名称	营业人姓名	营业地点	门牌号	业类	分业号数	被炸日期	被炸情形	备考
宪涛春	丁宪涛	同	94	食品		8月20日		
陈贤才		机房街	110	面馆		5月	全部焚毁	
三生堂	聂光勤	同	112	熟药		同	同	
裕全彩	朱济涛	同	113	洗染		同	同	
德华	黄嗜亭	同	114	餐席		同	同	
樟树保安堂	杨亚华	同	114	国药		6月	同	
永合园	柳云吉	白龙池	1	油蜡		8月20日	同	
荣庆	钱炳宣	同	2	糖果		5月		
文明茶社	张吉明	同	4	茶馆		同		
荣利祥	张养吾	同	17	干菜		7月		
吉庆馀		同	20	同		6月		
永和机器厂	翁维通	机房街	24	机器		5月		
协兴		同	24	冶金		同		
彭洪州		同	26	食品		同		
蔡金山		同	26	食品		同		
张合廷		同	26	食品		同		
谭耀武		同	28	面馆		同	同	
生记国货商店	童国材	同	特	洋广杂货			烧毁	
生记商店	同	同	同	杂货			同	
合记	严兰青	白龙池	29	柴炭			同	
粤香村	胡栋臣	同	29	食品			同	
多利行	洪耀宾	同	31	代庄			烧毁	
申长和	申长和	同	31	食品			同	
嘉陵	马初谷	同	32	饭馆			同	
味馨	李白谦	同	33	油蜡			同	
胡国茶社	黄金山	滴水岩	16	茶馆			同	
长盛国	方长盛	同	15	饭馆			同	
庆馀	熊达宣	兴龙巷	4	印刷			炸毁	

续表

商号名称	营业人姓名	营业地点	门牌号	业类	分业号数	被炸日期	被炸情形	备考
大兴	王天福	同	9	食品			同	
段海清	段海清	同	9	同			同	
荣丰长	张树清	炮台		油蜡			烧毁	
刘金和	刘金和	同	35	铜铁锡器			同	
胡银山	胡银山	同	36	同			同	
彭海云	彭海云	丁字口	1	食品			同	
杨宝成	杨宝成	同	8	衣线			同	
李郭氏	李郭氏	同	2	饭馆			同	
德春生	周海沧	同	9	药材			同	
汤华兴	汤华兴	二郎庙	29	饭馆			炸毁	
久华员	曹树云	复兴观	3	餐席			烧毁	
刘见章	刘见章	同	4	棺材			同	
萧国安	萧国安	同	2	饭馆			同	
一容成衣店	萧望成	观阳巷	3	成衣			炸毁	
刘鸿兴洗衣店	刘有廷	同	6	洗染			同	
华西	刘汉清	同	6	成衣			同	
同利和	萧荣方	同	7	棉花			同	
克生罗	李昆山	半边街	4	餐席	65	6月	全部炸毁	查至4月
怡康	梁献丹	同	5	旅栈	207	同	同	查至6月
协利和	邹念椿	同	5	颜料	13	同	同	查至4月
大同	肖见民	同	6	服装	109	8月20日	同	查至6月
同心	朱子昌	同	7	电料	82	同	同	
新成和	朱德益	同	8	洋广杂货	293	6月	同	查至4月
宏大	段举之	同	8	颜料	12	8月20日	同	
同	邓云程	同	19	皮革	14	同	同	
宏康	蒋泽民	同	20	颜料	22	同	全部炸烧	
中亚	刘蜀江	同	21	牙刷	204	同	同	查至6月
普艳	张席珍	同	21	洋广杂货	207	同	同	
厚成	刘克成	同	22	同	216	同	同	

续表

商号名称	营业人姓名	营业地点	门牌号	业类	分业号数	被炸日期	被炸情形	备考
元昌	洪尚志	同	23	纸张		同	同	同
孙汉兴	孙汉兴	同	25	同	120	6月	同	查至5月
益和沅	吴年杨	同	26	扇	1	8月	全部炸毁	查至7月
鸿顺和	陈鸿睦	同	29	洋广杂货	295	同	同	同
万长发	万发长	同	37	藤器	47	8月	全部炸烧	查至7月
协顺荣	刘子荣	同	39	鞋帽		6月	同	查至5月
燮昌林	徐哲夫	同	39	洗染	27	同	同	查至4月
聚福通	简铸涛	同	45	颜料	11	8月	同	查至7月
同和裕	蒋灿	中正路	263	同	41	同	同	同
同	陈树云	半边街	9	帽	134	同	同	同
德利	余相臣	公园路	1	机器	5	同	同	同
天和	刘元亘	同	3	茶馆	34	同	同	同
复盛宏	古清泉	下大梁子	5	洋广杂货	237	同	同	同
同盛祥	林海峰	同	5	油蜡	417	同	同	同
品珍	罗廉武	下大梁子	6	银楼	17	同	同	同
协康	彭怡光	同	7	颜料	24	同	同	同
庆记	任安普	同	9	纸张	32	同	同	同
五丰	何伍中	同	10	颜料	34	同	同	同
钰合祥	林明合	同	11	洋广杂货	238	同	同	同
万忠祥	万忠祥	同	13	同		同	同	同
裕丰沅	苏万忠	同	13	袜		同		
积福长	林玉如	同	14	五金	152	同	同	同
裕盛祥	杨惠川	同	15	袜	9	同	同	同
廖清洪	廖清宏	同	15	洋广杂货	326	同	同	同
荣茂	杨治清	同	16	铜铁锡器	138	8月	全部炸毁	
义兴祥	林明祥	同	17	洋广杂货	83	同	同	同
荣华	叶向荣	下大梁子	18	鞋帽	102	同	同	查至7月
庆华	张义臣	同	19	洋广杂货	55	同	同	查至6月

续表

商号名称	营业人姓名	营业地点	门牌号	业类	分业号数	被炸日期	被炸情形	备考
永利	刘子明	同	20	五金	83	同	同	查至7月
春和	汪斌臣	同	21	铜铁锡器	5	同	同	同
琦美	陆均培	同	22	洋广杂货	294	同	同	查至6月
春和荣	晏文林	同	23	袜	35	同	同	查至7月
一园贩卖部	罗松	同	24	糕点	91	同	同	查至6月
一园	夏惠民	同	24	娱乐	6	同	同	同
平日	刘楷平	同	25	熟药	37	8月	同	查至6月
新华	徐树云	同	26	玻璃	56	同	同	查至7月
	韩义生	同	28	铜铁锡器	135	同	同	同
吉利永	刘兴成	同	29	袜	3	同	同	同
仁义荣	巫振之	同	29	洋广杂货	54	同	同	同
李安全	李安全	同	30	面馆	46	同	同	查至5月
裕和元	王友成	同	31	裱糊	61	同	同	同
诚记	唐德清	同	19	洋广杂货	347	同	同	查至7月
	朱万元	同	79	袜	18	同	同	同
钰盛沅	成海清	同	80	洋广杂货	194	同	同	同
华章	刘琪章	同	80	袜	17	同	同	同
炽兴	申友辉	同	81	洋广杂货	157	同	同	同
胜利	邓昌荣	同	82	同	321	同	同	同
裕和永	张胜中	同	83	同	152	同	同	同
云洁	方吉波	同	83	制革	98	同	同	同
	陈云庆	同	84	铜铁锡器	27	同	同	同
同德祥	胡致成	同	84	洋广杂货	153	同	同	同
中兴	刘华龙	同	85	制革	87	同	同	查至5月
中国卫生牙刷厂	李荣生	同	85	洋广杂货	161	同	同	查至7月
	杨砺三	同	87	同	159	同	同	同
信义	秦自俊	同	88	洋广杂货	160	同	同	同
吉利祥	罗海州	同	88	藤器	26	同	同	同
恒信	费世何	同	89	洋广杂货	163	同	全部炸毁	同

续表

商号名称	营业人姓名	营业地点	门牌号	业类	分业号数	被炸日期	被炸情形	备考
馨坦	申仲枚	同	90	糕点	47	同	同	同
同人和	王守庚	同	91	镌刻	12	同	同	查至6月
鑫记	陈永厚	同	92	洋广杂货	322	8月	同	查至6月
中央	单文正	中正路	332	服装	63	同	同	查至7月
大美	王成泰	下大梁子	94	洗澡	31	同	同	查至6月
袁福林	袁福林	同	95	洋广杂货	145	同	同	查至7月
渝康	罗泽浦	同	96	同	131	同	同	同
建新	宋永年	同	97	洋广杂货	162	同	同	查至6月
香港牙刷厂	宋永年	同	97	牙刷	157	同	同	查至6月
德裕	染育仁	同	98	电料	31	同	同	查至7月
春和永	马生甫	同	98	珠宝古玩	5	同	同	同
	郑有盛	同	101	洋广杂货	144	同	同	查至6月
	林志宣	同	102	丝线	23	同	同	查至7月
永和	黄维旭	同	102	袜	11	同	全部炸毁	查至6月
瑞生祥	袁瑞生	同	103	袜	21	同	同	同
祥记益和荣	徐肇荣	同	104	颜料	2	同	同	同
裕盛长	陶建高	同	105	五金	20	同	同	查至7月
鸿泰	陈鸿才	同	98	电料	31	同	同	查至7月
义泰	杜清荣	同	98	珠宝古玩	5	同	同	同
荆茂	徐柱梁	同	103	洋广杂货	143	同	同	查至6月
刘治国	刘治国	同	107	袜	10	同	同	同
蔡海云	蔡海云	同	108	丝线	26	同	同	同
	谢文彬	同	109	同	22	同	同	同
民生	胡云生	同	110	梳篦	6	同	同	同
三星	李树奎	同	111	牙刷	189	同	同	同
馨恒	任宝垣	同	114	糕点	42	同	同	同
惠记	向钦伦	同	115	五金	85	同	同	同
宏大	杨绍馨	同	116	五金	84	8月	同	同

续表

商号名称	营业人姓名	营业地点	门牌号	业类	分业号数	被炸日期	被炸情形	备考
举安	何信中	同	118	国药	165	同	同	同
永顺昌	张德三	同	109	洋广杂货	123	同	同	同
	刘理清	同	94	同	142	同	同	同
蜀光	游蜀平	中正路	342	玻璃	57	同	同	查至7月
更生	戴诏丹	同	331	五金		同	同	同
五福	罗沧洲	同	323	洋广杂货	360	同	同	查至6月
公济	唐锡钊	同	280	同	249	同	同	同
协和祥	朱海彬	同	255	油蜡	246	同	同	查至4月
同兴长	李胜杰	同	348	肥皂		同	同	查至5月
诚信永	古贞泽	同	304	洋广杂货		同	同	查至5月
李启刚		同	315	同		同	同	查至6月
	张少良	同	311	同		6月	同	查至5月
森利荣	黄焕堂	同	340	扇		同	同	查至4月
光明	兰荣鹏	同	277	玻璃		8月	同	查至6月
黄治彬		同	308	洋广杂货		同	同	查至7月
和生公司	荀公服	同	260	颜料		同	同	查至5月
五丰支店	何位中	同	325	同		同	同	查至7月
同和兴		同	263	同		同	同	同
代记行		厘金局	3	五金		同	同	同
同美		中正路	274	同		同	同	查至7月
种利		同	324	同		同	同	查至7月
和光	蒋治章	同	282	颜料		同	同	查至6月
瘦西湖	周荣樵	公园路	4	餐席	33	同	同	查至7月
老北兄	何白石	同	5	同	32	同	同	查至7月
美美	周选青	同	6	食品	93	同	同	查至7月
修古斋	张兴才	同	11	裱糊	37	6月	同	查至4月
龙凤斋	赵诚山	同	12	餐席	84	8月	同	查至5月
德成和	蒋壁达	同	21	油蜡	438	同	同	查至7月
三六九	杨正友	同	27	餐席	76	同	同	查至5月
龙泉	邓金塘	公园路	28	食品	92	同	同	查至6月
三兴圜	张建勋	同	29	餐席	31	同	同	同

续表

商号名称	营业人姓名	营业地点	门牌号	业类	分业号数	被炸日期	被炸情形	备考
吴兴记	吴俊荣	同	31	糕点	38	同	同	同
燕市	董桂岩	同	32	餐席	48	同	同	同
青美	朱一林	同	特	理发	32	同	同	同
青年会沐浴室	牟布希	同	同	澡堂	121	同	同	同
青年会合作社	高毓商	同	同	洋广杂货	165	同	同	同
青年会西药部		同	同	新药	31	同	同	同
华丽	邓清云	同	同	理发	63	同	同	同
青年会洗染部	哈得福	同	同	洗染	46	同	同	查至4月
开泰	宋祥生	同	特	洋广杂货	264	同	同	查至4月
青年会中餐部	冯树林	同	同	餐席	74	同	同	查至6月
联友社	杨培春	同	同	娱乐	10	同	同	同
民泉	同	仓坝子	同	同	14	同	同	同
渝益	杨仁辅	同	2	匹头	163	同	同	同
恒益	张香波	同	2	同	164	同	同	同
	潘玉华	同	8	油蜡	372	同	同	同
明兴祥	刘健康	佛学社后街	51	同	338	同	同	同
香积厨	李开全	同	特	同	281	同	同	同
香光斋	刘春润	同	同	同	282	同	同	查至7月
觉性	王炳臣	同	特	餐席		同	同	查至4月
麒麟	颜少武	萧家凉亭	45	旅栈	218	同	同	查至6月
义合祥	刘海云	仓坝子	13	陶器	45	同	同	同
庆和	曾友予	半边	5	洋广杂货		同	同	查至7月
廖广东	廖云发	中正路	268	铜铁锡器		同	同	同

续表

商号名称	营业人姓名	营业地点	门牌号	业类	分业号数	被炸日期	被炸情形	备考
朱洪顺		仓坝子	20	纸张	185	同	同	查至5月
青年会游泳池	黄次咸	公园路	特	游泳		8月	同	查至6月
瑞和	胡永富	厘金局巷	5	山货	26	同	同	同
西蜀印刷所	任义安	仓坝子	9	印刷		同		资本税完至8月
鼎丰花行	李银州	水巷子	83	棉花行栈		6月12日	全部被炸	
鼎丰记关门	李银州	同	83	报关	17	同	全部被炸	
聚贤栈	袁会文	同	101	旅栈	56	同	同	
西蜀旅社	郑培根	同	79	同	55	同	房屋被震	
德盛长	张香平	同	77	纸张	102	同	全部被炸	
华耕山房	陈银州	姚家巷	26	裱糊	54	7月19日	房屋被震	
金盛	李金盛	同	30	理发	101	同	房屋震塌	
龙园	余志龙	同	30	茶馆	227	同	同	
郑海州	郑海州	同	54	油漆	31	同	全部炸毁	
陈和龙	陈和龙	同	36	成衣	61	同	同	
泰丰	秦卓三	同	38	糖		同		
义兴长	胡兴全	同	44	油漆	30	同	同	
源森祥	魏仲湘	盐井巷	34	糖	51	8月9日	同	
协记	田墨缘	姚家巷	84	裱糊	67	同	同	
荣胜和	刘大德	同	86	纸张	22	同	同	
经味精	苏海云	同	88	饭馆	241	同	同	
张子清	张子清	同	85	面粉	59	同	房屋震塌	
宝丰	赵子章	陕西路	221	熟药	200	同	全部炸毁	
中和	陈鲲之	同	227	匹头	89	同	同	
泰记	叶瑞卿	同	227	夏布	4	同	同	
久泰字号	肖杰文	水巷子	84	棉花		6月12日	同	
新墨香	刘香帆	同	13	裱糊	50	8月19日	全部被烧	
坚特利	黄镜州	同	3	理发	60	同	被炸	

续表

商号名称	营业人姓名	营业地点	门牌号	业类	分业号数	被炸日期	被炸情形	备考
民天	祁百禄	同	52	酱园	117	同	同	
万发	周杨氏	同	17	旅栈	165	同	全部被烧	
协记	高国进	同	25	同	112	同	同	
复兴	甘俊谷	同	27	同	85	同	同	
叙荣	柴栋臣	同	33	同	53	同	同	
顺馀	杨子江	同	26	同	60	同	被炸	
淡然	张淡然	同	2	食品	66	同	同	
易德清	易德清	同	17	茶馆	126	同	全部被烧	
川江运输部	田少明	同	23	运输	11	同	同	
成祥	同	同	23	匹头	246	同	同	
同其公	李治平	同	21	运输	22	同	同	
嘉岷	雷彭氏	同	43	旅栈	164	同	同	
杨子江	扬子江	同	31	裱糊	47	同	同	
荣记	洪福舟	同	1	油蜡		同	同	
太和	张荣发	民生路	27	熟药	46	8月20日	全部损失	
达明	王辅丞	同	18	电料	58	同	同	
咪瞍	李白清	同	12	餐席	34	同	同	
荣升长	张汉卿	同	21	干菜	24	同	同	
稷兴	周海廷	同	9	食品	172	同	同	
郑文星	郑承玉	同	140	文具	16	同	同	
第二联合川剧院	彭肇龄	同	16	娱乐	1	同	同	
晴霞	徐宗藩	同	6	照相	2	同	同	
华中	熊桂华	同	28	照相材料	1	同	同	
太乙	周海泉	同	2	食品	5	同	同	
联义长	喻联王	同	14	油蜡	51	同	同	
天全祥	王叔兰	同	17	食品	4	同	同	
逢春园	李逢春	同	5	食品	57	同	同	
袁海全	同	同	7	食品	3	同	同	
唐树云	李逢春	同	11	食品	1	同	同	

续表

商号名称	营业人姓名	营业地点	门牌号	业类	分业号数	被炸日期	被炸情形	备考
鸿义祥	何明全	同	13	食品	2	同	同	
竟成	花心如	同	16	洋广杂货	176	同	同	
元元	周宏张	同	15	茶馆	111	同	同	
景庆	刘典斋	同	10	瓷器	38	同	同	
源盛	高伯亮	同	13	饭馆	198	同	同	
胜利	朱俊德	同	8	西药	73	同	同	
天福	李建卢	同	11	印刷纸张		同	同	
同心祥	宦治臣	同	28	洗浆	50	同	同	
粤来	曹志远	同	87	食品	256	同	同	
布云	刘晴波	同	37	文具	37	同	同	
新记	仁青云	同	31	茶馆	44	同	同	
汇利	高少平	同	29	餐席	50	同	同	
宏道	伍少光	同	27	雕刻	30	同	同	
永丰祥	涂泽云	勉励街	2	油蜡	215	同	同	
复盛	黄刘氏	同	8	食品	169	同	同	
彬记	李甫宣	同	14	油蜡	214	同	同	
天星祥	李红云	同	23	食品	167	同	同	
陈瑞云	陈瑞云	同	15	同	166	同	同	
周海廷	周海廷	同	11	同	170	同	同	
一三	傅乐居	同	16	包车	27	同	同	
精神	雷茂伯	三模范	11	熟药	145	同	同	
复兴正	赵正阳	同	19	油蜡	258	同	同	
传绍卿	传绍卿	同	4	食品	113	同	同	
兴发园	周兴发	学院街	35	纸张	85	同	同	
汪裕舟	汪裕舟	同	4	饭馆	151	同	同	
冯荣华	冯荣华	同	14	同	152	同	同	
蒙连成	蒙连成	同	45	同	54	同	同	
传国栋	传国栋	同	46	食品	147	同	同	
胜利	安国清	同	3	饭馆	330	同	同	
永乐斋	了冉之	和平路	5	糕点	81	同	同	
蓉一村	席竹轩	同	152	餐席	52	同	同	

续表

商号名称	营业人姓名	营业地点	门牌号	业类	分业号数	被炸日期	被炸情形	备考
蜀华	李陈之	同	15	包车	25	同	同	
吉发祥	唐玉清	学院街	47	炒房	64	同	同	
马义泰	马仲文	和平路	11	油蜡	305	同	同	
同寿隆	瞿海源	同	8	熟药	117	同	同	
稻香村	朱云程	百子巷	1	糕点罐头	84	同	同	
树森祥	叶长发	石灰市	11	电料	137	同	同	
炳荣祥	吴炳荣	同	5	纸张	114	同	同	
大同	刘文奎	竹子市	9	旅栈	148	同	同	
胡祺祥	胡祺祥	学院街	3	饭馆	156			
曾海全	曾海全	同	2	食品	146			
张藩清	张藩清	同	51	饭馆	155			
沈清云	沈清云	同	1	食店	145			
宏胜	郑云臣	冉家巷	12	装订	17			
国华	费醒流	同	12	同	8			
国光	吴子均	同	12	印刷纸张	49			
玉合祥	金玉合	和平路	37	食店	179			
允森	吴慎敏	金鱼堂	10	订装	1	8月20日	全部损失	
同升福	朱瑞堂	和平路	81	玻璃	42			
越记	李越如	同	43	油蜡	26			
同生永	戴绍文	同	186	同	426			
曾张氏	曾张氏	同	163	纸张	104			
时宜	杨恒隆	同	150	熟药	118			
培文	徐济仁	新民街	129	印刷	28			
协和祥	林清如	同	24	食品	71			
大有	冯唐氏	同	42	洋广杂货	312			
全兴隆	邓相臣	同	40	油蜡	104			
曾绍堂	曾绍堂	同	30		28			
新中国	赵济涛	民生路	60	照相	34			
民强	隆安云	民生路	12	电料	1			
荣庆祥	熊海云	同	29	娱乐				
文华堂	周道生	百子巷	31	熟药	144			

续表

商号名称	营业人姓名	营业地点	门牌号	业类	分业号数	被炸日期	被炸情形	备考
陈永卿	陈永卿	同	35	油蜡	256			
星先充	戈剑春	同	29	印刷纸张	63			
吴植寿	吴植寿	同	133	装订	4			
万顺祥	赛柏麟	同	115	木材	62			
宣文	樊嘉祥	鲁祖庙	35	纸张				
同福	朱有光	同	2	同				
同盛	刘明高	同		同	108			
三合	别海清	同	3	裱糊	19			
鸿发利	陈正才	学院街	17	纸张	86			
兴发园	周兴发	同	35	纸张	85			
德兴祥	谢德盛	同	39	纸张	84			
文发祥	王志成	同	41	纸张	83			
炳荣祥	鲁炳刚	同	9	鞋	45			
张海清	张海清	同	5	饭馆	153			
有正	王金和	民生路	65	文具	40			
永利	曾思锡	同	44	修理				
郭铭富	郭铭富	同	44	五金	90			
鼎森祥	郭宗武	同	48	洋广货	288			
文渊阁	赵瑞芝	同	105	纸张	40			
丽华	潘渊如	同	99	匹头	60			
汉文斋	齐广林	同	97	文具	38			
振亚	刘兢一	同	70	制革	44			
志半斋	石麟	同	110	饭馆	14			
蜀华	田银廷	同	112	制革	115			
天泰	姜哲甫	同	24	纸张	39			
华东	张荣根	同	26	制革	4			
蓝昌	郭沈光	同	28	电料	30			
积古斋	曾小东	同	28	雕刻	7			
新华	冯晴飏	同	28	文具	19			
中央	向泽仁	同	122	同				
华大	谢豁然	同	126	木器	139			

续表

商号名称	营业人姓名	营业地点	门牌号	业类	分业号数	被炸日期	被炸情形	备考
平民	丁正华	同	124	包车	18			
新生	李依平	同	128	文具				
永星	廖树煊	同	70	电料				
美丰裕	林海波	新民路	31	饭馆	81			
宝之园	魏德富	同	23		71			
陈树林	同	同	75	鞋	75			
周炳卿	周炳卿	同	11	食品	117			
利川恒	吕裕森	同	13	油蜡	191			
李炳和	李炳和	同	14	纸张	80			
维记	曾维周	同	27	茶馆	150			
双和	王甫勋	同	17	国药	91			
鸿源	唐鸿举	同	16	油蜡	216			
长福	张述卿	民生路	16	同	157			
积美	廖德荣	同	67	糕点罐头	13			
老戴春林	张霖甫	同	65	洋广货	129			
大新	李正火	同	66	匹头	57			
许记	许舒氏	三模范	46	包车	20			
荣华	叶文清	同	特	洗衣	35			
天成美	张锡成	同	61	油蜡	257			
何锡之	何锡之	黄角街	16	木材	16			
大东书局	叶为怡	民生路	147	书籍		6月	全毁	
北新书局	罗文辉	同	152	同		5月	同	
振昌渝号	胡志英	同	172	五金	4	同	同	
冯春台	冯春台	同	168	洗染	6	同	同	
武汉鞋店	黄义忠	同	55	皮鞋	9	同	同	
广记店	宋仁麟	同	173	服装		同	同	
广记	余友荣	同	174	服装	24	同	同	
谦信饭店	瞿洋清	定远碑	特	饭店		同	同	
普益拍卖公司	王慧惺	同	1	旧货	43	同	同	
浴春池	王汝江	同	2	澡堂	45	同	同	

续表

商号名称	营业人姓名	营业地点	门牌号	业类	分业号数	被炸日期	被炸情形	备考
刘金泉	刘金泉	新民街	84	油蜡	296	6月	同	
易维食店	王树清	同	103	面馆		同	同	
女青年会	朱树文	金汤街	17	宿舍	198	同	同	
大陆旅社	邓一鸣	报恩巷	5	旅店	242	5月	大部毁	被焚停业
品记	杨树云	若瑟堂	15	包车	52	6月	全毁	
勋记	周良发	同	同	同	51	同	同	
镇记五金号	许章全	将军坟	特	五金		同	同	
福兴农场	叶嗣湘	德兴里	26	食品		同	同	
汉发	赵仲升	民生路	270	五金	100	5月	同	
庆丰		同	270	匹头		同	同	
合记	贺致君	同	268	茶叶	8	6月	同	
荣生合	张尧夫	同	268	面粉	66	同	同	
裕大商店	黄云发	同	145	木器	16	同	同	
万利祥	陈行之	同	153	同	90	同	同	
永盛	丁仁流	中一路	304	服装		6月24日	全部被炸	查至4月
刘志清	刘志清	同	307	面粉	40	同	同	
东新	聂德胜	同	311	修理、食品	26	同	同	查至4月
鸿昌	傅何清	同	313	油蜡	219	同	同	同
精元	仁伯埙	同	34	食品	210	同	同	
延春	李明州	同	324	熟药	169	同	同	
重庆	钟慧卿	同	321	同	168	同	同	
石治江		中二路	特	茶馆	13		全毁	
味雅园	陈明德	同	特	面馆			同	
陈兴发		同	特	竹棕	23		同	
石裕稞		同	特	同	24		同	
顺昌补胎厂	张铭汉	同	8	修理	9		同	
荣生	赵荣生	同	1	熟药	173		同	
上海	王德贵	同	5	电焊	2		同	

续表

商号名称	营业人姓名	营业地点	门牌号	业类	分业号数	被炸日期	被炸情形	备考
聚麟	王锡云	同	73	冶金			同	
大昌	朱根才	同	17	油漆			同	
复兴	李成山	同	19	修理			同	
树和祥	林树清	同	25	木器			同	
开封又一村	施忠和	同	33	食品			全毁	
华大	宦又廷	同	44	服装			同	
云燕香	李德山	同	44				同	
李南轩		同	45	修理			同	
通利	吴思济	同	50	五金			同	
时来	林树清	同	46	旅栈			同	
兴记	艾兴廷	同	47	竹棕			同	
娄汉卿		同	51	油漆			同	
华兴	胡明高	同	55	冶金			同	
有利	张聚相	同	57	修理汽车	2		同	
牲昌	张特生	同	58	冶金			同	
天估	张荷亭	同	62	电料			同	
新上海厂	石关中	同	67	冶金			同	
裕胜	赖南辉	同	74	旅栈			同	
龙大	汪瑞林	同	75	喷漆			同	
鸿康	朱子衡	同	79	杂货			同	
远东	余克昌	同	82	服装			同	
三友	周少鹤	同	92	修理			同	
聚麟	王锡云	中二路	93	冶金			同	
三三	李海金	同	112	茶馆			同	
江州	刘泽州	同	113	制革			同	
李少臣		同	122	成衣	8		同	
彭鑫泉		同	122	荒货	7		全毁	
巴黎安格	周何福	同	123	服装	75		同	
新生	张国民	同	127	成衣			同	
王云彩		同	131	五金			同	

续表

商号名称	营业人姓名	营业地点	门牌号	业类	分业号数	被炸日期	被炸情形	备考
福美	杨聚明	同	135	服装	51		同	
何兴发		同	137	竹棕	37		同	
中美	邓乾元	同	139	理发	22		同	
甘国卿		同	146	面馆	96		全毁	
巴渝	雷福田	同	151	洗染	16		同	
吴生林		同	152	竹棕	34		同	
德鑫祥	刘义和	中二路	155	油蜡	184		同	
万国香	李来运	同	156	面馆			同	
群谦楼	潘德明	同	158	面馆	78		同	
陈松林		同	159	竹棕	25		同	
文明	舒继陶	同	160	茶社	14		同	
云祥	邓海云	同	161	纸张	67		同	
河南山东馆	岳嘉滕	同	162	面馆	77		同	
杨赵氏		同	163	油蜡	154		同	
杨春发		同	165	同	155		全毁	
三合祥	戴治清	同	167	同	131		同	
品富	佘子均	同	168	运输	111		同	
易长发		同	168	鞋	111		同	
陶玉合		同	169	成衣	13		同	
裕明	刘梓煊	中二路	170	修成			同	
曹准盛		同	170	成衣	12		同	
时鸣	王沾星	同	173	修理	45		同	
新都	张明南	同	180	甜食	113		同	
自井蓉渝	张炳荣	同	184	面馆			同	
美中美	张祖庆	同	188	食品	20		全毁	
朱吉昌		同	189	竹棕	45		同	
陆安	胡孟汝	同	194	运输			同	
三六九	徐金声	同	196	食品	335		同	
鸿发园	彭海廷	同	202	饭馆			同	
清真	穆振瀛	同	206	面馆	128		同	

续表

商号名称	营业人姓名	营业地点	门牌号	业类	分业号数	被炸日期	被炸情形	备考
和利	罗泽浦	同	211	运输			同	
德禄	军吾修	同	219	旅栈	63		全毁	
民众	黄华丰	同	231	同	67		同	
唐盛全		中二路	244	成衣			同	
裕昌	萧俊廷	同	249	熟药	108		同	
青年合作社	文泽阳	中三路	8	九货			同	
大输		同	10	运输			同	
同福	谭军清	同	11	同			同	
唐绍辉		同	17	茶馆			同	
李少清		同	21	饭馆			同	
天德生	陈忠国	同	24	国药			同	
张聚生		同	25	草药			同	
留心斋	严云清	同	27	食品			全毁	
夏依平		同	29	杂货			同	
云美	李占云	同	31	理发			同	
张少云		同	33	竹棕			同	
张唯斗		同	33	冶金			同	
张万兴		同	43	铁器			同	
胡唐续		同	44	饭馆			同	
杨培春		同	44	电影			同	
楚信公司		同	47	电料			同	
均益	吴少仪	同	48	酒品	10		同	奢侈
同	同	同	48	杂货	1		全毁	
建华	张思甫	同	49	电器	116		同	
大华	孔汉生		52	洗染	8		同	
太吉生	周宝奎	同	53	国药	22		同	
利大	刘成甫	同	54	服装	140		同	
洪大		同	54	洗染	5		同	
友蓝	闵耀东	同	56	电料			同	
协兴		同	58	面粉	1		全毁	

续表

商号名称	营业人姓名	营业地点	门牌号	业类	分业号数	被炸日期	被炸情形	备考
吉祥		同	62	同	2		同	
青山	邱海云	同	63	陶器	21		同	
云盛祥	杨南轩	同	64	油蜡	46		同	
吴海云		同	66	铁器	9		同	
复园	肖炳权	同	68	食品	54		同	
预园	王志学	同	72	饭馆			同	
农家味	周频耕	同	75	食品			同	
文华	刘汉清	同	76	文具	11		同	
三新池	蒋长沅	同	148	浴室			同	
荣茂	何贵廷	同	147	柴炭	37		同	
客新	叶俊武	同	153	理发	10		全毁	
中央	陈邦发	大兴别墅	8	服装	50		同	
中央	同	同	8	同			同	
光华	钱菊航	聚兴村	4	相馆	31		同	
廖海清		两浮支路	1	甜食	18		同	
杨柱川		同	2	理发	25		同	
周福祥	张雪之	同					全毁	
云龙	赵云龙	同	18	旅栈	225		同	
王华廷		同	9	饭馆	20		同	
周文生		同	10	炭	12		同	
祥发	阙海臣	同	21	旅栈	126		同	
王治明		同	22	饭馆	80		炸毁	
云南朋大	吴季常	同	81	国药			同	
张春云		同	17	理发	40		同	
文记	陈吉夫	春森路	9	车胎			同	大兴别墅
川江	范平皋	春森路	19	旅栈			同	
故乡	姜源荣	春森路	20	同			同	
雷荣森		神仙新路	86	运输	2		全毁	

续表

商号名称	营业人姓名	营业地点	门牌号	业类	分业号数	被炸日期	被炸情形	备考
	刘昔凯	神仙正街	12	油蜡	44		炸毁	
唐世发		同	182	食品	173		同	
刘子方		同	192	面粉	28		同	
华记	曾国华	同	197	炭	1		同	
一心	曾金山	同	62	木器				
兴盛祥	严兴盛	同	特	石厂	4		同	
荣记	熊海云	同	41	同	10		同	
曾桂林		同	70	同	5		同	
云集祥	杨俊辉	同	118	油蜡	27		同	
炳森恒	李炳章	同	145				同	
合记小食店	陈荣卿	大溪沟	2	饭馆		6月16日	房屋炸毁	该商之税查填至4月份
森记染厂	舒森荣	同	3	洗染		同	同	该商总资本税查填至1至4月份止
	罗炳泰	同	8	饭馆	150	同	同	该商之税查至4月份止
	黄金山	同	9	面馆	135	同	同	同
	贾师歧	同	10	同	186	同	同	同
	高海清	同	11	同	133	同	同	同
德益翻砂厂	张德厚	同	32	冶金	20	同	同	同
源记机器厂	同源义	同	82	机器	15	同	同	同
	陈福元	同	36	茶馆	89	同	同	同
	陈华轩	同	39	油蜡	253	同	同	同
	骆树全	大溪沟	特	木器	88	6月16日	房屋炸烧	该商之税查至4月份止
吴万顺铁号	吴和福	同	同	冶金	14	同	同	同

续表

商号名称	营业人姓名	营业地点	门牌号	业类	分业号数	被炸日期	被炸情形	备考
	艾绪言	三元桥	15	茶馆	176	同	同	同
祥记	罗全丰	同	17	轿	2	同	同	同
同义祥	何瑞清	同	21	油蜡	35	同	同	同
永康药房	陈叔兰	同	23	熟药	180	同	同	同
宏昌机器厂	朱则恭	同	26	机器	8	同	同	同
	张文彬	同	27	甜食	1	同	同	同
	黄森荣	同	28	理发	1	同	同	同
明大	谢明州	同	29	糕点	1	同	同	同
义和园	萧义国	同	31		26	同	同	同
	瞿在臣	同	33	甜食	63	同	同	同
济生药房	邹特章	同	34	熟药	14	同	同	同
父子春国药室	陈义和	同	43	同	217	同	同	同
	韩同山	同	46	面馆	22	同	同	同
工合公	余绍卿	同		柴	29	同	同	同
	吴镜亮	国府路	25	食品	305	同	房屋炸塌	该商之税查至5月份止
森昌成衣店	蓝春华	同	26	成衣	74	同	同	同
	唐烟林	同	83	同	75	同	同	同
永福全	郭云吉	同	93	油蜡	311	同	同	同
金瑞丰	金瑞祥	同	113	油蜡	307	6月16日	房屋炸烧	该商之税查至4月份止
	郑学良		115	杠户	47	同	同	同
长乐春	朱福海	同	117	饭馆	184	同	同	同
华洋	罗治荣	同	125	理发	50	同	同	同
昌记商店	萧沛生	同	176	糕点	69	同	同	同
大观园	任璧禄	同	129	旅栈	147	同	同	同
	杜占云	同	131	饭馆	273	同	同	同

续表

商号名称	营业人姓名	营业地点	门牌号	业类	分业号数	被炸日期	被炸情形	备考
	刘允才	同	142	面馆	152	同	同	同
	庞道河	同	143	同	204	同	同	同
复兴厂	邓宝庆	同	151	冶金	31	同	同	同
	庞观海	国府路	162	油蜡	431	同	同	同
	梁鹏	同	172	面馆	214	同	同	同
	丁骏生	同	173	茶馆	105	同	同	同
鸿发祥	吴鸿发	同	178	木器		同	同	同
周兴永	周树林	同	192	杂货		同	同	同
惠尔康	何达先	同	182	糕点	68	同	同	同
得胜园	樊银春	同	201	面馆	150	同	同	同
	张淮民	同	205	理发	49	同	同	同
大华服装店	张学精	同	205	服装		同	同	同
	赵泽斌	同	206	柴	51	同	同	同
富森荣	朱锡之	同	215	油蜡	278	同	同	同
	苏吉安	同	217	成衣		同	同	同
南园	秦南轩	同	219	茶馆	102	同	同	同
味林村	胡伯卿	同	221	油蜡	277	同	同	同
	黄克勤	国府路	228	成衣	84	同	同	同
大吉祥	田锡恩	同	202	油蜡	279	同	同	同
洽渝服装店	袁治伦	同	229	成衣	83	同	同	同
积鑫	杨海波	同	231	洗染	32	同	同	同
宏昌	刘宏昌	同	233	成衣		同	同	同
	蒋华轩	同	241	同		同	同	同
	张炳择	同	261	茶馆	239	同	同	同
	王克勤	同	263	面馆	56	同	同	同
应时小食店	陈治轩	同	266	同	57	同	同	同
德泰裕	江河清	黄花园	27	木	13	同		房子木料均被炸烧

续表

商号名称	营业人姓名	营业地点	门牌号	业类	分业号数	被炸日期	被炸情形	备考
鸿记	喻汶澄	同	27	同	7	同	同	同
同乐	黄德辉	枣子岚垭	18	饭馆	315	同	房子被震坏	同
	彭占廷	同	68	成衣	4	同	房子被炸塌	同
荣森福	刘其华	同	50	油蜡	59	同	同	同
	陈少章	同	61	同	60	同	同	同
	徐春田	同	特	面馆	5	同	同	同
	蒋海州	同	60	面馆	3	同	同	该商之税查至4月份止
	何锡使	同	82	饭馆	37	同	房子被震坏	同
	尹九皋	同	88	轿	1	同	同	同
国光玻璃厂	姜惠图	同	92	玻璃	7	同	同	同
	邓海林	人和街	60	饭馆	281	同	同	同
	黄步责	同	63	面馆		同	同	同
	徐耀廷	同	45	轿	3	同	同	同
	向荣程	同	65	甜食	48	同	同	同
	胡玄凯	蒲草田	11	硝皮	31	同	同	同
	胡炳生	同	19	同	52	同	同	同
	张荣安	同	19	同	33	同	同	同
	王银安	同	24	同	54	同	同	同
	曹汉卿	同	33	同	46	同	同	同
	安绍文	同	35	同	35	同	同	同
	李年谷	同	37	同	48	同	同	同
中华	史少铤	同	52	同	60	同	房屋炸烧	同
	许少南	同	53	同	55	同	同	同
新民	李国藩	同	54	同	56	同	同	同
汉华	梁官相	同	55	同		同	同	同

续表

商号名称	营业人姓名	营业地点	门牌号	业类	分业号数	被炸日期	被炸情形	备考
	颜连科	同	55	同	59	同	同	同
	王三元	同	55	同	58	同	同	该商之税查至1至4月份止
	杜福元	同	55	同	57	同	同	同
慎昌	李鹤年	国府路	1	糕点	70	6月24日	房子被震坏	该商之税查至5月份止
	全树伦	同	2	成衣	73	同	同	同
合记电料号	黄国权	同	3	电料		同	同	同
荣盛祥	贺福星	同	4	白铁	141	同	同	同
	李少明	同	8	硝皮	68	同	同	同
	陈青山	同	18	成衣	72	同	同	同
陈记	陈李氏	同	20	糕点	71	同	同	同
	余海清	同	69	饭馆	185	同	房屋炸倒塌	同
	唐有山	同	50	甜食	67	同	同	同
	刘全安	同	52	成衣		同	同	同
新生食店	廖崇仁	同	51	面馆	154	同	同	同
㵲冶铁工厂	方伯成	同	57	冶金	16	同	同	同
	彭寿文	同	70	面馆	153	同	同	同
清香园	刘树堂	同	273	饭馆	89	同	房子被烧	同
北味	徐凤鸣	国府路	279	同	88	同	同	同
奇鑫	曹锡洲	同	296	糕点	115	同	房子被震坏	同
	谢惠卿	同	308	成衣	70	同	同	同
经济食店	李自银	三元桥	50	饭馆	266	同	同	同
	李玉清	同	50	五金杂货	32	6月24日	同	该商之税查至5月份止
	简汉卿	同	54	饭馆	213	同	同	同

续表

商号名称	营业人姓名	营业地点	门牌号	业类	分业号数	被炸日期	被炸情形	备考
	萧云程	同	56	食品	319	同	同	同
吴记最丰成	吴集生	同	57	面粉	182	同	同	同
联平商店	胡卓群	同	61	糕点	85	同	同	同
鑫顺祥	李文洲	同	65	油蜡	261	同	房屋炸塌	同
	杨清云	人和街	1	同	24	同	同	同
德森祥	钱应华	同	10	纸张	111	同	同	该商之税查至2月份止
	岑树林	同	61	油蜡	25	同	房子被震坏	该商之税查至4月份止
	汪锡光	双溪沟	13	茶馆	213	同	同	同
	何天福	同	16	理发	85	同	同	同
协记	周燮阳	同	39	油蜡	47	同	同	同
	管利章	同	46	木器	166	同	同	同
	王银三	同	42	同	171	同	同	同
顺记木工厂	李俊臣	同	特	同	172	同	同	同
春美祥	陈实生	黄花园	126	食品	60	6月16日	同	该商之税查至5月份止
民生园	李象商	同	114	同	240	同	同	同
聚贤村	郭民安	张家花园	54	面馆	82	7月16日	同	同
德胜西服店	赵清荣	同	54	成衣		同	同	该商之税查至3月份止
	田德清	同	同	同	20	同	同	该商之税查至5月份止
	罗纯一	张家花园	54	油蜡	166	同	房屋炸倒	该商之税查至5月份止
海清祥	陈海清	同	54	木器	155	同	同	同
麦园	李文仲	同	58	面馆		同	同	同

续表

商号名称	营业人姓名	营业地点	门牌号	业类	分业号数	被炸日期	被炸情形	备考
云泰	郭青云	同	59	成衣	19	同	同	同
蜀村	王金廷	同	54	茶馆	35	同	同	同
	邹良栋	高家庄	20	硝皮	7	同	同	查至4月份止
	周海波	同	20	同	6	同	同	查至5月份止
	王子嘉	同	20	同	5	同	同	同
精华	陈清泉	同	20	同	4	同	同	
利生五金工厂	丁友生	上清寺	41	五金工厂	149	6月16日	全部被炸	
刘永锡	刘永锡	同	42	油蜡	144	同	同	
四伤斋	李松荣	同	43	文具	34	同	同	
刘全益	刘全益	同	44	理发	20	同	同	
同盛祥	陈载阳		192	油蜡	新货	7月16日		
利盛祥	汤璧成	同	204	同	95	同	同	
胡玉林	胡玉林	同	205	竹棕藤器	26	同	同	
陆良卿	陆良卿	同	206	甜食	15	同	同	
北味村	张玉林	同	209	面食	58	同	同	
魁顺食店	边士魁	中四路	50	饭馆	123	同	被破片打坏	
李吴氏	李吴氏	同	52	柴炭	12	同	同	
新乐也	谢长甫	同	53	理发	53	同	全部被炸	
汉口商店	吴显松	同	56	糖食	89	同	同	
同兴	叶善初	同	113	甜食	48	同	同	
公共汽车公司	徐修平	同	130	汽车	4	同	同	
长江茶社	彭结	下兽家岩	2	茶馆	117	同	同	
集贤茶社	张建荣	同	3	同	116	同	同	
日用商店	廖仲叔	同	72	油蜡	269	同	同	
艺华铁工厂	萧汉章	同	10	冶金	16	同	全部焚烧	

续表

商号名称	营业人姓名	营业地点	门牌号	业类	分业号数	被炸日期	被炸情形	备考
龙泉铁工厂	漆云皋	同	70	同		同	同	
正源	吕何金	中四路	6	面馆	144	同	同	
聂培之	聂培之	同	9	面粉	30	同	同	
华美粥	孙丹	同	10	修理物品	29	同	同	
同福泰	钱炳林	同	10	熟药	45	同	全部被炸	
全记宝华	陈坐全	同	18	洗染	30	同	全部焚烧	
卡尔登	徐鸿庆	同	19	餐席	46	同	同	
恒达利	唐光智	同	20	修理物品	38	同	同	
荣记	刘清荣	同	20	成衣	80	同	同	
鸣文刻字社	黄海波	同	21	刻字	42	同	同	
胡仁义	胡仁义	同	21	食品	43	同	同	
渝都食店	任海云	同	21	甜食	56	同	同	
乐露春	秦发耕	同	34	面馆	146	7月16日	全部焚烧	
京津食店	李雅廷	同	35	同	145	同	同	
老万全	陈心田	同	39	餐席	47	同	同	
福寿居	罗少清	同	41	甜食	42	同	同	
复兴	杨复初	同	43	面粉	32	同	同	
三合居	姜鹤山	同	43	面馆	188	同	同	
老正兴	华金荣	同	47	同	231	同	同	
老同兴	汤志轩	同	49	酱油	279	同	同	
三六九	金大庸	同	51		41	同	同	
中华池	彭长焕	同	53	旅栈浴室	265	同	同	
万利祥	蒋德安	中四路	126	油蜡	274	同	全部被炸	
蜀瓷工厂	卫用宜	牛角沱	9			同	炸坏	
陈载阳	陈载阳	上清寺	51	电料	115	同	破片炸坏	
隆兴	周隆兴	中四路	73	成衣	36	8月12日	全部焚烧	
树安	高树安	同	75	茶馆	42	同	同	
廖子均	廖子均	同	79	制革修理	30	同	同	
华美	黄银辉	同	79	成衣	无	同	同	

续表

商号名称	营业人姓名	营业地点	门牌号	业类	分业号数	被炸日期	被炸情形	备考
四淮商店	王庸才	同	82	洋广杂货	252	同	同	
粤南	江成	同	83	饭馆	204	同	同	
首都	蒋长元	同	85	理发	87	同	同	
邢清和	邢清和	同	93	柴炭	28	同	同	
宏道	郑英陶	上清寺	145	熟药	70	同	全部炸坏	
谦大布店	徐□周	同	147	匹头	244	同	同	
集成祥	肖集成	同	149	油蜡	156	同	同	
荣生祥	曹正礼	同	151	京苏杂货	23	同	同	
新记文英	□奎	同	155	洗染	155	同	同	
四特春	江政华	同	157	面馆	100	同	同	
杜光庭	杜光庭	天星桥	12	鞋帽	99		房炸塌	
同兴	胡如均	米帮街	特	木	88		被炸毁	
双和祥	蒋双合	天星桥	171	木	9		焚毁	
王荣臣	王荣臣	菜园坝	60	油蜡	220		炸塌	
信成公	熊兆祥	上菜园坝	8	木	25		炸焚	
一大	同	同	8	木	26	同		
集永	李慧康	同	8	木	38	同		
合记复兴	瞿静波	同		木	79	同		
陈相辛	陈相辛	菜园坝	67	冷汽	1	同		
彭宝山	彭宝山	同	46	熟药	88	同		
新记	周青云	铁路坝	13	建筑	14	同		
谢荣辉	谢荣辉	同	194	竹棕藤	41	同		
福华益记	王自辛	大水井	54	搪瓷	49	同		
习记	杨文安	天星桥	27	木	23		炸焚	
大兴	陈伯全	同	3	木	74	同		
裕森	杨文安	同	3	木	20	同		
毓林	彭毓林	同	35	熟药	24	同		
张恒顺	张恒顺	同	37	棺材	3	同		
	熊锡三	同	40	油蜡	133		同	
	杨树清	同	41	同	12		同	

续表

商号名称	营业人姓名	营业地点	门牌号	业类	分业号数	被炸日期	被炸情形	备考
	罗森林	同	47	茶馆	23		同	
振华	郑辙武	同	49	木	53		同	
福林	王栋臣	同	50	熟药	56		同	
	陈子荣	同	69	棺材	2		同	
经济	邓锡召	同	56	饭馆	106		同	
福通	施宾汤	同	99	木			同	
	李海州	同	107	茶馆	21		同	
茂林	李茂林	同	117	熟药	1		同	
精美	牟治民	同	119	面馆	218		同	
	卓田氏	同	120	油蜡	135		同	
	张树林	同	174	棺材	4		同	
	周银山	同	116	木作	151		同	
洪通	吴栋澄	同	129	木			同	
李少丞	李少丞	天星桥	128	木作	152		炸焚	
	黄焕堂	同	130	陶瓷	27		同	
	张炳堂	同	131	木材			同	
合生公司	鲍廷琦	同	137	木	12		同	
树德	魏燮荣	同	147	木	111		同	
森森	邓燮硕	同	141	木	11		同	
华昌	肖重光	同	149	木	24		同	
谦记	刘克明	同	157	木	21		同	
庆昌	五庆云	同	159	木	36		同	
利记	牟德荣	同	161	木	16		同	
同和	曾松云	同	166	木	71		同	
利泰	赵蜀南	同	169	木	75		同	
久大	但致先	同	170	木	17		同	
森记	杨少暄	大水井	125	冶金	53		同	
荣顺祥	杨兴顺	菜园坝	特1	木	73		同	
商树云	商树云	滥泥湾	91	油蜡	297		同	
昌大	蒋笃生	大水井	31	电料	109		同	

续表

商号名称	营业人姓名	营业地点	门牌号	业类	分业号数	被炸日期	被炸情形	备考
泰记益新品	周学之	同	36	木			同	
华中	邱昌旭	上南正街	56	服装	139	7月8日	波及	
义和祥	熊森林	同	60	油蜡	219	同	被炸	
汤子云	杨易顺	同	61	食品	304	同	同	
唐全兴	唐全兴	同	67	饭馆	141	同	同	
唐海林	唐海林	同	83	荒货	16	同	同	
王桂兰	王桂兰	同	85	破皮	19	同	同	
万明之	万明之	同	86	柴	无	同	同	
李和生	李和生	同	88	硝皮	20	同	同	
郑万春	郑万春	同	37	甜食	37	同	同	
韩海廷	韩海廷	同	90	竹棕藤器	36	同	同	
同乐	黄代凯	同	32	面粉	44	同	波击	
陈少青	陈少青	同	135	肥皂	无	6月6日	炸毁	
张伯青	张伯青	同	137	旧五金	无	同	同	
罗兴顺	罗兴顺	同	138	饭馆	无	同	同	
裕丰云	喻之章	燕喜洞	43	油蜡	90	同	同	
源通	黄文清	同	45	修理汽车	24	同	同	
余财记	余财记	同	51	铁器	50	同	同	
兴发祥	杨安林	同	53	油蜡	91	同	同	
协兴长	张惠清	同	59	纸张	92	同	同	
刘权青	刘全青	同	62	茶馆	无	同	同	
周少云	周少云	同	62	木器	129	同	同	
仁民药房	吴家修	下南区	102	国药	113	同	被炸	
竟成化学厂	顾鹤皋	同	104	油墨	26	6月6日	一部分被炸	
文成新	文成新	同	105	面食	179	同	烧毁	
王荣钦	王荣钦	同	111	同	177	同	同	
金俊甫	金俊甫	同	112	茶社	98	同	同	

续表

商号名称	营业人姓名	营业地点	门牌号	业类	分业号数	被炸日期	被炸情形	备考
詹谭氏	詹谭氏	同	113	甜食	52	同	被炸	
吴小初	吴小初	同	118	油蜡	289	同	波及	
利丰恒	周炳辉	民权路	141	纸张	3	8月19日	全部损失	
同兴永	刘海泉	同	143	食品	23	同	同	
荣发馆	张之	同	145	甜食	60	同	同	
荣光	张炳云	同	147	电料	20	同	同	
和平	李少光	同	149	茶馆	96	8月19日	焚毁	征至7月份
合记北仲	林湘北	同	151	扎〔杂〕货	348	同	同	征至7月份(7月份无收入)
恰和	黄瑞廷	同	153	茶社	11	同	同	征至7月份
三元合	朋刘氏	同	155	食品	283	同	同	同
荣德禅	况德馀	同	157	干菜	56	同	同	该号7月份即遭炸一部,7月份停业多日
郑茂荣	郑茂荣	同	159	洋广杂货	309	同	同	该号7月份遭炸停业
福星长	苏赵氏	同	161	瓷料陶器	8	同	同	征至7
长丰元	郑才洲	同	163	竹棕藤器	68	同	同	征至6
陈继先	陈继先	同	165	同	69	同	同	同
利民	张云程	同	167	镶牙	8	同	同	该号6月份遭炸一部停业,征至5月
利民	张云民	同	167	照相	33	8月19日	焚毁	同
永发长	刘海云	同	169	食品	282	同	同	征至7
长发祥	黄祥儒	同	171	同	188	同	同	同
同心长	熊埜林	同	175	干菜	37	同	同	同
颜文治	颜文治	同	179	饭馆	236		全部焚毁	征至6
同义生	郑钦斋	同	181	干菜			同	同
新记	李后钟	同	183	油蜡	43	同	同	征至7
陈万发	陈万发	同	189	食品	34	同	同	征至5

续表

商号名称	营业人姓名	营业地点	门牌号	业类	分业号数	被炸日期	被炸情形	备考
复兴裕	李荣辉	较场口	3	茶业	202		同	征至6月
吉发园	吴金堂	同	7	饭馆			同	征至7月
双寿	刘清和	同	1	熟药			同	征至7月
王记	沈国华	民权路	142	洋广杂货	39		同	征至6月
利顺合	郑清云	同	144	竹棕藤器	3		同	征至7月
洪发祥	刘洪发	同	146	同	4		同	征至6月
陈桂林	陈桂林	同	148	同	5		同	征至7月
杨银章	杨银章	同	150	同	6		同	同
谦记	梨德谦	同	152	油蜡	52		同	同
德成祥	曾贯之	同	154	干菜	54		同	同
德元	朱元章	同	156	洋广杂货	308		同	同
德和	张良臣	同	158	糕点	141		同	同
陈发顺	陈发顺	同	162	竹棕藤器	9		全部焚毁	征至7月
德复元	王海水	同	164	干菜	62		同	征至6月
源清祥	朱元清	十八梯	16	帽鞋	104		焚毁	征至4月
裕隆	文桂林	同	30	同	68		同	征至7月
焕然新记	彭焕然	同	32	同				同
美容	何吉成	同	42	理发	52		同	征至7月
王国章	王国章	同	44	帽鞋	67		同	征至4月
聚福园	陈聚福	同	54	飨席	81		同	同
瑞祥	杨瑞清	同	58	银楼	2		同	征至7月
浩然公司	胡养吾	同	62	新菜			同	征至4月
利祥	汤元福	同	66	木器	112		同	同
杨树清	杨树清	同	78	竹棕藤器	82		同	同
和成	罗树清	同	80	帽鞋	69		同	同
伍记	伍洪顺	同	84	食品	196		同	同
树成和	李云五	同	98	颜料	35		同	同
致和长	朱致清	同	100	帽鞋	131		同	同
李树生	李树生	同	110	纸张	10		同	同
曾义成	曾义成	同	118	帽鞋	70		同	同
周华成	周华成	同	124	同	71		同	同

续表

商号名称	营业人姓名	营业地点	门牌号	业类	分业号数	被炸日期	被炸情形	备考
宏裕	高子宏	同	130	油蜡	304		同	同
德腾祥	况德钧	民权路	164	干菜	4		焚毁	征至7月
同兴公	况自平	同	166	竹棕藤器	88		同	同
小苏州	沈书元	同	168	糕点	110		同	同
永发元	朱长发	同	172	甜食	59		同	同
合记	陈玉林	同	174	油蜡	41		同	征至6月
复记同升	杨国春	同	176	茶业	172		同	同
西雅	余秉堃	同	178	洋广杂货	19		同	同
新凤祥	吴庶咸	同	180	银口			同	5月份迁移,征至4月份
福寿昌	黄炳南	同	182	油菜	42		同	征至7月
顺成祥	彭焕文	同	184	干菜	2		同	同
合记大华	张主生	同	190	浆洗			同	5月迁去,征至4月
陈荣发	陈荣发	同	194	甜食			同	征至5月
李银山	李银山	响水桥	96	油蜡	288		炸毁	征至7月
同和堂		片备街	1	熟药	133		同	征至4月
崇义园	张海洋	十八梯	4	饭馆	100		同	同
杨汉臣	杨汉臣	同	8	熟药	178		同	同
张海洋	张海清	同	12	棺材	6		同	同
荣泰祥	邹华廷	同	14	洋广杂货	16		焚毁	同
龚成基	龚成基	同	136	玻璃	43		同	同
资馀	王伯钦	同	1	电料			焚毁	同
福太长	吴长清	同	3	洋广杂货			同	
精味长	杨志德	同	3	油蜡	136		同	征至4月
华美商店	孟忠鲁	同	9	同	77		同	
天和	周佩林	同	11	糖	2		同	
湖记		同	11	熟药	2		同	
明益	王明兴	同	39	五金扎〔杂〕货	66		同	征至7月
良济药房	刘新济	同	45	新药	6		同	

续表

商号名称	营业人姓名	营业地点	门牌号	业类	分业号数	被炸日期	被炸情形	备考
周华轩	周华轩	同	49	食品	26		焚毁	征至7月
复兴	杜海全	同	55	理发	19		同	同
惜春	于五楼	同	75	旅栈	119		同	同
刘吉新	刘吉新	同	81	棉花	39		同	
永升祥	苏少成	同	83	糖	1		同	
鸿胜祥	钟鸿胜	同	85	京杂货	8		同	
华胜	余云憔	同	99	油墨	18		同	
华真	潘瀛洲	同	119	镶牙	6		同	征至7月
华真	刘兆远	同	119	照相	23		同	
三元合	朋刘氏	民权路	155	食品	283			房屋震毁，现仍营业
荣德祥	况德馀	同	157	干菜	56			房屋震毁损失数千元，仍继续营业
郑茂荣	郑茂荣	同	159	洋广杂货	309		焚毁	
胜兴	陈楠品	林森路	523	洗染	33		同	
曙光	陈世云	同	529	文具	27		同	
伊斯兰	陈嘉善	同	535	旅栈			同	
栋全	吴栋全	同	537	裱糊	24		同	
老永兴	吴阿二	同	497	食品	61		同	
味道长	邹玉如	同	499	油蜡	22		同	
永胜祥	刘永胜	同	501	同	23		同	
茂昌	刘茂昌	同	511	洋广杂货	26		同	
游久和	游久和	同	513	食品	286		同	
美丽	杨德荣	同	521	服装	80		同	
民泉	杨云章	同	535	茶馆			同	新贸总薄号未发下
复兴	吴锦华	同	543	服装	20		同	
新美蓉	熊成全	同	495	理发	56			房屋震毁，现仍暂继续营业
万遐	陈万遐	同	515	食品	285		焚毁	
谦泰恒	马少云	同	565	熟药	32			房屋震毁，现营业与否未定

续表

商号名称	营业人姓名	营业地点	门牌号	业类	分业号数	被炸日期	被炸情形	备考
玉常华	玉常华	同	557	食品	184		焚毁	
桃香春	陈芳桃	同	482	糕点	6		同	
万泰	许汉宏	同	498	硝皮			同	新贸总薄号未发下
南京商店	梁质彬	同	500	糖	4		同	
鑫霞	秦少杯	同	522	纸张	19		同	
两仪祥	杨家驹	同	526	油蜡	21		同	
钦鑫	赖德钦	同	546	服装	125		同	
明生	赵骈之	同	546	印刷			同	征资本税
兴太昌	赵海山	同	548	玻璃	52		同	
小上海	王纪昌	同	104	糕点			同	新贸总薄号未发下
进化贸易公司	陈化平	同	109	洋广杂货	250		同	
镒丰隆	谢坤山	十八梯	125	油蜡	138		同	
胡金山	胡金山	同	131	糖	14		同	
春和吉	胡华清	同	133	油蜡	139		同	
新贸同记	丁松乔	同	152	印刷	资本		同	
天香阁	浦汉清	同	157	电料	138		同	征至7月份
刘兴发	刘兴发	同	127	竹棕	81		焚毁	
杨子林		林森路	580	甜食	174		半灾	
龚洪昌		同	599	鞋帽	28		全毁	
何光荣		同	595	茶馆	未下	6月26日	同	
梅蜀西		同	597	鞋帽	61	同	同	
镒合	黄汝林		582	旅栈	46		半灾	
荣吉祥	毛言志		596	药材行栈	52	6月28日	全毁	
顺发荣	同	同	536	同	29	同	同	
杨敬清		同	536	鞋帽	26	同	同	
顺合		宝善寺	13	木器	91	不详	同	
张云生		同	144	木器	101	同	全灾	

续表

商号名称	营业人姓名	营业地点	门牌号	业类	分业号数	被炸日期	被炸情形	备考
周楠暄		南记正街	37	饭店	323	同	同	
同和公	伍海东	同	38	油蜡	322	同	同	
马竹修		同	40	同	321	同	同	
义顺	丁传香	同	45	旅栈	238	同	同	
简荣松		川道拐	128	油蜡	255	同	同	
四利和	刘云山	同	39	饭店	335	同	同	
康桂林		同	46	玻璃	48	同	同	
刘如阳		同	57	甜食	241	同	同	
许泽合		一字街	84	硝皮	16	同	半灾	
朱杨氏		同	13	硝皮	17	同	同	
赵炳荣		川道拐	59	食品	242	同	同	
同德昌	李日春	同	61	油蜡	489	同	同	
协昌祥	李方田	同	64	同	89	同	同	
梨国清		同	71	面馆	156	同	同	
陶元和		同	75	木器	95	同	同	
美益	刘德安	下宰房	22	硝皮	42	同	同	
石祥麟		同	22	同	40	同	同	
王守根		一字街	17	同	152	同	同	
长江美	白汗成	同	85	洗染	29	同	同	
忏德刚		同	86	硝皮	18	不详	半灾	
袁济坤		同	81	制革	69	同	同	
田泽清		石板坡	3	面粉	15	同	同	
皮鑫茂	杨绍武	同	5	同	17	同	同	
彭湘泉		同	17	面馆	78	同	同	
胡利荣		同	79	木器	180	同	同	
王填之		同	80	面粉	16	同	同	
华成	查子成	会仙桥	17	新药	57	6月26日	全部炸毁	
华新	罗善章	同	18	匹头	181	同	同	
青年	夏海清	同	19	鞋帽	6	同	同	
联华	邓君衡	同	19	制革	11	同	同	

续表

商号名称	营业人姓名	营业地点	门牌号	业类	分业号数	被炸日期	被炸情形	备考
陈利宽	同	同	20	修理	12	同	同	
华兴利	王资德	同	21	钟表	1	同	同	
四方	孙遇松	同	21	硝皮	3	同	同	
东亚	王时风	同	22	帽鞋	16	同	同	
永兴	党瑞祥	同	23	五金	161	同	同	
中央	丁金荣	同	24	飧席	1	同	同	
张维祺	同	同	25	酱师	4	同	同	
元元	何映平	同	26	鞋帽	30	同	同	
亨利	廖子多	同	27	服装	18	同	同	
廖维德	廖子多	同	28	杂货	40	同	同	
第三书场	孔能	同	28	娱乐	15	同	同	
同	龙崇周	同	28	茶馆	223	同	同	
白玫瑰	朱亚南	同	29	飧席	15	同	同	
蜀新	沈旨言	同	29	罐头	74	同	同	
连通	同	同	29	杂货	未编	同	同	
享得利	吴秀甫	同	64	钟表	36	同	同	
四美春	毛海章	同	65	飧席	38	同	同	
新记时代	燕祥椿	同	76	杂货	180	同	同	
美坚	吴祥西	同	76	牙刷	192	同	同	
复华	谢银沧	同	66	制革	135	6月26日	全部炸毁	
义和长	张子君	同	67	杂货	12	同	同	
华华	邵保麟	同	68	匹头	70	同	同	
金城	刘德义	同	71	国药	99	同	同	
广寒宫	何济良	同	71	娱乐	5	同	同	
上海饭店	唐继业	同	71	餐席	29	同	同	
好莱坞	徐誉虞	同	71	西餐	37	同	同	
亨达利	周全康	同	72	钟表	32	同	同	
德泰	汪蔚辉	同	73	药材	52	同	同	
荣辉	蔡荣辉	华光楼	12	饭馆	147	同	同	
又一村	张国汝	同	13	饭馆	240	同	同	
大华明	李青云	同	14	理发	27	同	同	

续表

商号名称	营业人姓名	营业地点	门牌号	业类	分业号数	被炸日期	被炸情形	备考
北方	张泽发	同	14	饭馆	90	同	同	
牟子章	同	同	17	茶馆	28	同	同	
刘相臣	刘相臣	雷祖庙	4	食品	155	同	同	
祝培根	同	同	5	同	156	同	同	
安乐	王兴成	同	6	同	157	同	同	
永和	李银青	同	19	茶馆	78	同	同	
大信	肖儒君	大阳沟	4		19	同	同	
上海糖果	徐燮堂	同	4	食品	151	同	同	
永昌	李卓轩	同	5	食品	114	同	同	
贾治斋	同	同	61	食品	120	同	同	
同泰丰	刘玉若	同	63	干菜	50	同	同	
麦庐	郑永江	同	64	食品	119	同	同	
同丰	吴吉臣	同	80	干菜	51	同	同	
一乐	罗锦堂	同	80	茶馆	4	同	同	
燮园	陈锡之	同	81	饭馆	67	同	同	
大西洋	周仲英	会仙楼	57	钟表	12	8月9日	同	
信孚	陈华砺	同	58	寿衣	8	同	同	
南园	张培均	同	59	餐席	30	同	同	
老凤祥	陈祖贤	同	74	银器	2	同	同	
大都会	曾志云	同	76	照相	22	同	同	
飞步	王木金	同	76	制革	22	同	同	
重庆商场	洪晓徽	同	77	百货	337	同	房屋一部分被炸	
冠龙	许可埔	同	77	照相	39	同	同	
上海酱园	章曰珊	大阳沟	12	食品	332	同	全部被炸	
同兴发	刘祖明	同	13	同	86	同	同	
老万年	卢锡藩	同	14	同	87	同	同	
同昌	王承璧	同	48	干菜	89	同	同	
德生	李鹤年	同	52	食品	109	同	同	
陈明正	李鹤年	同	52	面粉	26	同	同	

续表

商号名称	营业人姓名	营业地点	门牌号	业类	分业号数	被炸日期	被炸情形	备考
肖腾祥	同	同	52	食品	258	同	同	
一德	周吉璋	会仙桥	47	匹头	22	8月17日	同	
晶明	王惠富	同	48	银器	5	同	同	
新记	董成元	同	48	修表	13	同	同	
协丰	刘汝舟	同	48	油业	新户	同	房屋一部分被炸	
和记	石少荣	同	48	木料	77	同	同	
同心	余锡璋	同	49	杂货	219	同	被炸全毁	
昶新	郑立周	同	49	鞋帽	183	同	同	
利丰隆	何九光	同	50	药材	8	同	同	
欧美	温明辉	小较场	特	印刷	86	8月9日	全部被毁	
岑子国	同	雷祖庙	1	食品	153	8月20日	被炸全毁	
廖海荣	同	同	2	同	154	同	同	
黄吉辉	同	同	6	同	158	同	同	
同兴祥	傅炳全	同	7	面粉	58	同	同	
孔长发	同	同	8	食品	257	同	同	
兴顺祥	陈炳发	同	9	木炭	9	同	同	
试味鲜	汤炳煊	同	10	饭馆	327	同	同	
永茂长	曾国泰	同	23	食品	159	同	同	
永康	李寿康	同	24	干菜	6	同	同	
叶树清	李寿康	同	26	食品	161	同	同	
协丰	谢庆馀	同	27	同	255	同	同	
三义祥	陈金全	同	28	同	160	同	同	
李泽甫	同	同	29	同	162	同	同	
秦荣廷	同	同	30	茶馆	92	同	同	
李根培	同	同	31	食品	152	同	同	
范贵廷	同	同	32	同	151	同	同	
刘云茂	同	同	33	同	150	同	同	
李树清	同	同	34	同	149	同	同	
国泰饭店	朱汶菊	华光楼	1	餐席	36	同	同	

续表

商号名称	营业人姓名	营业地点	门牌号	业类	分业号数	被炸日期	被炸情形	备考
中国	胡贵全	同	1	理发	21	8月20日	被炸全毁	
吉庆祥	刘吉辉	同	6	纸张	44	同	同	
金声根	卢治平	会仙桥	1	修理	56	同	同	
牅牲	卢兆祥	同	1	冶金	15	同	同	
海南香	唐少华	同	2	糕点	76	同	同	
永泰	周习之	同	3	同	75	同	同	
生生	唐熙文	同	4	罐头	14	同	同	
生生食堂	任绍庵	同	5	餐席	6	同	同	
复兴	颜郁周	同	6	匹头	新户	同	同	
益明	应安康	同	7	眼镜	3	同	同	
粉江饭店	杨肇修	华光楼	1	旅馆	114	同	同	
复兴裕	李荣辉	会仙桥	6	茶叶	185	同	同	
同福长	唐少之	同	8	油蜡	70	同	同	
南京	刘修	同	11	新药	8	同	同	
新成	陈宗辉	同	12	电料	11	同	同	
协和	刘璨福	同	12	杂货	64	同	同	
唯一	张迷民	同	12	广告	12	同	同	
福记	蒋范九	同	13	袜业	8	同	同	
三蓝	余华富	同	14	电料	12	同	同	
百益	贺中毓	同	15	修表	57	同	同	
同兴	朱登云	会仙楼	15	制革	16	8月20日	被炸全毁	
巴比伦	余美钦	同	16	银器	1	同	同	
义丰	蒲建民	同	16	杂货业	65	同	同	
天香阁	蒲荣华	同	16	冥器	4	同	同	
惠新	段名成	同	16	制革	141	同	同	
国华	陶瓷	同	30	葛甫端	1	同	同	
金星	汪良懿	同	31	帽鞋	15	同	同	
文成	唐子章	同	32	文具	4	同	同	
	虞少卿	同	同	32	钢笔	20	同	同

续表

商号名称	营业人姓名	营业地点	门牌号	业类	分业号数	被炸日期	被炸情形	备考
均益	黄均则	同	33	杂货	141	同	同	
现代	刘镇湘	会仙桥	34	服装	144	8月20日	被炸全毁	
德华	陈奉仁	同	35	新药	64	同	同	
远兴	王霜憔	同	35	五金	新户	同	同	
刘自荣	同	同	35	电料	新户	同	同	
义成兴	林琴斋	同	36	制革	71	同	同	
协兴	曾少云	同	36	帽鞋	未编	同	同	
义成兴文件部	余少昌	同	36	制革	137	同	同	
广州酒家	鲁西周	同	37	餐席	106	同	同	
复兴荣	汤俊儒	同	38	纸张	22	同	同	
和荣	同	同	38	同	未编	同	同	
德利	胡品峰	同	39	杂货	2	8月20日	被炸全毁	
玉记	周吉彦	会仙桥	48	匹头	20	同	一部分房屋被炸	
福兴益	冯彦清	同	48	棉纱居间	新户	同	被炸全毁	
建成	何鼎丰	同	48	丝业	同	同	同	
同福	曾定安	同	51	杂货	14	同	同	
蜀华	况强民	同	52	杂货新药	14	同	同	
豫丰豫	刘子衡	同	53	匹头	92	同	同	
福和	李瑞轩	同	54	国药	35	同	同	
新生	高有保	同	46	照相	3	同	同	
德森昌	赵焕然	同	55	服装	44	同	同	
中南	沈加贞	会仙桥	55	修表	18	8月20日	被炸全毁	
荣树森	同	同	55	杂货	未编	同	同	
蜀通	彭蚊滨	同	60	药材	8	同	同	
重京	龚克勤	同	61	帽鞋	119	同	同	
泉鑫	朱洪洲	同	61	制革	102	同	同	
四川商行	雷明春	同	62	罐头	24	同	同	

续表

商号名称	营业人姓名	营业地点	门牌号	业类	分业号数	被炸日期	被炸情形	备考
永兴公司	代静波	同	63	制革	49	同	同	
源源公司	洪昌焘	同	78	杂货	118	同	同	
华源	谢荣卿	同	79	茶叶	9	同	同	
商民	杜源政	同	80	帽鞋	125	同	同	
大中国	李青云	会仙桥	80	修表	14	8月20日	被炸全毁	
炽昌	尹明德	同	81	杂货	179	同	同	
有喊	郑崧豪	同	81	钟表	35	同	同	
白学礼	同	同	81	制革	117	同	同	
仁昌	王馀平	同	81	制革	138	同	同	
镒鑫	张培之	同	81	京花	28	同	同	
华光	赵进城	同	82	匹头	68	同	同	
协康	同	同	82	同	255	同	同	
同益	尹敬之	同	82	绸缎	新户	同	同	
治记	邓治钧	同	3	纸烟	6	同	同	
五五	盛宇震	同	29	纸烟	5	同	同	
大华	任清垣	小较场	特	糕点	140	8月20日	被炸全毁	
钱锦记	钱锦铨	同	6	修理	33	同	同	
幸记	陶蕴三	同	14	印刷	33	同	同	
同合	尹少笙	同	36	杂货	333	同	同	
同昌	漆源鑫	同	44	修理	34	同	同	
新业	邱维杨	天官街	10	同	6	同	同	
新茂源	刘文宣	同	11	糕点	131	同	同	
和丰	何奎普	同	12	匹头	14	同	同	
摩登	纪云生	同	13	西发	13	同	同	
国际	龚德海	同	14	理发	92	同	同	
西湖	王云武	同	15	照相	新户	同	同	
中央	何定昌	同	15	钟表	8	同	同	
中信福	代君候	同	16	肥皂	1	同	同	
好公道	郑诗甫	同	18	饭馆	45	同	同	
牟春山	同	同	19	食品	24	同	同	
雪林	周晏青	同	20	甜食	9	同	同	

续表

商号名称	营业人姓名	营业地点	门牌号	业类	分业号数	被炸日期	被炸情形	备考
华光	黄远奎	同	21	电料	27	同	同	
日新	陈本利	大阳沟	57	食品	122	8月20日	被炸全毁	
民食	马继常	同	7	同	115	同	同	
信通	何惠之	同	7	食品	313	同	同	
华川	石敬文	同	8	同	253	同	同	
明成	赵叔良	同	109	电料	144	同	同	
云海祥	蒋少云	同	42	食品	88	同	同	
双和祥	李国祥	同	43	面粉	22	同	同	
罗树清	李国祥	同	44	食品	83	同	同	
葛万兴	同	同	44	同	84	同	同	
薛树云	同	同	45	同	318	同	同	
德兴长	李光兴	同	46	干菜	47	同	同	
新记	同	同	47	同	48	同	同	
任永兴	尹国初	大阳沟	50	面粉	21	8月20日	被炸全毁	
天府	周洪章	同	53	食品	124	同	同	
万炳生	同	同	54	同	125	同	同	
邓洪氏	同	同	55	同	126	同	同	
王元兴	同	同	65	茶馆	45	同	同	
百味村	陈治彬	同	58	食品	78	同	同	
孙连成	同	同	60	同	123	同	同	
泰记稻香村	王子熙	民权路	29	糕点罐头	17	8月19日	门面波及	
新昌	荀仲谦	同	27	匹头	71	同	同	
普及	张伦先	同	25	电料	7	同	同	
协记同胜	李懋阳	同	23	洋广杂货	137		房屋被炸	
邹紫光阁	邹亮祖	同	21	文具	13	同	同	
协昌	晏文林	同	19	洋广杂货	47		同	
合记	程荣兴	同	22	匹头	260		门面波及	
衾记久孚	周明皋	同	24	同	72		同	
民德	向海澜	同	62	洋广杂货	228		同	
恒义升	张荣洲	同	48	同	61		房屋波及	

续表

商号名称	营业人姓名	营业地点	门牌号	业类	分业号数	被炸日期	被炸情形	备考
太平洋	曾建民	同	50	新药	7		同	
通太	简志明	同	50	熟药	202		同	
利生恒	袁应仲	同	50	洋广杂货	485		同	
华华	潘耀庭	民权路	52	匹头	25		房屋波及	
南京理发厅	张志明	同	8	理发	3		房屋被炸	
黑白摄影社	杨源波	同	8	照相	8		同	
华康	连雅各	同	7	匹头	23		同	
同泰	郭敬敷	同	7	同	7		同	
中华药房	张德谦	同	6	新药	4		房屋被焚	
徐昌行	李衡甫	同	5	钟表眼镜	30		同	
同记永胜	王梓卿	同	3	洋广杂货	105		同	
汤华记	汤灿华	同	4	服装	42		同	
仁丰	李晴澜	同	1	匹头	240		同	
中国国货公司	陈叔敬	民权路	10	洋广杂货	46		房屋被焚	
北极公司	田常松	同	10	食品	246		同	
协记国泰剧院	夏云瑚	新生路	86	娱乐	4		房屋被炸	
国泰贩卖部	赵渭善	同	86	食品	72		同	
国泰咖啡厅	孙彬	同	86	餐席	3		房屋波及	
清山号	江清山	夫子池	18	木器			同	
德生荣	胡元清	同	16	同	156		同	
炳荣祥	朱炳云	同	1	同	158		房屋被炸	
裕源隆	江国清	同	9	同	159		同	
李少咸	李少咸	同	5	面粉	65		同	
华盛顿	毛子江	同	15	包车	67			
强记	湛绍臣	临江路	56	同	2	8月18日	房屋波及	

续表

商号名称	营业人姓名	营业地点	门牌号	业类	分业号数	被炸日期	被炸情形	备考
美林美	杨春林	同	55	理发	9	同	房屋被炸	
复畅	雷仁声	同	41	匹头	130	同	房屋被炸	
同荣	刘树清	同	38	面馆	37	同	同	
杨海清	杨海清	同	37	同	36	同	同	
三合园	辛绍彬	同	35	饭馆	274	同	同	
罗子成	罗子成	同	33	食品	17	同	同	
和平	李仲文	中华路	130	木器	157	同	房屋波及	
王德成	王德成	同	161	面粉	20	同	同	
集益商行	阎景樟	同	160	燃料油	7		房屋被炸	
鸿发栈	戚保国	同	156	旅栈	193		房屋波及	
大记	周海泉	同	154	食品	223		同	
曾树章	曾树清	同	151	面馆	164		同	
华西旅社	程力行	同	7	旅栈	90		同	
金陵旅馆	王烈武	油市街	129	同	95		同	
荣发茶社	戴荣发	同	132	茶馆	225		同	
何炳林	何炳林	中华路	特	面馆	209		同	
李荣华	李荣华	同	135	铜铁锡器	80		同	
学园	傅少之	同	134	饭馆	134		房屋被炸	
李银廷	李银廷	同	133	铜铁锡器	133		房屋波及	
振兴厂	李又白	同	123	糕点罐头	33		同	
福盛祥	任少文	临江路	71	冥器	16		房屋被炸	
徐海泉	徐海全	同	特	电料	108		同	
玉森	范栋之	同	70	饭馆	165		房屋波及	
大同公寓	万克成	来龙巷	27	旅栈澡堂	80		同	
恒钧	李恒钧	同	40	茶馆	30		同	
冯青云	冯青云	同	42	食品	90		同	
利和	李福成	牛皮凼	2	木器	182		房屋被炸	
法美	王润之	同	3	同	184		同	
华新	萧精益	同	3	木器	183		同	
三生糖厂	李呈祥	同	4	糕点罐头	144		同	
合记	李瑞成	同	4	油蜡	461		同	

续表

商号名称	营业人姓名	营业地点	门牌号	业类	分业号数	被炸日期	被炸情形	备考
建华	邹俊贤	同	5	印刷纸张	34		同	
兴发	滕惠清	同	6	面馆	143		同	
张海清	张海清	同	6	理发	93		同	
利达	陈达三	同	7	印刷纸张	50		同	
吴海清	吴海清	五四路	24	食品	89		房屋被炸	
胡春发	胡春发	同	25	面馆	92		同	
精成	颜光忠	同	35	成衣	77		波及	
元龙	张元吉	同	33	茶馆	232		波及	
光华	谭海云	同	32	成衣	15		同	
艺新	鲍瑞林	同	22	制造	15		同	
全盛祥	易全安	香水顺城街	3	油蜡	7	8月19日	房屋被炸	
胜利	袁明清	同	34	同	5	同	同	
万利	徐树山	同	35	理发	57	同	房屋炸焚	
协和	牟德轩	同	2	油蜡	6	同	同	
李金源	李金源	同	1	饭馆		同	同	
永盛祥	杨金山	复兴路	1	油蜡	527	同	同	
裕林园	陈光辉	同	5	餐席	59	同	同	
同兴合	罗春林	中正路	493	木器	115	同	全部被焚	查填至7月止
荣丰	李泽滨	同	494	油蜡	335	同	同	查填至5月止
同德	朱习彬	同	495	电料		同		查填至7月止
丹凤	王兰轩	同	497	银楼	10	同	同	同
时美	谭美东	同	497	镶牙	3	同	同	同
德盛和	黄春发	同	499	油蜡	351	同	同	同
福和永	李吉成	同	500	洋广杂货	27	同	同	同
河南梁园	郑元生	同	501	旅栈	87	同	同	同
祥和	王森荣	同	502	五金	26	同		查填至7月止
一六春	李春甫	同	503	茶馆	57	同		查填至7月止
裕记		中正路	503	糖食		8月19日	全部被焚	查填至7月止
永茂	秦鸣皋	同	504	食品	12	同	同	同
赵一龙		同	504	洋广杂货	25	同	同	同

续表

商号名称	营业人姓名	营业地点	门牌号	业类	分业号数	被炸日期	被炸情形	备考
协兴	贾文伯	同	505	服装	41	同	同	查填至5月止
协泰	胡启维	同	506	洋广杂货	28	同	同	查填至7月止
明利长	杨万章	同	506	同	29	同	同	同
美园	吴银州	同	507	饭馆	99	同	同	同
会记	吴河星	同	508	五金	164	同	同	查填至5月止
鼎盛祥	苟翰宗	同	508	同	134	同	同	查填至5月止
敬仁	苟测旅	同	508	同			同	同
庆大	许其儿	同	507	洋广杂货	77	同	同	查填至4月止
同茂荣	唐建华	同	510	玻璃	22	同	同	同
大中华	徐和夔	同	511	橡皮	1	同	同	在南岸查填
永发源	罗义全	同	512	鞋帽	17	同	同	查填至7月止
华鑫	翁治先	同	512	洋广杂货	30	同	同	查填至6月止
昌佛	周应德	同	513	旅栈	87	同	同	查填至7月止
唐光辉		同	514	洋广杂货	32	同	同	同
荣发祥	高文华	同	514	同	31	同	同	同
杨永兴	杨友生	中正路	515	同	74	同	同	同
荣森祥	张炳云	同	516	洋广杂货	33	同	同	同
华明	冷信渊	同	517	玻璃	18	8月19日	全部被焚	查填至7月止
东北药房	程尚志	同	518	新药	29	同	同	同
西冷	方尚礼	同	519	餐席	27	同	同	查填至6月止
一枝春	张梅初	同	520	面食	11	同	同	查填至7月止
德盛祥	邓受光	同	521	梳篦	4	同	同	同
荣和	刘义彬	同	522	洋广杂货	35	同	同	查填至5月止
复庆隆	余存典	同	522	同	34	同	同	查填至7月止
武学书馆	龚耀林	同	524	书籍		同		查填至8月止
裕源	周成章	同	523	玻璃	17	同		查填至5月止
德康	李绍全	同	525	服装	98	同	全部被焚	查填至7月止
仁昌	黄巨福	同	526	五金	36	同	同	查填至7月止
何九成		同	526	面食	22	同	同	同
友成	王维成	同	527	五金	73	同	同	查填至5月止
永厚祥	陈永厚	同	528	洋广杂货	36	同	同	查填至4月止

续表

商号名称	营业人姓名	营业地点	门牌号	业类	分业号数	被炸日期	被炸情形	备考
长江	张必祥	同	529	制革	21	同	同	查填至5月止
万和	刘润之	同	529	服装	76	同	同	查填至7月止
隆和	严仲禁	同	530	洋广杂货	37	同	同	同
裕光	朱玉澄	同	531	玻璃	19	同	同	查填至5月止
荣和	黄代荣	同	533	服装	43	同	同	查填至4月止
天庆生	谢叔咸	同	534	洋广杂货	302	同	同	同
傅金山		中正路	535	面食	89	8月19日	全部被焚	查填至7月止
德兴昌	王清辉	同	536	京杂货	6	同	同	查填至4月止
大成	陈晴皋	同	536	铜铁锡器	53	同	同	查填至7月止
墨美霞	孙翰群	同	537	文具	35	同	同	同
西川	蒋间然	中正路	538	甜食	25	同	同	同
西川	同	同	538	旅栈	100	同	同	查填至6月止
国粹医馆	张乐九	同	539	熟药	43	同	同	查填至4月止
德安	徐治安	同	540	五金	38	同	同	查填至7月止
永美	陈文轩	同	541	熟药	72	同	同	查填至7月止
昌都	唐永泽	同	546	匹头	213	同	同	查填至6月止
协记	杨兴隆	同	544	陶瓷	9	同	同	查填至7月止
第二书场	王永源	同	545	娱乐	8	同	同	查填至6月止
世界	徐志远	同	545	旅栈	82	同	同	同
世界	同	中正路	545	茶社	52	同	同	同
世界	同	同	545	澡堂	83	同	同	同
同福长	吴银臣	同	546	油蜡	243	同	同	同
华西合	何九皋	同	546	旅栈	86	同	同	查填至3月止
德成	王志忠	同	547	五金	10	同	同	查填至6月止
中国制造厂	李讽三	同	548	洋广杂货	369	同	同	查填至7月止
西城	邓承宗	同	549	甜食	35	同	同	同
瑞隆	罗宪章	同	549	洋广杂货	342	同	同	查填至6月止
陈俊夫		同	550	荒货	6	同	同	查填至7月止
同义	张茂和	同	550	油蜡	86	同	同	查填至7月止
庆和	杨志中	中正路	551	服装	107	同	同	查填至6月止

续表

商号名称	营业人姓名	营业地点	门牌号	业类	分业号数	被炸日期	被炸情形	备考
福源	晏文彬	同	552	袜	7	同	同	查填至4月止
清泉	覃慎之	同	552	茶社	201	同	同	查填至7月止
	袁炳臣	同	552	文具	7	同	同	查填至7月止
佛亨	范亨渠	同	553	旅栈	98	同	同	同
炳荣祥	李炳云	同	554	修理物品	19	同	同	同
大生	王大生	同	555	鞋帽	14	同	同	同
华丽	龚伯华	同	555	洋广杂货	44	同	同	同
	曾明彰	同	555	同	43	同	同	同
荣记	涂宏基	同	556	同	38	同	同	同
太平洋	朱厚亟	同	557	旅栈	23	同	同	查填至6月止
第一书场	张开勤	同	557	娱乐	7	同	同	同
第一书场贩卖部	胡寿山	同	557	食品		同	同	同
兴业祥	朱兴发	同	558	丝线	25	同	同	查填至7月止
四海春	吕海清	同	559	面食	9	同	同	同
利生源	刘世元	同	560	洋广杂货	66	同	同	同
	赵相林	同	560	梳篦	7	同	同	同
天申公	陈少州	同	561	玻璃	5	同	同	查填至7月止
华大（代扣）	周亨芝	中正路	562	五金	40	同	同	查填至3月止
华大	同	同	562	同	39	8月19日	全部被焚	查填至6月止
华西	说公远	同	563	洋广杂货	42	同	同	查填至5月止
兴荣祥	刘兴成	同	564	同	68	同	同	查填至7月止
树森祥	黄树生	同	564	同	67	同	同	同
	杨一言	同	565	梳篦	1	同	同	同
贸昌	曾清渝	同	566	山货	15	同	同	查填至1至4月份（资本）
时代	刘子潘	同	566		11	同	同	查填至5月止
荣太诚	兰云明	同	567	玻璃	6	同	同	查填至7月止
荣庆	李国钧	同	568	五金	41	同	同	查填至7月止

续表

商号名称	营业人姓名	营业地点	门牌号	业类	分业号数	被炸日期	被炸情形	备考
永盛祥	马正兴	同	569	同	70	同	全部被焚	查填至6月止
协兴祥	刘述云	同	570	鞋帽	5	同	同	同
东波	陈臣丰	同	571	旅栈	7	同	同	查填至5月止
应用商店	唐真卿	同	571	洋广杂货	387	同	同	同
升昌	肖鹏程	同	572	同	69	同	同	查填至7月止
玉成公	张玉斌	同	573	铜铁锡器	31	同	同	查填至6月止
正兴	曹金万	同	574	洋广杂货	70	同	同	查填至7月止
积玉	刘春林	同	575	服装	40	同	同	查填至5月止
云龙	陈洪江	同	576	袜	4	同	同	查填至7月止
张荣九		同	577	面食		同	同	同
三合园	张炳云	同	577	同	10	同	同	查填至3月止
华园	周克宽	同	579	茶社	176	8月19日	全部被焚	查填至7月止
大西南	温相之	同	580	旅栈	99	同	同	查填至6月止
民生	刘列宾	同	581	同	6	同	同	查填至7月止
代耕	李治清	同	582	包单	41	同	同	同
炳荣	张炳荣	同	583	茶社	175	同	同	同
聚丰园	吕汉治	中正路	585	餐席	68	同	同	查填至5月止
德昌钰	赵树森	同	586	五金	23	同	同	查填至7月止
明记	李明万	同	587	玻璃	7	同	同	同
协同庆	陈勋儒	同	588	陶瓷	54	同	同	查填至7月止
镒丰	刘均权	同	589	五金	9	同	同	同
福利商店	李树青	同	590	洋广杂货	71	同	同	同
永庆	王纯康	同	540	旅栈	13	同	同	查填至5月止
万亨通	张渊如	同	591	食品	33	同	同	查填至7月止
金玉兴		同	592	饭馆	25	同	同	同
同昌	张明厚	同	594	袜	5	同	同	同
求新	廖荣光	同	595	洗染	11	同	同	同
舒永昌	舒利川	同	595	鞋帽	113	同	同	同
良友	张赵生	中正路	596	修理物品	40	同	同	同
鑫明	李明鑫	同	597	玻璃	8	同	同	查填至7月止
宏祥	李开祥	同	598	服装	104	同	同	查填至5月止

续表

商号名称	营业人姓名	营业地点	门牌号	业类	分业号数	被炸日期	被炸情形	备考
立足	王静宣	同	599	制革	144	同	同	查填至7月止
全德	程炳全	同	599	服装	17	同	同	同
唯一	余根妙	同	600	同	73	同	同	同
顺康祥	唐文彬	同	601	梳篦		8月19日	全部被焚	同
协昌永	段炳生	同	602	五金	42	同	同	同
协昌永(代扣)	同	同	602	同	43	同	同	同
新都	孔能	同	604	旅栈	81	同	同	查填至5月止
明达	何旨偕	同	605	玻璃	35	同	同	查填至7月止
□生渝	蓝易成	同	606	五金	15	同	同	查填至5月止
义厚祥	蓝锡三	同	606	陶瓷器	4	同	同	查填至6月止
李长发		同	607	铜铁锡器	7	同	同	查填至7月止
彭瑞清		同	607	洋广杂货	76	同	同	查填至5月止
励新	杨俊文	同	608	五金	44	同	同	查填至7月止
荣顺祥	张登云	同	609	冶金	1	同	同	同
春和源	罗海廷	同	610	洋广杂货	72	同	同	同
太明	熊树宣	同	611	服装	45	同	同	同
中美	赵六生	同	612	同	10	同	同	查填至6月止
玉生公	邹克铭	同	613	玻璃	2	同	同	查填至7月止
达昌	任之泉	同	614	机械	3	同	同	查填至6月止
王松泉		同	614	铜铁锡器	81	同	同	查填至5月止
合利荣	赵荣华	同	616	玻璃	20	同	同	查填至7月止
民新	周勤天	同	615	五金	22	同	同	同
镇川	刘子诚	同	617	陶瓷器	40	同	同	查填至6月止
张王山		中正路	618	鞋帽	3	同	同	同
宜昌	龙跃绍	同	618	服装	9	同	同	查填至7月止
徐秀记	张惠生	同	620	陶瓷器	17	同	同	查填至6月止
合记	彭述之	同	621	服装	46	同	同	查填至6月止
成大	周泽良	同	622	玻璃	30	同	同	同
同兴祥	张晓轩	同	623	陶瓷器	5	同	全部被焚	查填至6月止
大华	赵肇一	同	625	旅栈	43	同	同	同

续表

商号名称	营业人姓名	营业地点	门牌号	业类	分业号数	被炸日期	被炸情形	备考
大华	同	同	625	咖啡	8	同	同	查填至7月止
进记	田泽敬	同	553	鞋帽	192	同	同	同
时代	沈海山	中正路	566	制革	147	同	同	查填至6月止
胡记		同	552	营造		同	同	同
德泰	钱永修	同	542	铜铁锡器		同	同	查填至7月止
旨酒家	刘静修	白象街	2	面馆	17	8月20日	全毁	
荣盛	粟银州	同	4	丝	17			
老会香	厉巧生	同	9	食品	30	同		
复新	胡玉林	同	11	茶馆	12	同		
同记	张善度	同	11	五金	71	同		
同亨	胡海清	同	14	成衣	2	同		
六味春	董复兴	同	15	餐席	28	同		
海州	邬叔樵	同	17	同	9	同		
顺昌	张明远	同	18	五金	178	同		
钧乐	赖炳臣	同	20	茶馆	134	同		
开源	胡吟龙	同	27	新药	44	同		
新美	刘银清	同	29	理发	5	同		
裕丰隆	王少华	同	31	丝	24	同		
运输	熊嵩山	同	31	茶馆	157	同		
运通	陈桂林	同	31	报关	未下	同		
复盛	丁少卿	同	旧135	国药	81	同		
顺记	黄大钧	同	1	洗染织补	13	同		
晋益	刘靖宇	同	旧126	报关	1	同		
同盛源	熊昌荣	同	旧126	运输	8	同		
合众	宓如清	同	3	航业	5	同		
泰记	周习之	同	16	干菜行栈	3	同		
商务印书馆	黄秉恒	同	旧13	书籍出版	未下	同	同	

续表

商号名称	营业人姓名	营业地点	门牌号	业类	分业号数	被炸日期	被炸情形	备考
瑞记	邹德瑞	同	旧38	报关	7	同	同	
荣记	范稷臣	同	38	五金	125	同	全毁	
捷运通	许泽清	同	36	报关	38	同	同	
同春和	杨宾如	白象街	25	干菜行栈	2	同	同	
裕昌	谭少彬	同	52	同	1	同	同	
瑞毕	易瑞堂	同	53	同	5	同	同	
宋荣清		同	53	食品	23	同	同	
刘桂廷		同	59	竹棕藤器	1	同	同	
袖成	贺秀臣	同	61	成衣	11	同	同	
吉利长	陈桂林	同	63	运输	17	同	同	
康元	罗康元	同	6	五金	未下	同	同	
叶炳恒		文华街	1	冷酒	11	8月20日	全毁	
冯贵廷		神仙口	78	木器	147	不详		
马荣生		同	77	裱糊	29	不详	同	
泉胜	何树成	同	76	同	30	同	同	
金盛	赵金盛	同	75	同	31	同	同	
全福长	陈炳全	同	74	油蜡	192	同	半焚	
荣发祥	瞿荣发	同	71	木器	146	同	同	
天一	骆源明	同	65	茶馆	40	同	同	
荣记	徐连诚	同	59	洗染	未下	同	同	
茂林祥	唐陈氏	同	57	木器	130	同	同	
曹万发		神仙口	56	裱糊	41	不详	全毁	
广利堂	陈治歧	同	55	国药	153	同	同	
老太元	黄振华	同	31	梳篦	3	同	半灾	
同力	卿文彬	同	23	印刷	13	同	同	
四友	张子林	同	23	裱糊	39	同	同	
义泰荣	王青和	同	22	雕刻	14	同	同	
精美	贺海清	同	21	印刷	未下	同	同	
允发祥	萧银廷	同	17	木器	160	同	同	
冯发和	冯发和	同	16	同	161	同	同	
会文斋	童剑铭	同	15	裱糊	40	同	同	

续表

商号名称	营业人姓名	营业地点	门牌号	业类	分业号数	被炸日期	被炸情形	备考
森荣祥	李森云	同	14	油漆	14	不详	半灾	
民毕	秦治江	同	11	同	32	同	同	
星记	彭树荣	同	9	裱糊	28	同	同	
聚义合	彭荣合	同	9	油漆	4	同	同	
鸿吉祥	张钦廷	同	6	裱糊	6	同	同	
聚伦	伍渊如	同	5	同	6	同	同	
何长禽	同	同	2	油漆	24	同	同	
荣盛	范树辉	同	1	同	5	同	同	
荣记	金宏彬	同	1	裱糊	13	同	同	
慧林	伍渊如	磁器街	18	修理钟表	20	8月19日	燃烧	
特康	王千	同	17	镶牙	未编	同	同	
和济	李俊如	同	16	食品	未编	同	同	
晶明	何允祥	同	14	眼镜	19	同	同	
欧亚	陈世忠	同	14	西药	23	同	同	
文化王	王尧汉	同	12	镌刻	22	同	同	
延龄	余少卿	同	12	中药	71	同	同	
同庆渝	赵卿荣	同	11	玻璃	16	同	同	
天厚	赵平中	同	10	估衣	22	同	同	
赵忠惠	赵忠惠	同	10	杂货	未编	同	同	
荣湘	周孝篯	同	9	瓷器	35	同	同	
隆泰	陈子良	同	8	电料	76	8月19日	燃烧	
陈少卿	陈少卿	同	7	同	107	同	同	
福昌	袁湘蘋	同	6	同	52	同	同	
永华	段永华	同	5	食品	105	同	同	
均记	张级三	同	4	电料	89	同	同	
大通	段金辉	同	2	五金	62	同	同	
沪汉春	睦汝晶	同	1	食品	104	同	烧	
中英	罗治昆	上新丰街	1	新药	51	8月21日	全部烧毁	
中法	王植庭	同	1	修理钟表	49	同	同	查至7月份
鸿记	李荣森	同	2	茶社	265	同	同	同

续表

商号名称	营业人姓名	营业地点	门牌号	业类	分业号数	被炸日期	被炸情形	备考
华丰	洪金泉	同	3	新药	69	同	同	同
鸿茂	张粹华	同	4	纸张	98	同	同	同
大同	夏长庚	同	5	食品	188	同	同	同
美西	诸治青	同	6	洋广杂货	233	同	同	同
求新	白万全	同	7	制革	112	同	同	同
生生	陈光烈	同	7	同	118	同	烧	同
友联	李兰圃	同	7	同	112	8月21日	全部烧毁	查至7月份
永新	陈德青	同	8	帽鞋	64	同	同	同
美利财	苏泽春	同	9	制革	148	同	同	同
安利	胡国安	同	10	洋广杂货	213	同	同	同
中南	程炳森	同	11	修理钟表	50	同	同	同
协和	王举贤	同	11	洋广杂货	214	同	同	同
协康	黄永康	同	11	夏布	12	同	同	同
源和祥	蒋成和	同	12	皮扇	3	同	同	同
吉荣祥	蒋吉荣	同	12	同	5	同	同	同
建记	吴仲芳	同	13	皮货	39	同	同	同
瑞昌	叶传民	同	15	五金	94	同	同	同
正大	周僅仅齐	同	16	洋广杂货	235	同	同	同
嘉和	苏吉生	同	18	制革	111	同	全部烧毁	查至7月份
同福长	牟利安	上新丰街	19	洋广杂货	266	同	同	同
德泰	彭恕一	同	19	夏布	9	同	同	同
大新	刘利方	同	20	洋广杂货	236	同	同	同
裕新	刘德盛	同	20	电料	74	同	同	同
祥记	谢焱祥	同	21	照相	20	同	同	同
丽华	费祥书	同	21	制革	114	同	同	同
美丽华	黄湖海	同	21	修理钟表	52	同	同	同
大信	陈宣人	同	21	文具	74	同	同	同
建国	范鼎江	同	21	同	72	同	同	同
永隆		同	22	服装	81	同	同	同

续表

商号名称	营业人姓名	营业地点	门牌号	业类	分业号数	被炸日期	被炸情形	备考
万康	陆道庆	同	23	食品	187	同	同	同
沸浪堤	苏治卿	同	24	制革	54	8月21日	全部烧毁	查至7月份
立兴	马品仙	同	25	五金	188	同	同	同
乌利文	姚朝西	同	27	银楼	新户	同	同	同
时新	傅文卿	同	28	制革	61	同	同	同
复兴荣	李见章	同	30	油蜡	390	同	同	同
良记	刘世伟	同	31	五金	97	同	同	同
美泰	杨德轩	同	32	糕点	106	同	同	同
求精	陈光烈	同	33	制革	119	同	同	同
中楠	汤子康	同	32	修理钟表	44	同	同	同
建记	吴甫臣	同	32	洋广杂货	269	同	同	同
永盛		上新丰街	32	洋广杂货	211	同	同	同
刘麻子		同	32	铜铁	59	同	同	同
李锦和		同	32	修理钟表	51	8月21日	全部烧毁	查至7月份
大丰	陈绍卿	同	33	制革	95	同	同	同
致中和	熊嵩山	同	34	旅栈	152	同	同	同
谦记	江汇泉	同	34	匹头	43	同	同	同
盛锡福	周子邦	同	34	帽鞋	79	同	同	同
三聚公		同	34	洋广杂货	229	同	同	同
长盛公	罗永田	同	35	旅栈	153	同	同	同
大成	陈廉生	同	35	纸张	133	同	同	同
捷兴	陆飞腾	同	35	油墨	60	同	同	同
达通	罗永田	同	35	运输	40	同	同	同
曹允源		同	35	纸张	135	同	同	同
公盛	赵卓然	同	35	印刷	23	同	同	同
益记	胡然	同	35	纸张	100	8月21日	全部烧毁	查至7月份
晋兴荣	周百川	同	35	扇业		同	同	同
成昌	尹靖成	同	35	匹头	175	同	同	同
李德昌		同	35	茶叶	10	同	同	同
集生荣	陈集斋	同	36	匹头	159	同	同	同

续表

商号名称	营业人姓名	营业地点	门牌号	业类	分业号数	被炸日期	被炸情形	备考
集记	同	同	36	钱庄	1	同	同	同
四味春	屠贵保	同	38	食品	215	同	同	同
天顺兴	周季英	同	39	国药	123	同	烧	同
德生福	周俊丰	上新丰街	40	服装	108	8月21日	全部烧毁	查至7月份
谦益	周训能	同	40	制革	94	同	同	同
协益	李光辉	同	40	帽鞋	84	同	同	同
勤益	伍腾芳	同	41	制革	93	同	同	同
恒足生	同	同	41	帽鞋	85	同	同	同
华洋	张晴	同	43	新药	48	同	同	同
南山	阮长寿	同	44	服装	106	同	同	同
永盛	田维钧	同	45	帽装	88	同	同	同
森记	吴伟叔	同	46		2	同	同	同
金城	李辉业	同	47	甜食	新户	同	同	同
永安		同	48	洋广杂货	167	同	同	同
华华	李文彬	同	49	袜业	26	同	同	同
柏林	王文开	同	50	旅栈	38	8月21日	全部烧毁	查至7月份
同丰	李荣森	同	51	国药	161	同	同	同
中兴	陈友彤	下新丰街	22	匹头	228	同	同	同
启新	遇志杰	同	30	照相	21	同	同	同
三友	李韵青	同	30	匹头	97	同	同	同
三益	李克明	同	31	洋广杂货	382	同	同	同
大时代	周铁夫	同	8	制革	58	同	同	同
少成美	代绍卿	同	35	洋广杂货	212	同	同	同
兴记丰成	李月樵	同	35	匹头	96	同	同	查至6月止
丰成	同	同	35	棉纱	34	同	同	同
广源兴	冀寿五	下新丰街	10	国药	116	同	同	同
集福	吴映南	同	47	洋广杂货	232	同	同	同
江南	刘富林	同	21	同	299	8月21日	全部烧毁	同

续表

商号名称	营业人姓名	营业地点	门牌号	业类	分业号数	被炸日期	被炸情形	备考
钜康	李祖洪	同	21	五金		同	同	同
及时	俞松堂	同	26	钟表眼镜	39	同	同	同
天兴祥	丁秀芳	同	25	服装	105	同	同	同
源茂	陶伯衡	同	23	五金	193	同	同	同
建业		同	159	建筑	7	同	同	同
老庆和	刘世伟		159	银器	新户	同	同	同
川亚	杜惠廉	同	19	新药	41	同	同	同
宝山	何龙光	同	5	干菜	31	同	同	同
永利		同	157	五金	48	同	同	同
庆兴和		同	9	洋广杂货	241	同	同	查至7月份
美泰	汪庆和	同	12	餐席	51	同	同	同
仁义长	陈志远	同	36	五金	60	同	同	同
金鑫	崔金山	同	37	饭馆	255	同	同	同
苏铨记		同	134	夏布	14	8月21日	全部烧毁	查至7月份
福和	颜郁周	下新丰街	134	匹头	239	同	同	同
夜明灯	尹春元	同	23	玻璃	29	同	同	同
国华	周天爵	同	7	洋广杂货	242	同	同	同
永通	周琴舫	同	134	同	379	同	同	同
华新	刘金标	中大街	2	理发	64	同	同	查至5月份
沙利文	杨子尧	同	3	旅栈	176	同	同	查至6月份
江南	代永青	同	10	煤油	11	同	同	同
上海	汤松林	同	11	皮鞋	11	同	同	同
晋吉泰	百子儒	同	18	国药	122	同	同	同
新中华	王致祥	同	19	钟表	40	8月21日	全部烧毁	查至6月份
华昌	马玉三	同	21	洋广杂货	68	同	同	同
益记	王德彰	同	31	油蜡	432	同	同	查至7月份
新华	王少白	同	30	茶馆	219	同	同	同
民中	龚银洲	同	29	理发	88	同	同	同
聂海洲		同	17	食品	213	同	同	同
可可	张九鼎	同	14	同	214	同	同	同

续表

商号名称	营业人姓名	营业地点	门牌号	业类	分业号数	被炸日期	被炸情形	备考
双发荣	姜海清	同	9	油蜡	246	同	同	同
老泰隆		同	28	五金		同	同	查至5月份
裕合彩	倪秉钧	西大街	1	洗染	48	同	同	查至7月份
晋文	李子章	西大街	7	刻字	34	8月21日	全部烧毁	查至7月份
李正记		同	5	成衣	25	同	同	同
艺文		同	9	刻字	35	同	同	同
新泰	胡家骐	同	10	五金	92	同	同	同
文中	李耀洲	同	20	刻字	36	同	同	同
七碗居	蒋少陶	同	24	茶馆	231	同	同	同
天昌	梁伯言	同	2	茶叶	12	同	同	同
四季美	潘发荣	同	3	食品	202	同	同	同
竹叶村	易三和	同	6	茶馆	230	同	同	同
麻乡药	苟洪顺	同	20	运输	32	同	同	同
恒安	胡辉全	同	14	洋广杂货	370	8月21日	全部烧毁	查至6月份
明星	江惠生	同	4	同	210	同	同	同
裕兴祥	张文豪	同	27	同	209	同	同	查至4月份
新生	李灵杰	西四街	22	同	389	同	同	查至7月份
华兴	颜绍华	同	24	洗染	55	同	同	同
柴丰泰	柴志根	西二街	4	木器	119	同	同	同
天成裕	陈输卿	同	11	同	66	同	同	同
新茂	蒙树卿	同	19	同	120	同	同	同
墨香	王刘氏	同	20	裱糊	59	同	同	同
林记	李元章	同	21	木器	121	同	同	同
丛雅阁	陈潘珊	西二街	21	文具	69	8月21日	全部烧毁	查至7月份
大中	范继中	同	24	旅馆	174	同	同	同
大中国	周之才	同	3	陶瓷	51	同	同	同
大中国	同	同	3	印刷		同	同	同
今日	夏大焕	同	29	文具	30	同	同	同
聚宝齐	罗明齐	同	13	同	65	同	同	查至6月份
德法	王德宣	同	23	新药	59	同	同	查至5月份

续表

商号名称	营业人姓名	营业地点	门牌号	业类	分业号数	被炸日期	被炸情形	备考
经济	陈洪柱	同	19	木器	123	同	同	同
永安堂	胡万里	同	4	新药	50	同	同	同
先施	夏宁伯	西三街	12	洋广杂货	500	同	同	同
永记	何鹿高	西三街	16	玻璃	44	8月21日	同	查至6月份
昆昌	邓万年	同	12	货栈	4	同	同	同
天生元	黄歧生	同	5	国药	136	同	同	查至7月份
馀乐	同	同	6	茶馆	158	同	同	同
肇明社	江鹤笙	同	6	文具	66	同	同	同
龙飞	李茂轩	同	11	运输	24	同	同	同
南方	符绍卿	同	11	同	31	同	同	同
祥丰		同	3	制革	107	同	同	同
利丰隆	何旭光	林森路	336	药材	7	8月19日	被炸一部	
仁和	张雁秋	同	338	干菜	23	同	同	
香港	吴让之	林森路	346	服装	16	8月19日	震坏一部	
永和	曾炳和	同	348	度量衡	1	6月15日	全部烧毁	查征至5月份
清和祥	陈清和	同	348	丝线	1	同	全部被焚	同
天伦	王声芳	同	350	洋广杂货	73	同	同	同
成记	邵荣成	同	350	竹棕藤器	2	同	同	同
德生荣	陈明清	同	352	油蜡	64	同	同	同
胜利	陈树林	同	356	电料	18	同	同	同
新记恒盛合	侯春城	同	358	纸张	18	同	同	同
国民	周金泉	同	358	雕刻	11	同	同	同
文伯超	文伯超	同	360	匹头	11	同	同	同
文远斋	陈仲贤	林森路	362	裱糊	9	6月15日	全部被焚	查征至6月份
李均衡	李均衡	同	362	帽鞋	无	同	同	同
张高明	张高明	同	362	同	2	同	同	查征至5月份，该商已报停业
余天民	余天民	同	364	茶馆	无	同	同	查征至5月份

续表

商号名称	营业人姓名	营业地点	门牌号	业类	分业号数	被炸日期	被炸情形	备考
约而精	韩德辉	同	376	面馆	193	同	被炸一部	查征至5月份，7月份已发通知，该商6月份停业，7月15日复业
荣祥	何雍平	同	416	干菜	16	同	同	查征至7月份
白万发	白万发	同	406	饭馆	24	7月19日	全部被焚	同
玉祯祥	曾玉章	同	408	油蜡	177	同	同	同
永大	唐炳麟	同	367	运输	无	同	全部被炸	查征至6月份
祥源	蒋祥麟	储奇门顺城街	1	药材门栈	18	同	同	同
南华渝	汪瑞臻	储奇门顺城街	1	纸张	6	7月19日	全部烧炸	查征至6月份
正泰和	郭宝卿	同	3	药材行栈	11	同	被炸一部分	同
兴发祥	曾兴发	九道门	1	竹棕藤器	28	同	同	查征至7月份
合记	袁西廷	同	2	洗染织	12	同	同	同
候少成	候少成	同	3	柴	19	同	同	同
松鹤楼	陈全发	同	19	食品	94	同	同	
好公道	□发顺	同	20	小食店	95	同	同	
俊声	李俊声	同	25	修理钟表	21	同	同	
永和	张君泽	同	25	旅社	102	同	同	
来今雨轩	简耕南	同	25	糕点罐头	37	同	同	
中孚	杨光生	九道门	26	油墨	101	7月19日	全部被炸	
永华	王印煊	同	26	旅栈	103	同	同	
大西洋	臧杰	同	28	服装	47	同	同	
复记	杨耀卿	同	28	面粉	45	同	同	
永福长	王松廷	同	30	油蜡	444	同	同	
大都会	叶元贵	同	31	餐席	70	同	同	
协泰长	刘琅廷	同	32	瓷器	36	同	同	
泉记	林海清	同	33	棉花	37	同	同	

续表

商号名称	营业人姓名	营业地点	门牌号	业类	分业号数	被炸日期	被炸情形	备考
旅渝	彭仲才	同	34	饭馆	98	同	同	
荣升和	周荣章	同	35	瓷器	18	同	同	
吉盛园	刘保之	九道门	36	饭馆	97	7月19日	全部被炸	
长乐斋	丁森荣	同	38	糕点罐头	43	同	同	
绿杨村	章世恒	同	39	餐席	26	同	同	
顺庆刻字店	唐全安	同	41	镌刻	10	同	同	
郁园	钟德成	同	42	饭馆	96	同	同	
何少成	何少成	同	47	肥皂	82	同	同	
银开祥	张银开	同	47	丝线	14	同	同	
赵元周	赵元周	同	48	袜	27	同	同	
难民什物寄售处	蔡久	同	49		1	同	同	
恒源	邓泰祺	同	50	电料	47	同	同	
义行	张超康	九道门	50	食品	248	7月19日	全部被炸	
昆明茶社	江云恒	同	51	茶	61	同	同	
荣丰隆	姚国成	同	51	丝线	78	同	同	
泉盛	刘光湘	同	53	电料	38	同	同	
永康	陈澜儒	同	55	同	37	同	同	
炳全	刘荣华	同	56	理发	16	同	同	
致青祥	李少洲	同	57	竹棕藤器	26	同	同	
长发祥	卓松林	同	58	同	25	同	同	
志云祥	夏良山	同	59	同	28	同	同	
欧云臣	欧云臣	同	60	同	24	同	同	
李美涵	李美涵	九道门	60	竹棕藤器	13	7月19日	全部被炸	
荣记	傅文仲	同	61	同	32	同	同	
东南	潘纯暇	同	62	同	56	同	同	
燮和	余在渊	同	25	同	37	同	同	
喻鑫记	喻佐卿	同	21	同	未编	同	同	
中孚	董雪竹	同	15	服装	136	同	同	
紫竹林	周衡阳	同	52	餐席	87	同	同	

续表

商号名称	营业人姓名	营业地点	门牌号	业类	分业号数	被炸日期	被炸情形	备考
刘青云	刘青云	同	41	铜器	143	同	同	
国医药馆	张在之	同	2	中药	151	同	同	
恒泰	刘杰之	韩家祠	1	茶馆	73	不明	燃烧	
同福	刘松如	韩家祠	25	旅栈	151	不明	燃烧	
时来	陈万开	同	43	茶馆	74	同	同	
中国古物社	饶文斋	官井昌	6	珠宝古玩	7	同	同	
爱国制药厂	吴文华	同	10	中药	155	同	同	
祥济	郑作卿	同	6	山货洗房	未编	同	同	
天元亨	杨质彬	同	8	山货中路	未编	同	同	
永寿堂	王文	木货街	68	中药	121	同	同	
义记	朱云中	同	1	油蜡	48	同	同	
许志德	许志德	同	2	饭店	54	同	同	
项义发	项义发	同	3	铜器	11	同	同	
裕记	陈炳林	木货街	3	铁器	10	不明	燃烧	
华康	吴华康	同	4	中药	24	同	同	
天导长	蒙天赐	同	6	油漆	26	同	同	
永昌太	李银和	同	7	玻璃	10	同	同	
建中工厂	刘永安	同	8	木器	29	同	同	
同顺长	张德云	同	9	铜铁器	12	同	同	
吉利长	陈吉之	同	10	木器	18	同	同	
徐遐龄	徐遐龄	同	11	饭馆	55	同	同	
建森福	江建康	同	12	铜铁器	13	同	同	
胡金田	胡金田	同	13	木器	19	同	同	
海祥云	海祥云	木货街	14	木器	20	不明	燃烧	
同升祥	文林氏	同	15	竹棕藤器	11	同	同	
鸿发祥	姜顺荣	同	15	同	10	同	同	
同康祥	李明青	同	16	玻璃	3	同	同	
贺青云	贺青云	同	17	木器	26	同	同	
协和	陶建奎	同	18	玻璃	4	同	同	

续表

商号名称	营业人姓名	营业地点	门牌号	业类	分业号数	被炸日期	被炸情形	备考
吉利长	陈吉盛	同	19	木器	27	同	同	
利合长	陈青云	同	20	同	28	同	同	
新新	刘鸿武	同	21	同	29	同	同	
裕泰合	陈安全	同	22	五金杂货	14	同	同	
蔡青云	蔡青云	木货街	23	饭店	30	不明	燃烧	
胡金山	胡金山	同	24	木器	30	同	同	
青云祥	曾广荣	同	25	同	31	同	同	
黎炳全	黎炳全	同	26	同	13	同	同	
荣利祥	李海林	同	27	同	14	同	同	
刘培生	刘培生	同	28	同	36	同	同	
刘茂林	刘茂林	同	29	同	35	同	同	
昌明	昌明	同	30	同	未编	同	同	
同心昌	张炳辉	同	31	竹棕藤器	17	同	同	
荣森长	常子云	同	32	铜铁锡器	16	同	同	
刘永林	刘永林	木货街	33	木器	34	不明	燃烧	
裕丰	肖裕丰	同	33	铜铁锡器	17	同	同	
治安祥	周治安	同	34	木器	196	同	同	
高治青	高治青	同	35	同	100	同	同	
杨军山	杨军山	同	37	同	33	同	同	
茂祥	赵炳发	同	38	玻璃	12	同	同	
昌发祥	李昌云	同	39	木器	32	同	同	
德驭昌	刘子敬	同	40	五金杂货	8	同	同	
李德明	李德明	同	41	食店	58	同	同	
利盛	邓兴荣	同	43	中药	36	同	同	
市民	韦炳青	木货街	44	饭馆	9	不明	燃烧	
元泰	邓君恒	同	45	旅社	1	同	同	
告盛永	漆安国	同	21	铜铁锡器	21	同	同	
黄氏	黄汗臣	同	46	竹棕藤器	19	同	同	
马荣华	马荣华	同	47	玻璃	未编	同	同	
刘记	刘德埇	同	47	面粉	9	同	同	
义和祥	王树槐	同	48	油蜡	50	同	同	

续表

商号名称	营业人姓名	营业地点	门牌号	业类	分业号数	被炸日期	被炸情形	备考
恒兴永	唐聚全	同	49	竹棕藤器	18	同	同	
清发祥	黄汗清	同	50		12	同	同	
廖金廷	廖金廷	同	51	木器	65	同	同	
怡兴	周焕廷	木货街	54	木器	64	不明	燃烧	
福兴祥	秦福三	同	55		11	同	同	
积星祥	孟聚贤	同	57	竹棕藤器	14	同	同	
洪兴栈	贺元发	同	58	旅栈	25	同	同	
文成祥	文成祥	同	52	油蜡	17	同	同	
龙焕臣	龙焕臣	同	59	茶社	206	同	同	
永利	王海全	同	60	木器	63	同	同	
新永华	范仲韩	同	63	旅社	25	同	同	
张兴发	张兴发	同	65	木器	62	同	同	
悦来	佫和丰	同	66	茶社	205	同	同	
复兴	汪云集	木货街	67	木厂	35	不明	燃烧	
熊万兴	熊万兴	同	69	冶金业	40	同	同	
三发祥	刘敬方	同	70	土磁	12	同	同	
记	王洋荪	同	71	木料	4	同	同	
金发祥	吴金山	同	72	木器	61	同	同	
树森祥	陈树森	同	73	竹棕藤器	13	同	同	
显发祥	余显林	同	74	木器	60	同	同	
永兴恒	刘陈氏	同	75	同	59	同	同	
赵和清	赵和清	同	76	食品	167	同	同	
瞿海云	瞿海云	同	77	食店	87	同	同	
江建安	江建安	木货街	56	五金	162	不明	燃烧	
胡金盛	胡金盛	同	76	木器	164	同	同	
彭泽	彭泽	同	1	电料	143	同	同	
蒋金成	蒋金成	老街	1	食店	132	同	同	
简炳荣	简炳荣	同	2	杠炭	13	同	同	
双发祥	刘炳云	同	4	同	14	同	同	
董树方	董树方	同	5	成衣	21	同	同	
王永丰	王永丰	同	8	裱糊	36	同	同	

续表

商号名称	营业人姓名	营业地点	门牌号	业类	分业号数	被炸日期	被炸情形	备考
游少清	游少清	同	11	包车	19	同	同	
李云发	李云发	同	13	木器	143	同	同	
兴发生	王海山	老街	18	裱糊	23	不明	燃烧	
合记	王海山	同	19	冷酒馆	6	同	同	
义顺祥	黄兴一	同	22	木器	124	同	同	
东南美	王中伦	同	25	旅社	120	同	同	
朱成章	朱成章	同	26	油蜡	200	同	同	
沈德三	沈德三	同	29	理发	239	同	同	
万盛祥	严方发	同	46	油蜡	237	同	同	
冯在田	冯在田	同	51	同	240	同	同	
冯炳轩	冯炳轩	同	74	面馆	86	同	同	
王海云	王海云	同	76	食品	77	同	同	
鸣祥	赵国政	老街	110	印刷	11	不明	燃烧	
茂春	丁锡儒	同	109	中药	58	同	同	
相臣	童相臣	同	111	油漆	13	同	同	
信义	刘忠信	老街	116	中药	60	同	同	
萃丰	张必昌	老街	115	同	59	同	同	
益延	范华丰	同	130	油	3	同	同	
杨鸣盛	杨鸣盛	同	135	茶社	24	同	同	
鄢生云	鄢生云	同	139	食品	80	同	同	
同昌祥	杨茂青	同	141	冷酒馆	194	同	同	
夏少成	夏少成	同	79	茶社	293	同	同	
刘有馀堂	胡书城	保安路	4	中药	41	不明	燃烧	
海源	李海源	同	20	布鞋	89	同	同	
大胜	刘海铨	同	20	制革	78	同	同	
永昶	黄治君	同	21	裱糊	20	同	同	
严水清	严水清	同	21	布鞋	51	同	同	
曾竹君	曾竹君	同	23	茶社	76	同	同	
天锡昌	张锡之	同	24	棉花	44	同	同	
荣发和	陈荣发	同	25	纸张	76	同	同	
中南	皮泽之	同	45	旅社	192	同	同	

续表

商号名称	营业人姓名	营业地点	门牌号	业类	分业号数	被炸日期	被炸情形	备考
布美布店	吴剑南	中华路	4	匹头	148	同	同	
宏都	杨泽之	中华路	5	匹头	149	不明	燃烧	
德华	王平苍	同	6	同	未编	同	同	
新丰	王瑞青	同	54	同	106	同	同	
重大	刘振之	同	56	同	108	同	同	
祥丰	董墟白	同	44	同	未编	同	同	
美孚	史金甫	同	41	煤油	5	同	同	
福永昌	颜树明	同	42	匹头	129	同	同	
三阳楼	黄何根	同	43	餐席	61	同	同	
嘉鱼	傅治平	同	47	饭店	67	同	同	
时永	卢子纯	同	49	洋广杂货	331	同	同	
和昌	夏斗南	中华路	62	山货	20	不明	燃烧	
荣森昌	夏建鼎	同	62	山货行栈	56	同	同	
隆和	周柏杨	民权路	54	铜铁锡器	29	8月19日	全部被焚	
鸣裕	邢裕梁	同	54	京杂货	21	同	同	
王成阁	雷谦玉	同	56	文具	36	同	同	
德和	吴绍先	同	58	丝线	16	同	同	
新记支店	李伯卿	同	60	洋广杂货	110	同	同	
同心	陈德明	同	62	京杂货	5	同	同	
同生利	何景休	同	64	纸张	54	同	同	
信源	陈志和	同	68	银楼	56	同	同	
华南	刘子祥	民权路	66	新药	27	8月19日	全部被焚	
冠生园支店	王企成	同	70	糕点罐头	48	同	同	
嘉绿	刘彦修	同	72	鞋帽	27	同	同	
新记	周户三	同	74	洋广杂货	109	同	同	
影星	赵如璨	同	74	照相	35	同	同	
源新鞋店	郑德宣	同	76	制革	55	同	同	
志成	胡瑞芝	同	78	鞋帽	116	同	同	
匹安	金健林	同	78	同	115	同	同	
老乡亲	马瑞甫	同	80	饭馆	129	同	同	

续表

商号名称	营业人姓名	营业地点	门牌号	业类	分业号数	被炸日期	被炸情形	备考
协兴	张伯卿	同	84	纸张	45	同	同	
怡昶	苏仲猷	民权路	88	匹头	185	8月19日	全部被焚	
协记	李容	同	48	京杂货	3	同	同	
康元协记	龚庆甫	同	86	食品	112	同	同	
大中国	程敬初	同	86	餐席	72	同	同	
志诚	谢逸仙	同	90	洋广杂货	353	同	同	
森记祥荣	陈森林	同	92	同	352	同	同	
南京大中美	魏□铭	同	96	钟表	29	同	同	
公平	刘见西	同	88	洋广杂货	133	同	同	
老振和	徐水朝	同	94	洗染织	17	同	同	
介福	朱文铭	同	94	匹头	74	同	同	
联合商店	李根立	民权路	98	洋广杂货	132	8月19日	全部被焚	
根立商店	李根立	同	98	同	185	同	同	
三和益	陈海明	同	100	京杂货	4	同	同	
中央表店	刘致祥	同	102	钟表	41	同	同	
长生堂	谢长甫	同	114	理发	62	同	同	
兴记	熊少云	同	106	洋广杂货	178	同	同	
永兴隆	张及学	同	108	匹头	29	同	同	
万源	王正烈	同	108	同	新贸	同	同	
容光	封明卿	同	116	理发	15	同	同	
裕发长	罗杰普	同	118	油蜡	190	同	同	
川鄂	郭少仪	民权路	118	旅栈	173		全部被焚	
天津北味香	龙取直	同	122	餐席	104	8月19日	同	
兴隆居	邹伯尊	同	122	茶馆	39	同	同	
怡和	邓荣卿	同	122	油蜡	189	同	同	
荣盛祥	穆荣成	同	122	同	188	同	同	
油业公会	涂愚章	同	122	油	72	同	同	
荣记	邓荣卿	同	126	油蜡	187	同	同	
裕和彩	陈化光	同	124	洗染织	23	同	同	

续表

商号名称	营业人姓名	营业地点	门牌号	业类	分业号数	被炸日期	被炸情形	备考
华济	刘鸿钧	同	126	油蜡	186	同	同	
荣茂	彭永寿	同	122	同	新贸	同	同	
聚源	余少修	民权路	130	油蜡	185	8月19日	全部被焚	
佛来	王□云	同	128	旅栈	128	同	同	
荣华	叶荣华	同	132	油蜡	176	同	同	
镒茂生	陈春林	同	132	同	175	同	同	
德济	李续熙	同	132	同	173	同	同	
裕康	谢健康	同	132	同	171	同	同	
德森荣	刘树森	同	132	同	172	同	同	
荣厚祥	唐树云	同	132	同	170	同	同	
人和	周海泉	同	138	食品	189	同	同	
都京饭店	郭虎山	同	138	饭馆	73	同	同	
乐露春	刘世泉	民权路	138	饭馆	新贸	8月19日	全部被焚	
镒太	邱海镒	同	131	油蜡	124	同	同	
协大	罗泽山	同	129	同	429	同	同	
大成	钟伯泉	同	125	旅栈	51	同	同	
九园	傅文彩	同	121	饭馆	122	同	同	
聚义丰	费翰卿	同	119	干菜	15	同	同	
同	同	同	119	(奢侈品)干菜	28	同	同	
德成远	张锡成	同	117	糕点罐头	25	同	同	
德成祥	曾贯之	同	115	干菜	21	同	同	
宏升祥	曹宏君	同	113	茶	32	同	同	
茂盛荣	彭文明	民权路	111	干菜	14	8月19日	全部被焚	
茂盛荣	同	同	111	(奢侈品)干菜	26	同	同	
泰吉春	刘泽周	同	107	熟药	85	同	同	
德成祥	曾贯之	同	115	(奢侈品)干菜	27	同	同	
同心联合社	杨勤敷	同	105	洋广杂货	121	同	同	

续表

商号名称	营业人姓名	营业地点	门牌号	业类	分业号数	被炸日期	被炸情形	备考
野茅荠	彭锦缘	同	103	糕点罐头	41	同	同	
同	彭锦缘	同	103	(奢侈品)糕点罐头	64	同	同	
万源丰	胡世才	同	101	洋广杂货	341	同	同	
源丰渝	胡万华	同	101	同	154	同	同	
吉利祥	牟荣祥	同	99	同	119	同	同	
仁和	雷兆祥	民权路	95	洋广杂货	103	8月19日	全部被焚	
德顺祥	刘德兴	同	97	同	120	同	同	
裕泰成	张健成	同	93	纸张	57	同	同	
永益贸易行	王钰	同	91	洋广杂货	104	同	同	
普海泉	陆信友	同	89	餐席	60	同	同	
宏畅	张树清	同	83	鞋帽	46	同	同	
民益鞋厂	刘民华	同	83	制革	121	同	同	
醉月轩	黄忠国	同	81	面馆	87	同	同	
祥记	伍伯英	同	79	洋广杂货	102	同	同	
川北凉粉店	黄海廷	同	75	食品	78	同	同	
协昶	李光洋	民权路	73	洋广杂货	101	8月19日	全部被焚	
新记	罗良生	同	71	同	100	同	同	
荣光	李荣光	同	69	同	383	同	同	
利丰	刘锡之	同	67	同	339	同	同	
二一照相馆	杨照前	同	65	照相	新贸	同	同	
福安	刘兴泰	同	63	电料	124	同	同	
健康	杨荣森	同	65	镶牙	7	同	同	
馀庆	张馀庆	同	63	丝线	12	同	同	
太和	汪秉玉	同	61	糕点罐头	74	同	同	
太和	同	同	同	61	(奢侈品)糕点罐头	63	同	同

续表

商号名称	营业人姓名	营业地点	门牌号	业类	分业号数	被炸日期	被炸情形	备考
协记便益商店	邓学周	民权路	59	洋广杂货	新贸	8月19日	全部被焚	
明月公司	柯元章	同	59	同	155	同	同	
广利公司	牟欧平	同	57	制造	16	同	同	
子江茶社	杨其昌	中华路	84	茶馆	296	8月19日	全部被毁	
万发园	许自德	同	61	饭馆	313	同	全部被焚	
艺苑	雷心持	同	59	雕刻	45	同	同	
顺达利	严玉林	同	59	钟表	34	同	同	
湖南商店	王庆生	同	59	□席	1	同	同	
久庆	辛文彬	同	59	鞋帽	42	同	同	
志成	王明贤	同	59	同	41	同	同	
履新	钟志光	中华路	59	鞋帽	190	8月19日	全部被焚	
生生	徐道仁	同	59	陶瓷料器	27	同	同	
振新	程明	同	59	梳篦	5	同	同	
永兴	唐端品	同	59	电料	48	同	同	
南京饭店	遂楚峰	同	59	旅栈	94	同	同	
联合商号	赵警一	同	59	洋广杂货	111	同	同	
同	同	同	59	同	208	同	同	
刚笔公司	金英麟	同	59	文具	28	同	同	
太平村	李馥生	同	59	食品	73	同	同	
公平行	何东初	同	59	匹头		同	同	
新兴	傅炯康	中华路	59	新药	13	8月19日	全部被焚	
维新	梁庆福	同	59	京杂货	15	同	同	
永丽	罗振声	同	59	同	16	同	同	
龙华永记	徐希圣	同	59	同	17	同	同	
万盛	邱景山	同	59	袜	19	同	同	
利新	徐洁芬	同	59	京杂货	18	同	同	
兴泰	余合德	同	59	服装	99	同	同	
百合	吴晋仟	同	59	京扎〔杂〕货	9	同	同	
华兴	程子林	同	59	服装	100	同	同	

续表

商号名称	营业人姓名	营业地点	门牌号	业类	分业号数	被炸日期	被炸情形	备考
文艺社	张尧康	同	59	雕刻	41	同	同	
新生	沈世英	中华路	59	洋广杂货	332	8月19日	全部被焚	
大公旧货商行	伊行	同	59	荒货	22	同	同	
江西兄弟瓷店	聂梓青	同	59	陶瓷料器	新贸	同	同	
义兴商店	陈先源	同	59	伞	新贸	同	同	
派光公司	李孝仁	同	59	洋广杂货	439	同	同	
安记	李治安	民权路	112	茶	194	同	同	
炊香	贾清云	米亭子	8	饭馆	44	同	同	
永丰泰	李鼎成	同	10	食品	27	同	同	
南北小食店	姜钰林	同	12	面馆	1	同	同	
都成饭店	姚少全	同	14	饭馆	43	同	同	
宝三祥	秦宝山	米亭子	16	饭馆	42	8月19日	全部被焚	
沌园	徐纯武	同	18	同	280	同	同	
同森泰	刘君藩	同	12	米行			同	
七七出画社	杨育英	同	48	裱糊	10		同	
汇文印刷社	张森云	同	20	印刷	5		同	
出经海	彭泽沛	同	52	荒货	1		同	
徐桂恩	徐桂恩	同	54	文具	6		同	
新盛	关道桢	同	24	印刷	6		同	
成都味	刘先茂	同	57	饭馆	41		同	
彭时忠	彭时忠	同	55	荒货	2		同	
德利	陈子卿	米亭子	28	印刷	3		全部被焚	
祥原	冉荣森	同	29	同	4		同	
新生	□志忠	同	47	文具	5		同	
合记书店	柯仲安	同	46	荒货①	3		同	应为：书籍

① 此处显系误填，原文如此。

续表

商号名称	营业人姓名	营业地点	门牌号	业类	分业号数	被炸日期	被炸情形	备考
丛林公社	彭金华	同	43	同	4		同	
丛书社	黄珍	同	40	同	5		同	
中西图书社	陈云岳	同	37	书籍	1		同	
集森荣	吴懋枢	同	38	米行			同	
明记恒升	黄云彬	同	36	旅栈	12		同	
华中印刷社	明文杰	同	44	印刷	46		同	
吉庆永	张吉宗	米亭子	44	米行			全部被焚	
利国	徐里痕	同	45	印刷	1		同	
裕通旅社	岳政齐	同	28	旅栈	11		同	
裕通食店	岳政齐	同	29	饭馆	20		同	
华业印刷社	贺兹生	同	28	印刷	17		同	
银州	杜银州	同	19	茶馆	182	8月19日	同	
稷园	李泽高	同	17	同	181	同	同	
协利永	唐樽文	同	15	油蜡	71	同	同	
两宜生	杨小云	同	13	茶馆	183	同	同	
黄树青	黄树青	同	16	饭馆	29	同	同	
王永成	王永成	小米市	15	饭馆	28	8月19日	全部被焚	
春风	张利生	同	3	茶馆	184	同	同	
炳生祥	曹炳生	同	4	饭馆	27	同	同	
王素声	王素声	同	5	面馆	13	同	同	
易清荣	易清荣	同	6	糕点	3	同	同	
银兴	何银章	同	8	旅栈	251	同	同	
刘全益	刘全益	同	11	文具	80	同	同	
侥鸿均	侥鸿均	同	10	油蜡	403	同	同	
德茂祥	张治民	同	13	文具	81	同	同	
更生	陈其明	同	14	饭馆	26	同	同	
天和永	朱钰浦	天毛堂	25	文具	22		全部被焚	
五福楼	靳照坤	同	24	饭馆	19		同	

续表

商号名称	营业人姓名	营业地点	门牌号	业类	分业号数	被炸日期	被炸情形	备考
重庆印书局	郭成中	同	31	印刷	2		同	
合记	李绍文	老衣服	21	茶馆	55		全部	
义顺荣	曾义荣	同	25	陶器料器	19		同	
袁春廷	袁春廷	同	37	茶馆	54		同	
杨志荣	杨志荣	同	32	同	64		同	
王海云	王海云	同	35	同	63		同	
云记	朱云山	同	36	同	62		同	
王安	龚元万	同	38	包车	12		同	
朱记	朱洪兴	老衣服	39	包车	11		全部	
熊记	李新益	同	39	同	10		同	
王树三	王树三	同	44	面馆	119		同	
宜园	唐补丞	同	46	茶馆	59		同	
兴发和	周吉成	同	47	估衣	4		同	5月份未缴
永权公	刘少安	同	48	同	5		同	同
利生祥	朱海龙	同	49	同	14		同	同
复兴	况少卿	新衣服	2	同	28		同	同
义胜长	王义臣	同	3	同	19		同	同
协记	王维新	同	4	同	15		同	同
徐胜	詹良成	新衣服	5	估衣	20		全部	5月份未缴
鸿泰隆	况正常	同	8	同	16		同	同
同义祥	王耀云	同	9	同			同	同
忠记分店	中志仁	同	10	同			同	同
永丰	王推纶	同	11	同	21		同	同
和成	陈庆馀	同	12	同	39		同	同
聚义公	王晋臣	同	13	同			同	同
义昌祥	刘长德	同	15	同	18		同	同
熊万臣	熊万臣	同	16	同	17		同	同
成记	钱福成	同	7	同	14		同	同
复兴永	余沥溪	新衣服	6	估衣			全部	5月份未缴
李焕章	李焕章	同	17	面粉	51		同	同

续表

商号名称	营业人姓名	营业地点	门牌号	业类	分业号数	被炸日期	被炸情形	备考
同心镒	中仲鑫	同	18	估衣			同	同
忠记	申宗仁	同	19	同			同	同
源记	刘泽生	同	20	同			同	同
鑫盛隆	周锡思	同	21	同	12		同	同
协记	刘荣盛	同	21	同			同	同
鸿兴祥	冯兴祥	同	22	同	11		同	同
李云波	李云波	草药街	1	生药	51		同	
万昌祥	徐廷志	同	1	钟表眼镜	7		同	
柏龄	熊柏龄	草药街	4	木器	12		全部	
荣成祥	齐荣华	同	8	同	10		同	
复兴	彭良成	同	9	同	9		同	
陈汗卿	陈汗卿	同	10	同	8		同	
中新	李禄松	同	11	同	7		同	
鑫记	彭海清	同	12	同	6		同	
泰春祥	张春山	同	13	同	5		同	
洪德利	彭洪章	同	14	同	4		同	
告成	管良成	同	6	同	11		同	
海成祥	彭海州	同	15	同	3		同	
源兴祥	汤源兴	草药街	15	木器	2		全部	
荣成福	李荣成	同	16	同	3		同	
美坚	张叔屏	同	16	同	54		同	
荣盛祥	曾庆荣	同	17	同	53		同	
胥荣发	胥荣发	同	18	同	14		同	
武陵	李少武	同	19	茶馆	1		同	
利川	万俊贤	同	20	铜铁锡器	18		同	
协记	周海林	同	21	同	19		同	
合记	赵栋臣	同	24	木器	136		同	
天源长	赵云全	同	24	皮货	15		同	
德盛	陈海全	草药街	25	木器	78		全部	
周鸿顺	周李氏	同	26	铜铁锡器	37		同	
刘鑫盛	刘泗海	同	27	同	123		同	

续表

商号名称	营业人姓名	营业地点	门牌号	业类	分业号数	被炸日期	被炸情形	备考
马上兴	胡绍泉	同	28	同	122		同	
江鸿发	江鸿发	同	29	同	38		同	
周兴顺	周兴顺	同	31	同	31		同	
陈炳发	陈炳发	同	32	同	30		同	
告发长	王炳臣	同	33	陶瓷	13		同	
陈致祥	陈致祥	同	34	木器	71		同	
福海祥	江福海	同	35	同	67		同	
熊炳章	熊炳章	草药街	36	衣箱	3		全部	
舒元泰	舒海亭	同	37	铜铁锡器	37		同	
树荣祥	黄树荣	同	38	木器	69			
荣利祥	熊木良	同	39	同	66		同	
义顺兴	张炳祥	同	40	铜铁锡器	23		同	
陈春山	陈春山	同	41	同	26		同	
汪树荣	汪树荣	同	42	同	24		同	
沛昌祥	贺玉廷	同	43	同	25		同	
王利生	王利生	同	47	同	22		同	
钰发祥	陈赵氏	同	48	同	28		同	
沛林堂	龙沛林	草药街	49	铜铁锡器	27		全部	
李翰臣	李翰臣	同	50	同	26		同	
陈树森	陈树森	同	51	木器	68		同	
管文明	管文明	同	53	衣箱	2		同	
王树荣	王树荣	同	54	铜铁锡器	29		同	
荣发祥	齐海清	同	57	木器	72		同	
荣利厚	程明	同	58	同	73		同	
玉丰	宋玉泉	同	59	同	74		同	
治臣祥	龚治臣	同	60	同	75		同	
李海清	李海清	同	61	同	76		同	
李楠辉	李楠辉	草药街	62	钟表眼镜	10		全部	
人和祥	张宪文	同	62	木器	80		同	
双和祥	胡绍泉	同	63	同	79		同	
文顺福	贺陈氏	同	64	同	77		同	

续表

商号名称	营业人姓名	营业地点	门牌号	业类	分业号数	被炸日期	被炸情形	备考
炳森荣	王鉴清	同	66	煤炭	15		同	
陈树清	陈树清	同	67	铜铁锡器	20		同	
高王氏	高王氏	同	69	木器	52		同	
李吉成	李吉成	同	70	衣箱	1		同	
荣鑫祥	王绍桢	同	71	木器	42		同	
德康祥	王子康	同	72	同	41		同	
戴邓氏	戴邓氏	草药街	73	同	40		全部	
银成祥	李银成	同	47	同	39		同	
利顺祥	叶绍卿	同	75	同	38		同	
蒋吴氏	蒋吴氏	同	76	同	37		同	
明利	简少明	同	77	同	43		同	
德森荣	彭兴荣	同	78	同	44		同	
森利	程云书	同	79	同	45		同	
荣成祥	齐荣清	同	80	同	46		同	
复兴隆	周李氏	同	81	同	47		同	
森裕祥	何炳生	同	82	同	48		同	
黄国臣	黄国臣	草药街	83	木器	49		全部	
鑫记	田植文	同	84	铜铁锡器	34		同	
荣盛隆	管树森	同	85	木器	50		同	
裕森福	钱银森	同	86	同	51		同	
标准	卢炳奎	演武厅	1	袜	20		同	
合州馆	汤柏初	同	2	饭馆	168		同	
复茂	陈全泉	同	3	甜食	24		同	
骆瑞麟	骆瑞麟	同	4	钟表眼镜	33		同	
永成	刘成甫	同	4	电料	55		同	
恒升	刘正国	同	5	糕点罐头	30		同	
上海	田汗泳	演武厅	6	钟表眼镜			全部	
明泰	温鉴明	同	6	电料	102		同	
松遐	徐松廷	同	7	饭馆	169		同	
协庆	汪子光	同	10	文具	45		同	
唯一	杨养培	同	12	娱乐	3		同	

续表

商号名称	营业人姓名	营业地点	门牌号	业类	分业号数	被炸日期	被炸情形	备考
香港	王长稳	同	13	理发	39		同	
百乐	章受之	同	14	餐席	75		同	
沪洲	李百川	同	15	甜食	30		同	
道生	许楚城	同	16	饭馆	39		同	
鸿达	张建淮	同	17	电料	51		同	
时达	李悦咸	同	17	钟表眼镜	23		全部	
荣利	张文氏	同	18	甜食	22		同	
应开元	应开元	同	19	洋广杂货	124		同	
祥记	黄美门	同	20	钟表眼镜	24		同	
李赵氏	李赵氏	同	22	甜食	23		同	
长江	张子明	同	28	澡堂			同	
利丰隆	傅在权	同	27	匹头	76		同	
文记	李文记	同	24	同	257		同	
时中	蔡清泉	同	29	钟表眼镜	25		同	
福记	傅炳权	同	29	匹头	75		同	
老天宝	吴梦卿	演武厅	33	银楼	14		全部	
蒋美发	蒋美发	鼎新街	35	面馆	173			
春香	贾清山	同	36	同	177			
刘光耀	刘光耀	同	37	同	171			
和平	帅瑞林	同	40	估衣	8		同	
吉利祥	钟吉成	同	41	同	7		同	
谢衡镒	谢衡镒	同	44	同	23			
兴和祥	钟俊波	同	45	同				
同森祥	胡鑫祥	同	46	同				
集贤	钱松山	同	49	同	146		同	
廖云成	廖云成	鼎新街	50	铜铁锡器	85		全部	
忠怒	邓善符	同	51	裱糊	57		同	
周荣成	周荣成	同	53	同	58		同	
田清合	田清合	同	54	铜铁锡器	86		同	
鑫丰炽	鑫丰炽	同	55	同	140		同	
赵玉成	赵玉成	同	56	珠宝古玩	12		同	

续表

商号名称	营业人姓名	营业地点	门牌号	业类	分业号数	被炸日期	被炸情形	备考
陈明寿	陈明寿	同	57	铜铁锡器	87		同	
合渝	郭云藩	同	58	茶馆	147		同	
陈云中	陈云中	同	59	珠宝古玩	13		同	
洪俊皋	洪俊皋	同	60	铜铁锡器	73		同	
东升恒	彭子吉	鼎新街	10	珠宝古玩	10		全部	
韩成玉	韩成玉	同	62	铜铁锡器	85		同	
马俊臣	马俊臣	同	64	珠宝古玩	11		同	
李培厚	李培厚	同	67	铜铁锡器	83		同	
联记	余廉钦	同	69	同	84		同	
邓文兴	邓文兴	同	70	同	97		同	
庆记	庆记	同	72	同	98		同	
宋德云	宋德云	同	83	面馆	174		同	
伍绍清	伍绍清	同	85	饭馆	243		同	
鼎和	谢佑卿	同	85	油蜡	333		同	
大兴	曾汗清	鼎新街	92	茶馆	19		全部	
洪建勋	洪建勋	同	95	铜铁锡器	89		同	
徐利生	徐利生	同	98	同	91		同	
陈万兴	陈万兴	同	99	陶瓷	41		同	
镒记	唐敬宣	同	100	铜铁锡器	92		同	
和记	聂海清	同	103	同	94		同	
蒋治木	蒋治木	同	101	同	93		同	
和祥记	张万和	同	104	估衣	24		同	
德昌	魏国卿	同	105	珠宝古玩	14		同	
杨清山	杨清山	同	106	面馆	180		同	
复兴祥	石建碧	鼎新街	107	铜铁锡器	73		全部	
义生祥	黄述臣	同	110	珠宝古玩	9		同	
同利长	欧德安	同	112	估衣			同	
王泉阁	陈德和	同	113	裱糊	51		同	
积森福	杨全生	同	115	铜铁锡器			同	
同兴昌	胡国正	同	117	估衣	9		同	
富源	张仁义	同	119	同	10		同	

续表

商号名称	营业人姓名	营业地点	门牌号	业类	分业号数	被炸日期	被炸情形	备考
慕国安	慕国安	同	122	面馆	167		同	
罗洪生	罗洪生	同	129	同	166		同	
刘顺林	刘顺林	荒市街	1	陶瓷	48		同	
同利	管仲元	鼎新街	108	铜铁锡器	72		全部	
新盛	杨李氏	荒市街	37	茶馆	65		同	
兴华	胡信合	同	39	五金杂货	46		同	
荣辉祥	姚荣辉	同	40	油蜡	199		同	
熊海清	熊海清	镇摊子	3	铜铁锡器	45		同	
张炳林	张炳林	同	5	同	28		同	
胡长兴	胡长兴	同	6	同	48		同	
温长清	温长清	同	7	同	47		同	
吴少五	吴少五	同	10	同	132		同	
郑海云	郑海云	同	11	同	46		同	
江春廷	江春廷	镇摊子	12	铜铁锡器	44		全部	
余恒	余恒	同	14	同	71		同	
肖洪兴	肖洪兴	炒房街	2	面馆	83		同	
王云章	王云章	同	3	同	84		同	
李少仙	李少仙	同	6	同	114		同	
阴石生	阴石生	同	7	同	115		同	
赖玉书	赖玉书	同	8	同	116		同	
云霞	刘湘女	同	11	同	117		同	
满江春	鄢茂林	同	12	饭馆	103		同	
李焕章	李焕章	同	13	面馆	118		同	
三合公	龚一亭	炒房街	14	炒房	63		全部	
黄云成	黄云成	同	1	面馆	236		同	
安义祥	冯汉廷	花街子	36	油蜡	16		同	
何吉世	何吉世	同	41	饭馆	6		同	
刘笔全	刘笔全	同	42	同	8		同	
陈树怀	陈树怀	同	51	成衣	10		同	
陈志君	陈志君	同	52	油蜡	424		同	
鸿县栈	许惠成	同	54	旅馆	24		同	

续表

商号名称	营业人姓名	营业地点	门牌号	业类	分业号数	被炸日期	被炸情形	备考
日月长	钟辉堂	黄土坡	8	饭馆	228		同	
永远长	王志成	同	18	同	230		同	
友益	吴子钢	黄土坡	20	澡塘	187		全部	
左泽安	左泽安	同	20	饭馆	228		同	
荣生祥	王志成	同	21	同	231		同	
四乐天	游天才	同	23	同	229		同	
炳发	苟炳发	磨房	19	旅栈	190		同	
炳森	黄均如	同	21	同	189		同	
玉森	贺洪兴	同	22	茶饭	145		同	
蔡容义	蔡容义	同	23	旅栈	188		同	
德厚祥	田国臣	同	65	油蜡	355		同	
胡海全	胡海全	鼎新街	76	面粉	51		同	
德森园	张德晖	老磁器	6	面馆	168		全部	
天吉栈	郑海清	同	30	旅栈			同	
元兴	黄天云	同	35	同	155		同	
荣生	苟全泉	同	36	面馆			同	
鸿顺	龙香泉	同	42	同	170		同	
陈泽渊	陈泽渊	千厮正街	14	茶叶	274		被烧	
刘永和	刘永和	同	4	茶社	270		同	
罗鸣谦	罗鸣谦	同	43	面粉	23		同	
田凤华	田凤华	同	17	同	24		同	
朱荣华	朱荣华	同	35	油蜡	180		同	
长江	陈海清	千厮正街	27	饭馆	117		被烧	
胡惠材	胡惠材	同	27	旅社	270		同	
张有荣	张有荣	同	24	商栈	269		同	
平安	平安	同	2	同	276		同	
周海泉	周海泉	同	50	布匹	269		同	
胡清合	胡清合	同	46	面馆	198		同	

续表

商号名称	营业人姓名	营业地点	门牌号	业类	分业号数	被炸日期	被炸情形	备考
张建华	张建华	同	56	同	32		同	
多益	多益	同	20	同			同	
秦金山	秦金山	同	47	食品	99		同	
同兴和	杨汉章	同	47	五金			同	
乔森荣	乔森荣	千厮正街	54	茶馆	156		被烧	
吴永康	吴永康	同	25	饭馆	118		同	
汤海清	汤海清	同	58	同	113		同	
鸿盛	李海泉	同	72	同	16		同	
王海云	王海云	同	68	同	17		同	
王炳臣	王炳臣	同	24	糖	20		同	
庆丰	唐全安	同	64	油蜡	29		被烧	
集利昌	肖炳林	同	79	同	28		同	
双合公	钟治铭	同	33	同	178		同	
姜树生	姜树生	同	56	同	178		同	
四川旅行社	彭烈叔	千厮正街	7	旅栈	135		被烧	
万利	何廷伟	同	53	茶馆	79		同	
利记	李万开	同	84	熟药	34		同	
恒泰	肖汉清	同	10	五金	6		同	
仁寿	包吕氏	同	23	熟药	69		同	
赵永安	赵永安	同	54	食品	100		同	
谢合林	谢合林	同	41	食品	98		同	
吉利祥	刘炳林	同	29	铜铁锡器	37		同	
德亿	由陈氏	同	74				同	
合计	2679名							

后　记

　　《重庆大轰炸档案文献》系《中国抗战大后方历史文化丛书》的重要组成部分。该档案文献初步计划编辑出版10册500万字,并根据其内容分为"重庆大轰炸之轰炸经过与损失概况"(内又分"人员伤亡"与"财产损失"两大部分)、"重庆大轰炸下重庆人民之反空袭措施"、"重庆大轰炸之附录(区县部分)"三编,每编又根据其档案数量的多少分卷成册,并根据其内容确定书名。

　　在编辑《重庆大轰炸档案文献》的过程中,我们对馆藏40余万卷抗战历史档案进行了全面查阅,重点查阅收集了馆藏有关"重庆大轰炸"的档案4000余卷30000余页;除此之外,我们还到有关档案馆查阅补充了部分档案,收集了现重庆市行政区域内各区县档案馆馆藏的"日机轰炸"档案,其总字数多达1500余万字,现正加紧编辑校对,渐次出版。

　　《重庆大轰炸档案文献》,是在中共重庆市委抗战工作协调小组办公室的指导下,由重庆市档案馆负责编辑,重庆市档案馆档案编研处具体实施。在编辑过程中,重庆市档案局、馆原任局、馆长陆大钺,现任局、馆长况由志及各位副局、馆长,对此项工作给予了高度重视和支持;局、馆相关处室也给予了大力协助。唐润明负责全书总体规划及编辑方案的拟定、分类的确立和最后的统稿工作,并与编研处全体同仁一道,共同完成了该档案文献的收集与编辑、校核工作。在此,谨向所有关心、支持此项工作并为之付出辛勤劳动的单位和个人,表示诚挚的谢意!

编　者
2013年2月